5·18
6·25
8·15

진실을 말하다

누가 · 왜?

감추어진 역사의 진실을 찾아서

5·18
6·25
8·15

진실을 말하다

PARRHESIA

문대근 지음

생각나눔

2020년 초, '진실 말하기(Parrhesia)'는 한 나라의 행·불행을 좌우했다. 코로나19 감염병의 세계적 확산은 사상 초유의 재앙이었다. 중국의 재난은 의사들의 진실 말하기를 처벌한 데서 비롯되었다. 한국에서는 거짓을 말하는 유사종교 집단의 광기가 확산을 키웠다. 다행히 당국의 투명하고 개방적이며 민주적인 방역 체계는 피해를 최소화했다. 한국의 '굉장한 관리 능력'은 세계 각국의 찬사와 함께 따라 배우기의 모델이 되었다.

같은 시기, 진실 말하기가 낳은 또 다른 기적이 있었다. 과거에는 당국의 검열에 걸렸을 법한 우리 사회의 불평등을 그린 영화 「기생충」이 아카데미상 4관왕을 거머쥔 것이다. 한국 영화사 초유의 쾌거였다.

자본주의가 낳은 양극화를 진솔하게 말한 것에 대한 세계적인 반향·공명의 결과였다.

이 책은 한국 현대사에서 큰 사건들인 5·18과 6·25, 8·15에 대한 진실을 용기를 내어 말한다. '누가, 왜?'라는 끝없는 질문을 통해 숨겨진 이야기들을 찾아내 사건들의 전모를 밝힌다.

5·18은 필자의 현장 경험을 바탕으로 한 것이다. 8·15 분단과 6·25 전쟁은 필자의 30년 통일부 재직 시 반드시 알아야 하는 역사였다. 누가, 왜? 한민족을 갈라놓고 싸우게 했는가를 잘 알아야 평화롭게 잘 사는 한반도를 모색할 수 있었다.

40년 전의 5·18은 여전히 국민 분열과 정치적 대립의 핵이다. 한쪽에서는 '5·18 민주화 운동'은 정치적·사회적 평가가 끝났다고 말한다. 다른 쪽은 "북한군이 침투·주도한 반란 폭동이었다."고 주장한다. 진상이 규명되지 않은 채 왜곡과 거짓이 서로 싸우고 있다.

우리가 배워온 8·15 해방과 광복(남북 분단), 6·25 전쟁의 역사 또한 왜곡과 거짓으로 차있다. 국민들은 8·15 해방이 일본의 항복과 함께 주어진 것으로 안다. 38선은 미국이 소련의 팽창과 전 한반도의 공산화를 저지하기 위해 그은 선, 6·25는 소련과 중국·북한이 공모한 김일성의 대남 적화통일 전쟁으로 알고 있다.

모두 진실이 아니다. 사건의 여러 원인들 속에 있는 작은 빈틈·일부분을 전체인 것처럼 부풀려 강자의 입맛에 맞게 역사를 뒤튼 것이었다. 필자가 기억을 더듬고, 상당 기간 동안 머리를 싸매어 파헤쳐낸 진실들은 이렇다.

① 1980년 5·18은 민주화를 위한 운동이 아니었다. 전두환 신군부가 정권 찬탈을 목적으로 사전 기획·연출한 참극 그것이었다. 그들은 자신들의 소행을 북한군이 침투·주도한 사건 또는 민주화 운동으로 둔갑시켰다.

② 1950년 6·25는 소련이 획책하고, 이를 미국이 기다려 활용한 이상한 전쟁이었다. 소련은 주적과 차적인 미국과 중국이 한반도에서 죽도록 싸우게 할 목적으로 북한의 남침을 이용했다. 소련은 북한군의 승리를 방해했다.

③ 1945년 8.15 때 민족의 해방·광복은 없었다. 광복절은 일제 친일파만의 해방 기념일이다. 미군정 3년 후, 1948년 8·15 분단은 미국이 태평양전쟁에서 자국군의 희생을 최소화하고, 일본을 독점하기 위해 소련과 한반도 분할·점령에 합의하면서 비롯되었다.

한국 현대사의 서술에서 북한·외세와 관련된 큰 사건들은 강자의 논리와 반공 이념, 진영의 논리가 지배해왔다. 역사는 승자의 얼굴을 닮는다. 항상 강함이 옳음을 이겨왔다. 강자가 자신의 체제나 이념, 이익에 부합되게 사실(史實)을 편집할 경우 진실은 왜곡되기 마련이었다.

사건의 원인을 제공한 강자들은 사건의 핵심 원인을 깊숙이 감추었다. 드러남이 부끄러운 역사에서 자신들의 책임을 지울 수 없게 한 것이다. 진실을 찾으려는 노력도 금기시했다. 악행의 주체는 무조건 공산당이어야 했다. 때로는 자신들의 소행을 북한의 소행이라고 우기면 다 되었다.

이 책이 한국 현대사에서 금기시되어온 역사의 진실들을 찾아 말하는 이유는 거짓으로 얼룩진 역사로 인한 국가적·사회적 비용이 크기 때문이다. 우리 사회의 고질인 분열과 사대 의존은 주로 일제의 식민 지배와 남북 분단·전쟁이 낳은 잔재이자 병폐이다. 뒤틀려진 역사를 거울로 삼아온 그동안의 평화·통일 노력들도 결실을 맺을 리 없었다.

8·15 분단과 6·25 전쟁 등 우리 민족의 고통과 좌절은 강대국들의 농단에 의한 것이다. 운명을 스스로 결정할 수 없었던 우리가 역사를 쓸 수도 없었다. 하지만 지금 대한민국은 역사를 스스로 쓸 수 있을 만큼 강해졌다. 관련 사실·비밀들도 거의 다 드러났다. 무엇보다 국민이 주인인 나라가 되었다.

국가적 과제인 국민 통합과 한반도 평화·번영은 역사에 그 길이 있다. 아픈 역사일수록 더 자세히 들여다보고, 진실을 찾아야 한다. 역사의 진실에 기초한 화해가 우리 사회의 통합과 민족의 평화·통일의 첫걸음이 될 수 있을 것이다. 이 책의 발간 목적이 여기에 있다.

3년의 자료 수집과 1년의 저술을 통해 (자칭)작가로서의 첫 졸작을 세상에 내놓는다. 고민이 없지 않았다. 불편한 진실을 쏟아내는 일은 용기와 함께 몰두가 필요했다. 두문불출과 끝없는 학습이 중단 없는 작업, 자신감의 원동력이었다. 2015년 공직 퇴직 후, 선비 연하며 공부하는 일(學而時習知)은 즐거움이기도 했다.

이 책의 도전과 진실에 고개를 돌리는 분들, 직언직설이 불편한 분들도 있을 것이다. 필자는 불리(不利)는 참아도, 불의(不義)는 지나치지 못하는 평범한 한국인이다. 불편한 진실들을 안고 가면 결코 편하지 않을 것이다. 일이 잘 될 수도 없다. 아는 게 힘이고 지식이 되는 나라, 진실이 상식인 세상을 위한 충정으로 봐주시면 좋겠다.

지금도 한반도에는 8·15와 6·25, 5·18의 기원을 이룬 요인들이 그대로 있다. 이를 극복하지 못하면 우리는 계속 강대국들이 써주는 역사를 살아야 한다. 역사는 현재를 비추는 거울이다. 미중 패권 경쟁이라는 대전환의 시대에 역사는 한국과 한반도의 대전환(Korexit)을 요구하고 있다.

이 책이 현재의 한반도 내외 정세를 바로 보고, 미래를 궁리하는 우리 사회의 역사적 안목과 통찰력에 도움이 되길 바란다. 역사의 진실을 통해 깨어나는 국민들의 비판적 사고와 지혜는 새로운 나라와 한반도 만들기에 힘이 될 것으로 믿는다.

지난 1년 동안 집필 중이라는 이유로 많은 것을 소홀히 했다. 가족과 친구·친척, 선·후배님들께 이 책을 드리며 용서를 구하고 싶다. 졸고를 기꺼이 출간해주신 생각나눔 이기성 대표님, 책을 멋지게 만들어주신 생각나눔 편집진 여러분들께 감사드린다.

2020년 4월 1일

지은이 문 대 근

차례

3부 1950년 6·25전쟁
　　　 – 소련이 획책, 미국은 기다려 활용

1948년 8·15 남북 분단
– 미국이 주도, 소련·일본이 협력

5부 8·15, 6·25, 5·18은 말한다

1부

역사의 진실을 찾아서

자고무신사

自古無信史: 자고로 역사는 믿을 게 아니다.

우리가 익히 알고 있는 8·15 해방과 남북 분단, 6·25 전쟁, 5·18 사건 등
한국 현대사의 큰 사건의 역사는 믿을 게 못 된다. 대부분 강자의 얼굴을
닮아 왜곡되거나 조작되었기 때문이다. 누가, 왜? 그랬는지 되묻고 찾아가
야 진실을 밝힐 수 있다.

가. 역사는 진실을 찾는 일

흔히 "역사를 잊은 민족에게 미래의 희망이 없다."고 말
한다. 역사의 진실을 기억하고 잊지 말자는 것이다. '진실'의 '기억'은
역사라는 말이 만들어질 때부터 강조되었다.

역사학의 아버지로 일컫는 헤로도투스(BC 5세기)가 처음 사용한 역
사(historia)는 '진실을 찾아내는 일', 즉 탐구·구명을 의미했다. 중국에
서 사마천(BC 1세기)이 처음 사용한 역사(歷史)라는 말은 인간이 '지내

온 세월에 대한 기록'을 의미했다.

역사학을 창시한 독일의 역사가 랑케(1795~1886) 또한 역사를 '과거에 있었던 사실의 객관적인 편찬'으로 정의한다. 역사가는 종교나 정치·권력에서 벗어나 과거에 있었던 그대로의 사실을 정확하고, 공정하게 서술해야 한다고 강조했다.

이처럼 동서고금을 막론하고 역사가 '지내온 세월의 진실을 찾는 작업'이어야 한다는 인식은 역사가 정말 진실한가?에 대한 의문에서 비롯되었다. 자고무신사(自古無信史)란 말과 같이 힘 있는 강자들이 자신들의 입맛에 맞게 편집·유통해온 역사는 인류의 역사만큼 오래되었다.

문제는 과연 객관적이고 공정한 역사의 서술이 가능한가?라는 것이었다. 주관에서 자유로울 수 없는 인간이 기록한 사실이 과연 사실인가? 또 사실을 그대로 기록한다고 해노 그 역사가 내체 무슨 의미가 있는가?라는 의문이 끊이질 않았다.

그 답을 준 사람이 현대의 저명한 역사학자 E. H. 카(1892~1982)이다. 그는 역사를 '현재와 과거와의 끊임없는 대화'라고 정의했다. "사실은 스스로 말하는 게 아니다. 역사가가 말을 걸 때만 말한다."며 역사에서 해석의 중요성을 강조했다.

카에게 역사의 해석은 현재의 눈으로 과거를 보고, 그 의미나 가치를 부여하는 것이었다. 과거를 과거 그 자체로만 보지 않고, 그 역사적 의미를 캐내야 과거의 사실이 현재와의 관계에서 생명력을 가질

수 있다고 본 것이다. 그 또한 역사를 해석함에 있어서 '균형'의 중요
성을 강조했다.

랑케(Leopold von Ranke)　　　카(Edward H. Carr)

　예나 지금이나 사필(史筆)은 공정·엄격하고 객관적이어야 했다. 역
사가 깊은 중국에서 역사의 서술은 사실에 근거한 춘추필법[1]을 요구
했다. 우리의 조선시대에도 사관들이 쓴 사초(史草)와 실록은 왕조차
들여다볼 수 없었다. 한국의 대통령 기록물도 함부로 고치거나 볼 수
없다.

　믿을 수 있는 역사(自古有信史) 만들기는 모든 국가의 중대사였다.
한 국가의 역사는 그 나라의 본질적 특성(정체성)과 사고방식은 물론,
행동양식을 결정하기 때문이다. 역사는 우리의 뿌리이고. 지식의 보
고이며, 현재를 보는 거울이기 때문이다. 과거의 사건들은 현재에 영
향을 미치며 여전히 현실 속에 살아있다.

1　중국 경서인 '춘추(春秋)'는 대의명분(사람으로서 마땅히 지켜야 할 도리와 명분)을
　밝혀 세우기 위해 엄정하고 비판적인 태도의 역사 서술 방법을 강조한다.

나. 강자의 얼굴을 닮는 역사

역사에서 진실을 강조하는 이유는 그 중요성만큼이나 왜곡되거나 조작되었기 때문이다. 모든 나라는 역사에서 진실과 정의를 추구했다. 나라를 어지럽힌 불충한 무리들(난신적자: 亂臣賊子)을 역사의 법정에 세워 심판했다. 그럼에도 역사의 왜곡·조작과 은폐는 반복되고, 또 반복되었다.

전대미문의 사건들로 이어진 정치와 역사는 항상 강자의 편이었다. 정치권력과 사건·역사는 서로 결합되기 마련이었다. 역사에서 옳은 것은 사실과 관계없이 언제나 자신들이었다. 남과 북, 동과 서를 막론하고 타자의 부당함과 자신의 정당함만이 역사 서술과 주장의 기준이었다.

역사란? 自古無信史

역사의 특징
- 강자의 얼굴을 닮는다.
- 왜곡·조작되기 쉽다.
- 서로 논쟁하는 전쟁터
  - 2019년 일제 식민, 5.18

역사의 가치 : 진실 · 현재
- historia (Herodotos)
- 歷 史 (司馬遷)
- 현재 · 과거와의 대화(Carr)

진실을 찾아야 하는 이유
- 스스로 말하지 않는다.
- 역사 바로 세우기 위해
- 좌절의 역사 반복 예방
- 남남 · 남북 갈등 해소 등

진실을 찾는 방법
- 가장 과학적 · 객관적인 역사의 진실은 '공감'
- 진실은 그 원인을 밝히는 작업
  - 누가(Who), 왜(Why), 어떻게(How)? -

권력에 의한 역사적 '진실'은 사건의 실체가 될 수 없었다. 사건의 진실을 둘러싼 공방, 즉 진실 게임이 끊임없이 전개되었다. 각기 모두가 수긍할 수 있는 소위 객관적인 조사 방법을 동원했다. 그럼에도 사건의 심증을 확인해줄 사실을 쉽게 발견하거나 정확하게 파악할 수 없었다. 이 때문에 정치와 역사를 가른 큰 사건의 경우 예외 없이 '공인된 진실'이라는 정사와 함께 야사가 존재할 수밖에 없었다.

역사가 강자의 얼굴을 닮을 때는 특히 왕조나 정권이 바뀔 때였다. 새로운 왕조는 건국을 정당화하기 위해 전 왕조를 타락하고, 부패하고, 무능한 나라로 묘사했다. 중국사에서는 한(漢)나라 초 사마천의 『사기』에 실린 진시황에 대한 기록이 대표적이다. 『사기』는 500년 만에 중국을 통일하고, 2,000년 중국(秦: Chin)의 기본 토대를 만든 불멸의 진시황을 좋게 평가하지 않았다. 문화탄압과 분서갱유(焚書坑儒)를 일으킨 중국사 최대의 폭군으로 서술했다.[2]

한국사에서 고려 초 김부식의 『삼국사기』에 실린 백제 의자왕에 대한 기록도 마찬가지다. '해동증자(海東曾子)'라는 호칭을 받은 의자왕의 백제는 신라가 중국 당나라에 구원을 요청할 정도로 강성했다. 그런데도 의자왕은 삼천 궁녀를 거느린 암군, 사치와 향락의 아이콘이 되었다. 사실(史實)을 사실(事實)을 넘어 사실(詐實)로 편집한 것이다.

역사의 왜곡은 우리의 현대사에서도 부지기수다. 사대와 반공이 국시

---

2   진시황은 12년 동안 5차례 전국 순례를 하는 등 국무에 성실하게 임하며 처음으로 전국을 통일했다. 문자와 도량형을 통일하고, 수많은 제도와 사상의 근원을 창시했다. 중국(china)이라는 영문자도 그때 만들어졌다. 만리장성을 구축한 '불멸의 진시황'이 사실에 더 가까웠다.

나 마찬가지였던 냉전시대의 한국 현대사에서 독재 정권과 미국의 과오는 사실대로 기록될 수 없었다. 1945년 8·15 해방과 1948년 8·15 남북 분단, 1950년 6·25 전쟁은 물론 1980년 5·18 사건의 역사가 그것이다. 북한과 관련된 한반도 문제는 이념이 실증을 압도했다.

다. 역사는 왜곡·조작되기 쉽다

역사에서 사실의 왜곡·은폐는 진실의 드러남이 부끄러웠기 때문이다. 후세의 평가가 두렵고, 아류 정권을 세우기 위해 불리한 기록을 없애거나 감추고 비튼 것이다.

왜곡된 역사는 역사의 논쟁을 불러온다. 그른 것을 옳은 것으로, 옳은 것을 그른 것으로 바꿔 버렸으니 의론이 분분하지 않을 수 없었다. 오늘 날, 한일 간은 물론 국내에서도 역사를 둘러싼 논쟁이 뜨겁다.

2019년도에도 일본의 역사 왜곡으로 인한 외교·경제 분쟁, 5·18 사건을 둘러싼 논쟁은 한일 관계와 한국의 정치사회를 달구었다. 두 사건은 모두 역사의 은폐·왜곡과 적당한 야합이 가져온 후과가 어떤 것이지 생생하게 보여주었다.

특히 두 사건을 둘러싼 한국과 일본 간, 우리 사회 양 진영 간의 논쟁은 역사가 서로 경쟁하는 관점을 가진 국가 또는 세력들이 자신의 신념과 정체성을 정당화하기 위해 다투는 전쟁터가 될 수 있음을 보여주었다.

냉전시대에 남북 분단과 6·25 전쟁의 책임은 이념·진영의 논리와 연계된 예민한 문제였다. 누가(who), 왜 그랬는지 그 주체의 문제는 논의조차 할 수 없었다. 악행의 주체는 무조건 소련(러시아)이나 중국, 북한이어야 했다. 모두 사건 속의 작은 빈틈과 허점을 비집고 들어가, 일부분을 전체로 왜곡·조작하는 소위 '일반화의 오류'를 범하고 있다.

따라서 우리가 배워서 알고 있는 것은 8·15, 6·25, 5·18은 거의 모두 진실이 아닐 수 있다. 그동안 우리는 사실보다 당위적 위선과 의무, 반공과 동맹의 논리가 지배한 역사를 배울 수밖에 없었다. 독자들은 필자가 다시 쓴 3개의 역사를 읽으며 역사가 진실을 밝혀주고, 불의를 심판할 것이라는 희망이 허망한 것임을 알게 될 것이다.

한반도의 일제 식민 지배와 남북 분단·전쟁, 평화·통일은 하나의 줄기로 엮여져있다. 우리의 평화·통일 노력은 그 근본 구조이자 뿌리인 분단과 전쟁의 진실로부터 나올 수밖에 없다. 그런데 만약 그 구조와 뿌리가 뒤틀려있다면 어떻게 될까. 평화와 통일의 싹이 제대로 틀 수 없을 것이다.

역사는 끊임없이 다시 쓰인다. 새로운 자료가 발굴되고, 사회가 바뀌고, 정권이 바뀌면 역사도 바뀔 수 있다. 1990년대 초 탈냉전과 함께 소련과 중국 등에서 관련 비밀 정보들이 다수 공개되었다. 남북 분단과 6·25 전쟁 과정에 직접 참여한 사람들의 회고록도 많이 출간되었다. 다양한 사료와 실록, 연구물은 우리가 알고 있거나 믿어왔던 관련 지식·상식을 뿌리 채 흔들고 있다.

진실 찾기의 방법

역사는 왜곡되기 쉽다. 하나가 아니다. 보는 시각에 따라 다양하게 해석될 수 있다. 또 사실과 진실은 스스로 말하지 않는다. 그렇다면 무엇이 역사의 진실인가? 어떻게 진실을 찾을 수 있다는 말인가?

가. 과학·객관의 기준은 '공감'

전통시대나 근·현대사에서는 왕이나 교회, 독재 권력이 진실을 정의하고 결정도 했다. 정치는 결코 도덕을 추구하지 않는다. 역사상 도덕적 판단이 결여된 권력의 '도구적 이성'은 때로 더 효율적으로 악한 짓을 했다. 비판과 견제가 없을 때 권력은 악화되어 악을 행한 것이다. 지금도 그렇지만, 언론이 여론을 오도하고 왜곡해 진실을 만드는 경우도 허다했다.

최근 우리 사회의 민주화가 진전되면서 더 많은 자기표현이 가능해졌다. 주관적 진실이 넘쳐난다. SNS, 각종 방송, 유튜브 등에서는 시

시각각 자기들만의 진실, 가짜뉴스가 만들어져 유포되고 있다. 그들은 보고 싶은 것만 보고, 믿고 싶은 것만 믿는 존재인 인간의 속성을 적극 이용한다.

사람들은 각기 다른 생각과 지향점을 가지고 있다. 상식적이고 바른 정보보다는 특이한 거짓 정보나 단순 명쾌한 담론을 더 잘, 오래 기억하고 내면화한다. 이런 인간의 세계에서 역사는 단일하게 기록되지 않는다. 있는 사실을 그대로 기록해도 개인적인 관점에 따라 다양하게 읽힌다.

남북 분단과 6·25 전쟁 등 북한과 관련한 수많은 정보 자료와 사실들은 만들어진 것이다. 이에 기초한 이론·주장들도 그 객관적 타당성을 전적으로 신뢰할 수 없다. 공개된 관련 사료들 또한 자국의 국익을 해치지 않을 정보 자료들만 선별한 것이다. 현장의 증인들도 자신의 책임을 모면하거나 총대를 대신 메기 위해 알고 있는 바를 선별해 기록하는 경우가 많다.

무릇 어떤 이론이나 주장이 과학적·객관적이기 위해서는 그것이 사실과 부합해야 하고 어떤 법칙에 의해 필연적이어야 한다. 그런데 인간이 만들어내는 사건은 물론, 사건의 진실을 찾는 인간의 노력은 완전할 수 없다. 사실들은 모두 정치적 맥락 안에서 행해지고 만들어진 것이다. 제시되는 증거 또한 무언가를 위한 증거일 뿐이다. 만물(사건·사실)의 드러남은 인간의 의식에 따라 영향을 받을 수밖에 없다는 것이다.

진실은 객관적인 사실에 의해 뒷받침될 때 빛을 발할 터인데, 이렇듯 과학은 결코 객관적이지 않다. 특히 국제 관계에서 강대국 정치로 인해 일어난 사실, 남북 분단과 전쟁 등의 사건을 규명함에 있어서는 가치중립적인 사실을 기대하기 어렵다.

따라서 어떤 사건·사실이 얼마나 과학적이고 객관적이냐의 여부는 그 논리 체계나 설명이 얼마나 설득력이 있느냐가 결정할 것이다. 가장 많은 사람들로부터 '공감'을 얻은 것이 가장 과학적이고 객관적인 진실이 된다. 이게 현대 과학의 풍경이다.

학문적으로도 과학과 객관은 동원한 전문가의 수나 국가, 기발한 방법론으로 확보되지 않는다. 보편적인 상식을 가진 일반 사람들로부터 얼마나 많은 공감을 많이 받느냐의 여부에 달려있다. 하나의 진실이 의미를 갖고 힘을 갖는 것은 우리가 다 함께 동의하고 선택할 때이기 때문이다.

한 나라 역사의 진실도 국민들의 선택에 달려있다. 대다수 일반 국민들의 공감을 받지 못하면 진실이 아닐 것이다. 그래서 사실(fact)은 다양한 의견들의 소통을 통해 구성되는 것이 바람직하다. 치열한 토론 끝에 많은 사람들의 공감을 얻은 사실과 이론·주장만이 살아서 역사가 되고, 역사를 발전시킨다.

결국, 역사의 진실은 깨어있는 민주 시민들이 선택·결정한다. 정부도, 역사학자도, 과학자도 아니다. 국민들 스스로가 정치가나 권력자들에 의해 만들어지고 편집된 진실에 휘둘리지 않아야 한다는 것이다. 나아가 강자에 의해 오도된 진실은 적발해서 수정을 요구해야 한다. 국민들은 역사의 진실을 알 권리가 있다.

나. 진실 찾기는 원인을 밝히는 작업

누가(Who), 왜(Why), 어떻게(How)?

과연 시간이 지나면 사건의 가면을 벗기고 진실을 드러낼 수 있을까?

사실은 스스로 말하지 않는다고 했다. 로마가 하루아침에 세워지지 않았듯이 역사의 진실도 하루아침에 세워지지 않는다. 부단한 진실 찾기가 필요하다. 자유를 쟁취할 때와 같이 진실을 찾는데도 피와 땀이 필요하다. 에리히 프롬은 "진실에 접근하기 위해서는 끊임없이 표면을 꿰뚫고, 비판적·능동적으로 노력해야 한다."고 말한다.

카는 "역사의 연구는 원인들의 연구"라고 단정했다. 창의적인 역사 서술에는 사실들 간의 원인들을 밝히는 것이 중요하다고 보았다. 역사 연구는 그 원인을 밝히는 과정에서 끊임없이 '왜?'라는 질문을 던지며 선택과 해석을 하게 된다. 이를 통해 역사 발전의 방향과 미래로 가는 역사 전개의 과정을 예측하고 해명하는 것이다.

그런데 큰 사건일수록 수많은 원인과 인과관계가 작용한다. 또 8·15 분단과 6·25 전쟁, 5·18 사건과 같은 큰 사건의 핵심 원인은 쉽게 알 수 없도록 숨겨져있다. 6·25 전쟁에서 스탈린은 김일성의 남침을 이용해 한반도에서 미국과 중국이 죽도록 싸우게 했다. 스탈린의 이 책략을 온전히 밝히는데 60년 이상의 시간이 걸렸다.

중국의 『손자병법』은 "전쟁의 본질은 적을 속이는 데 있다. 적이 전략과 전술을 알아채지 못하도록 깊이 감추고 숨기는 지혜가 필요하다."고 강조한다. 8·15 분단과 6·25 전쟁은 물론 5·18의 경우에도 그 진실을 찾으려면 사실을 감추고 조작한 자들의 책략보다 더 깊숙이 파고들지 않으면 안 된다는 것이다.

그러면 어떻게 하자는 말인가?

어떤 사건의 전모는 모든 원인을 알아야 하나 그 많은 원인을 모두 규명할 수는 없다. 인간과 사료(史料)에 한계가 있기 때문이다. 따라서 직접적이고 결정적인 원인인 사건의 주체(who)와 그 주체가 의도한 목적(why)을 밝히는 것이 가장 현실성이 있고 타당한 방법이다. 그 과정에서 사건이 어떻게(How) 발생했는가를 밝히면 더 선명한 설명이 될 것이다.

이는 아리스토텔레스가 하나의 사물이나 사건의 원인을 완전하게 파악하기 위해 제시한 '4개 원인론[3]에서 제기한 방법론이다. 그는 사건의 진실은 그 사건을 일으킨 직접적이고 결정적인 원인, 즉 작동인(作動因: 사건 주체 등)과 그 사건을 통해 달성하고자 하는 궁극적인 목적(目的因)을 밝히는 작업이 중요하다고 보았다.

이에 기초해 아래 제2부~제4부에서는 한국 근·현대사에서 가장

---

3 아리스토텔레스가 말하는 4원인은 ①질료인, ②형상인, ③작동인, ④목적인이다. 가장 중요한 작동인은 결과를 초래하는 직접적인 원인을 말한다. 이는 사건이 일어나는 과정의 앞부분에 해당하며, 뒷부분의 사건이 일어나는 데 있어 필수적인 역할을 담당한다.

큰 사건이라고 할 수 있는 1945년과 1948년의 8·15 해방과 남북 분단, 1950년 6·25 전쟁, 1980년 5·18 사건을 누가, 왜, 어떤 목적과 의도를 가지고 일으켰는가를 중심으로 그 진실을 규명하고자 한다. 독자들은 이 책을 통해 한국 근·현대사에서 강자들이 어떻게 역사를 왜곡·조작해 거짓으로 만들었는지 알 수 있을 것이다.

필자는 이를 통해 강자들을 비판·비난하고자 하는 것이 아니다. 주변 강대국이 한반도를 식민지화하고, 반으로 갈라 서로 싸우게 한 것은 자국의 국익을 위해 최선을 다한 결과였다. 그 역사도 자국이나 자신들에게 유리하게 기록하는 것은 당연지사이다. 힘의 정치가 지배하는 국제사회에서는 강자가 곧 정의이고 진실이었다.

세계의 모든 국가나 지도자들은 예외 없이 모두 그랬다. 시대에 따라 정도의 차이가 있을 뿐이었다. 그렇다고 그들의 악행을 무조건 용인하자는 것은 아니다. 그들이 숨겨놓은 역사의 진실이 과연 무엇이었는지 알아야 고통과 좌절의 역사 반복을 피할 수 있다. 강자가 조작한 정의와 진실을 낱낱이 파헤쳐 밝혀야 한다는 것이다.

무릇 '진실 말하기와 그 용기(parrhesia)⁴'는 쉽지 않은 일이다. 어느 사회, 어떤 조직에서도 옳은 것을 옳다고, 아닌 것을 아니라고 말하기는 어렵다. 그렇다고 주저하거나 침묵할 수만은 없지 않는가. 공직을

---

4 파레시아(parrhesia)는 '모든'을 뜻하는 pan과 '말'을 의미하는 rhesis가 결합해서 만들어졌다. 고대 그리스어인 '파레시아'는 아테네 시민의 정치적 권리이자 철학 담론의 본질적인 특징의 하나였다. 푸코(1926~1984)는 파레시아를 '(약자가 강자에게) 진실을 말하는 권리와 용기', '위험을 감수하며 말하기', '비판적 태도'로 정의했다. 푸코의 말년을 사로잡은 이 개념은 그의 강연록인 『담론과 진실』(2017)에 담겨있다.

떠나 공부하고 있는 필자에게 진실 찾기와 옳음 쫓기는 마땅한 사회적 의무라는 생각이다.

공부하는 사람으로서 현대사와 남북관계사에서 수많은 비극이 침묵으로 켜켜이 쌓여가는 것을 좌시할 수 없다. 우리 민족이 남북으로 갈리고도 모자라 남남으로 갈라져 더 치열하게 싸우는 우리 사회의 현실이 안타깝다. 분단과 전쟁, 분열 속에서 진실들이 실종되어 있다. 나름대로 '정직한 진실', 국민들 누구나가 '공감하는 진실'을 찾아 나서는 이유가 여기에 있다. 비판적 진실 속에 지혜가 있을 것이다.

5·18은 전두환 신군부의 국헌 문란과 국가 폭력에 저항한 광주 시민들의 항쟁이었다. 민주화를 위해 조직적으로 일으킨 운동이 아니었다. 북한군 600명이 침투해 사주한 게릴라전은 더더욱 아니었다. 5·18의 실체는 전두환 신군부가 권력을 찬탈하기 위해, 광주를 무대로, 사전에 기획하고 주도한 참극이었다.

5·18이 '민주화 운동'인가?

아니다. '5·18 민주화 운동'은 전두환 신군부가 자신들의 소행을 은폐·희석 시키기 위해 고안해낸 그럴듯한 미명(美名)이었다.

        5·18(이하 5·18 사건 또는 5·18 사태, 5·18 민주화 운동 등 을 5·18로 통칭함)은 1980년 5월 18일부터 27일 새벽까지 열흘 동안, 전두환을 정점으로 한 당시 신군부 세력이 자행한 야만적인 폭력과 학살에 광주의 시민들이 죽음을 무릅쓰고 항쟁한 사건이다.[5]

  당시 광주의 외침과 저항은 한국 민주주의의 분수령인 1987년 6 월 항쟁의 동력이 되었다. 부단한 민주주의 쟁취와 인권 회복으로 이 어졌다. 그럼에도 5·18은 여전히 매듭을 짓지 못한 채 진행형이다. 그 동안의 각종 진상 조사에도 불구하고 아직 사건의 본질과 실체를 규

---

5 5·18을 둘러싼 용어의 사용이 정치적 쟁점이 되고 있는 상황에서 이 글은 일단 중립적인 표현인 '사건'을 사용하기로 한다. 그러나 5·18이 민주화 운동의 성격보다는 다른 불행한 사건이라면 '사태'라는 표현이 적절하다. 이 글은 각각의 상황을 묘사하는 데 있어 사건과 사태를 적의 사용할 수밖에 없었다. 이 글이 주장하는 바, 5·18이 전두환 신군부의 사전 기획에 의한 것이라면 '사태'라는 표현이 정확한 것이다. 5·18을 '운동'으로 보는 것은 사건의 본질과 실체를 심히 왜곡한 것이다.

명하지 못했다. 국가 차원의 조사 결과 보고서를 채택한 적도 없었다. 5·18은 아직 '공인된 진실'이 없다.

5·18은 40년 동안 우리 사회의 통합을 저해하는 해묵은 과제였다. 매듭을 풀기 위한 진상규명 노력은 전두환 신군부 측의 방해로 번번이 벽에 부딪쳤다. 그들은 진실을 부정하고 모욕하며, 거리낌 없이 망언들을 늘어놓고 있다. 누가, 왜 5·18을 일으켰는지? 그 진실을 밝히면 역사의 짐을 내려놓을 수 있을 텐데 대체 무엇이 문제인 걸까?

5·18은 이미 20여 년 전에 그 역사적 의미와 성격을 규정하는 정치적인 합의를 이루고 법률적 정리까지 마쳤다고 한다. 노태우 정부가 구상하고 규정한 '광주 민주화 운동'을 김영삼 정부는 특별법을 제정해 공식화했다. 1997년부터는 국가기념일이 되었다. 2001년에는 관련 피해자들이 민주화 유공자가 되었다. 5·18 묘지도 '국립 5·18 묘지'로 승격되었다.

정부뿐만 아니라 대법원 역시 신군부의 12·12 반란부터 5·18 무력 진압을 군사 반란과 내란죄로 판결해 주범들을 단죄했다. 우리 국민들의 대다수인 약 85%도 5·18을 민주화운동으로 이해하고 있다. 그런데도 5·18은 여전히 우리 사회의 소모적인 논쟁과 분열, 대립의 핵이다. 광주 시민들에게는 여전히 아프고 답답한 응어리 그것이다.

2019년에도 5·18은 뜨거웠다. 진실이 밝혀지지 않은 채 왜곡과 날조, 망언이 끊이질 않았다. 일부 야당 의원들은 국회 내의 한 토론회에서 "폭동이 민주화 운동으로 변질되었다. 유공자는 괴물이다. 사실

에 기초해서 논리적으로, 이게 북한군이 개입한 폭동이란 것을 밝혀
내야 한다."고 주장했다.

같은 당의 대표는 5·18이 '지역감정'에서 비롯된 사건이라고 말했
다. 5·18을 12년 동안 연구했다는 한 인사는 줄기차게 "전두환은 영
웅이다. 5·18은 북한 특수군 600명이 주도한 게릴라전이었다."고 주
장한다. 이와 유사한 내용을 담은 수백 개의 유튜브는 연일 5·18 관
련 가짜뉴스를 토해내고 있다. 정부가 다 정리해 인정하고 기념까지
하고 있는데 말이다.

진상을 온전하게 규명해 그 역사를 청산하지 못한 탓이다. 어설픈
정치적 야합이 초래한 엄청난 후과이다. 5·18의 실체와 전혀 어울리
지 않은 '민주화 운동'이라는 그럴듯한 모자를 씌워놓고, 첫 단추를
잘못 끼운 옷을 계속 입고 있기 때문이다.

지금 5·18은 매듭을 풀 수 없을 만큼 어지럽게 꼬여있다. 정치적으
로는 5·18을 전두환 신군부의 적법 행위로 규정했다. 민주화 운동이
라는 명칭으로 피해자에게 명예를 회복해주고 '보상'까지 했다.

반면, 법원은 전두환 신군부 등 5·18 주동자들의 일부 조치들을
불법적인 반란으로 판단했다. 그런데도 최근 법원(서울중앙지법, 2020.
2. 13.)은 "법적·역사적 평가가 이미 확립된 상황에서 5·18에 대한
사회적 평가가 근본적으로 바뀌지 않을 것이다."라고 단언했다. 어불
성설이다. 사건의 실체가 밝혀지지 않았는데 어떻게 5·18을 평가할
수 있단 말인가.

'민주화 운동'이라는 5·18의 성격 규정은 정치적인 야합, 강자인 가해자들의 책략과 기만에 의한 역사의 왜곡이다. 민주화라는 거짓 미명과 국민의 세금으로 5·18의 본질을 희석시켜 자신들의 책임을 은폐·순화하려는 것이었다.

무자비한 국가 폭력에 대한 시민들의 분노와 항쟁을 민주화운동으로 명명하는 것은 본질에서 벗어난 것이다. 전두환 신군부가 그들의 불순한 목적을 위해 사전에 기획·주도한 비극적인 사건을 민주화 운동이라고 말하는 것은 몰상식 그것이다.

5·18은 한국 현대사에 한 획을 그은 정치적 대사건이다. 6·25 전쟁 이후 한국 내의 한 지역에서 가장 많은 시민들이 참여하고, 많은 사상자를 낸 사건이었다. 10일 간의 비극은 아직도 죽지 못해 살아있는 역사이다. 죄 없는 광주 시민들은 계속 돌팔매질을 당하고 있다.

2018년 3월에 제정된 '5·18 민주화 운동 진상 규명특별법'의 개정안도 미봉에 지나지 않는다. 민주화 운동의 진상을 왜 규명한다는 말인가? 사건의 진상을 밝혀 5·18의 본질과 실체를 명확하게 규명하지 않고, 정리와 화해와 통합을 이야기하는 것은 앞뒤가 맞지 않다.

필자가 이렇게 말하는 이유는 마지막이 되어야 할 지금의 5·18 진상규명 노력이 또 다시 상식적이지 않는 방향으로 접근하고 있기 때문이다. 왜 그런지 하나씩 살펴보자.

주객이 전도된 5·18 해석들

5·18의 진상을 규명하는 일은 그 원인과 책임의 소재를 밝히는 작업일 것이다. 앞서 언급한 바, 어떤 사건이든 그 전모는 누가(Who), 왜(Why), 어떻게(How) 일으켰는가를 밝히면 드러난다. 이와 관련 그동안 우리 사회에서는 5·18의 진실을 둘러싸고 아래와 같이 4개의 주장이 갈등·대립해왔다.

가. 신군부가 사전 기획·연출한 사태

최근 힘을 얻고 있는 이 주장은 5·18 당시에는 차마 상상하기 어려운 일이었다. 다만, 그때 도무지 이해할 수 없는 계엄군의 무자비한 폭력은 이런 의문을 갖게 하기에 충분했었다.

5·18 직후 전두환 정권은 사전 기획설을 말하거나 의심을 하는 것을 금기시했다. 5·18 종료 후에 사건의 현장에 있었던 사람들은 새로운 소식을 접할 때마다 자신의 경험과 전후 맥락, 사실들을 종합하고 복기하며 '아, 그랬었구나!' 탄식하고 공감할 뿐이었다.

진실은 드러나기 마련인가. 그동안 간헐적으로나마 관련 증거와 증언들이 나왔다. 그럼에도 2019년 이전까지는 결정적인 증거들이 부족해 필자와 같은 사람들의 확신은 속앓이할 뿐이었다.

아래에서 중점적으로 살펴볼 사전 기획설은 한마디로 5·18은 12·12 군사 반란으로 실권을 잡은 '전두환을 정점으로 한 신군부(Who)'가 '군사 독재 정권을 연장하기 위해 필요한 구실과 명분을 축적할 목적(Why)'으로 '광주를 무대로 삼아, 사전 기획·주도(How)'한 무장 폭동이었다는 것이다.

나. 북한군이 침투·주도한 무장폭동

이는 전두환 신군부 측과 그 추종 세력들이 줄기차게 주장하고 있는 것이다. 5·18은 "김대중이 배후 조종하고, 북한의 사주를 받은 불순분자들과 폭도들이 일으킨 무장 폭동 반란."이라는 것이다. 그 연장선상에서 신군부를 옹호하는 일각의 사람들은 "5·18은 북한 특수군 600명이 침투해 주도한 게릴라전이었다."고 주장하고 있다. 일부 탈북자들은 "김대중이 김일성에게 북한군의 침투를 요청했다."고 주장한다.

2019년, 국회는 제1 야당의 주장을 반영해 '5·18 진상규명법'에 따라 구성된 진상규명위원회가 해결할 과제의 하나로 '북한군 개입설'을 포함시켰다. 이들에게 5·18은 '북한군 또는 불순분자들(Who)'이 '국가 반란을 목적(Why)'으로 일으킨 폭동을 계엄군이 무력으로 진압·극복(How)한 사건, 즉 광주 폭동·광주 사태이다.

다. 국가 폭력에 저항한 광주시민항쟁

당초 대다수 광주 시민들은 5·18을 전두환 신군부의 독재와 군인들의 야만적인 폭력, 진압·학살에 분노한 시민들의 자발적인 저항·항쟁으로 규정했다. 그들에게 5·18은 '광주 시민들(Who)'이 계엄군의 무자비한 국가 폭력(Why)에 맞서 저항하며 목숨 걸고 싸운(How) 광주항쟁·광주 시민 항쟁이다.

이는 그동안 5·18 관련 단체·인사들이 꾸준하게 견지해온 입장이었다. '죽음과 시대의 어둠을 넘은 처절한 항쟁 정신'을 강조했다. 2002년 '5·18 유공자 예우법'이 제정되기 전까지만 해도 광주의 거의 모든 기관·단체들은 5·18을 '광주민중항쟁'으로 표현했다. 『5·18 광주민중항쟁 증언록1』(부상자동지회, 1987), 『실록 5·18 광주민중항쟁사』(1~101회, 광주일보 특별취재반, 1996), 『광주민중항쟁사』(광주광역시, 2001), 『5·18 항쟁 증언자료집』(전남대출판부, 2002) 등이 그것이다.[6]

5·18의 성격에서 '민주화'보다 '항쟁'을 강조한 이 주장은 신군부의 특수 편의대 투입이 확인되지 않은 상황에서 제기된 것이었다. 그러나

6 이외에도 1981.5.9. 5·18 1주년에 즈음한 광주천주교사제단의 성명은 5·18을 계엄군의 "물리적 폭력에 항거해 일어난 광주시민들의 자발적인 의거, 인간의 존엄권과 생존권의 표현"으로 그 성격을 규정했다. 5·18 부상자회 또한 "계엄군의 무자비한 만행 앞에 자신의 삶을 지키기 위한 시민들의 당연한 분노이자 항쟁"으로 표현했다.

이 주장의 이면에는 신군부에 의한 위의 사전 기획설이 자리하고 있다. 광주 시민들이나 관련 단체들이 제기한 각종 고발장도 대체로 이 주장을 담고 있었다.

필자가 주장하는 5·18의 진실은 위의 「가. 신군부가 사전 기획·연출한 사태」의 전개 과정에서 「다. 국가 폭력에 저항한 광주 시민 항쟁」이다. 가와 다가 혼재된 것이 5·18의 실체적 진실이라고 보는 것이다.

라. 광주 시민들의 민주화 시위·투쟁

이 주장은 5·18을 직접 경험하지 않은 사람들의 피상적인 생각에다 정치적 야합이 법적·사회적 합의를 이끌면서 일반화된 것처럼 보인다. 현재의 '5·18기념재단'의 기본 입장도 그 결을 같이하고 있다.

분명한 것은 '5·18기념재단'은 정치적으로 합의한 관련법을 시행하는 기관이다. 관련법은 당사자인 광주 시민들의 주장과 의견을 적극 반영해서 제정되지 않았다. 5·18 민주화 운동 관련법들은 5·18의 성격을 규정함에 있어 계엄군의 국가 폭력에 '대한' 저항·항쟁보다 민주화를 '위한' 광주 시민들의 항거에 방점을 둔 것이다. 가해자들의 폭력이 불법행위가 될 수 없게 한 것이었다.

5·18기념재단은 홈페이지에서 5·18을 "당시 신군부 세력의 진압에 맞서 광주 시민과 전남 도민이 비상계엄 철폐, 유신세력 척결 등을 외

치며 죽음을 무릅쓰고 민주주의 쟁취를 위해 항거한 역사적 사건"으로 규정하고 있다. 5·18을 '광주 시민과 전남 도민(Who)'이 '민주주의를 쟁취(Why)하기 위해 항거(How)'한 민주화 운동(시위·투쟁)으로 본 것이다.

마. 평가: 5·18의 쟁점과 성격

폭력에 '대한' 항쟁이냐, 민주화를 '위한' 투쟁이냐

5·18 당시의 상황에서 광주 시민들이 국가폭력에 대해 항쟁했는가? 아니면 독재에 대해 민주화를 요구하며 시위하고 투쟁했는가?는 5·18의 성격을 규정하는 데 있어 중요한 문제이다.

왜냐면 이 두 주장을 자세히 뜯어보지 않으면 동일하고, 동시적인 개념으로 이해할 수 있기 때문이다. 실제로 불의에 대한 항쟁과 독재에 대한 민주화 요구를 명확히 구분하기는 어렵다. 5·18 현장에서도 민주화를 요구하는 목소리가 없지 않았다. 5·18은 일면 민주 수호를 위한 시민들의 총궐기이기도 했다.

그러나 5·18이라는 하나의 사건에서 두 개념은 크게 다름을 알 수 있다. 먼저, 항쟁은 그 의미가 '수세적이고 방어적'이다. 먼저 일어난 어떤 불의·폭력 등에 저항하며 투쟁한다는 뜻이 내포되어 있다. 이 개념에 비춰볼 때 5·18을 촉발한 주체는 계엄군인 공수부대(전두환 신군부)이다. 반면에 시민들의 민주화 시위·투쟁은 수세적이거나 방어적인 의미보다는 '선제적이고 조직적'인 요구 등의 의미를 갖고 있다. 불의나 독재 등의 현상에 대해 적극적으로 나서서 변화를 요구하는 운동을 말한다. 이 경우 5·18의 주체는 광주 시민들이 된다.

둘째, 저항권의 행사인 항쟁은 신군부의 무자비한 국가 폭력(불법 행위)으로 인한 광주 시민들의 기본권 침해에 대한 정당한 실력 행사이다. 반면에 민주화 시위·투쟁은 많은 경우 또는 반드시 국가의 불법 행위를 전제로 하지는 않는다.

셋째, 그 연장선상에서 사건의 책임 문제도 다르다. 법률상 국가 공권력의 불법 행위에 대한 저항(항쟁)으로 입은 피해는 '배상'이 된다. 반면에 시민들의 자발적인 민주화 운동 과정에서 입은 피해는 적법한 행위에 대한 '보상'이 되기 쉽다.

5·18의 진상 규명과 해결 과정에서 이들 개념에 대한 명확한 이해와 공감대가 이루어지지 않으면 혼란을 낳게 된다. 지난 30년~40년 동안의 혼란은 여기서 비롯되었다고 볼 수 있다. 이는 전두환 신군부측 가해자들이 적극 활용할 수 있는 빈틈이었다.

5·18 가해 책임자들은 주도면밀했다. 피해자들은 그렇지 못했다. 결과적으로 보면, 가해자들과 피해자들은 모두 보상을 받았다. 5·18 직후 가해자들은 폭동을 무력으로 진압한 유공으로 권력을 나누어 갖고, 각종 훈·포장을 받았으나 이후 처벌을 받았다. 피해자들은 5·18 직후 처벌을 받았으나 이후 모두 유공자로 예우를 받고 있다.

5·18 민주화 운동이라는 성격 규정 속에는 이처럼 양측 모두 피해

자이자 유공자라는 인식이 혼재되어 있다. 이 때문에 당시 정치권에서는 누이 좋고 매부 좋은 아주 절묘한 정치적 타협이었다고 평가했을 것이다. 전두환 신군부의 고도의 책략이 적중한 야합이었는데도 말이다. 정치는 진실과 정의를 추구하지 않으니까.

정치권의 '5·18 민주화 운동' 합의 과정

국회와 정부, 법원은 위의 같이 가해자와 피해자의 주장과 전혀 다른 제3의 주장을 법적으로 공식화했다. 자세히 검토하지 않으면 위의 「라. 광주 시민들의 민주화 시위·투쟁」을 공식화한 것으로 볼 수도 있다. 그러나 실제는 그렇지 않았다.

관련법 제정 당시 정치권은 5·18은 광주 시민들이 일으킨 민주화 운동이었고, 이를 계엄군이 진압하는 과정에서 본의 아니게 또는 불가피하게 피해를 당한 광주 시민들은 명예가 회복되고, 보상받아야 한다는 인식을 공유했다. 이런 인식이 5·18의 성격을 '민주화 운동'으로 규정하게 했다. '특별법'을 제정해 광주 시민들의 명예를 회복해주고 보상을 해준 것이다.

관련법과 국민 여론, 5·18을 대표하는 단체가 왜 5·18의 실체 및 본질과 다르게 5·18의 성격을 '민주화 운동'으로 규정하고 있는 것일까? 필자는 두 가지 관점에서 추론할 수 있다고 본다.

하나는, 당시 광주의 현장에 있지 않았던 일반 사람들의 5·18에 대한 이해이다. 이들은 대체로 5·18 이후 득문이나 관련 글들을 통해 1980년 5월 전국적인 학생 시위 등 '서울의 봄'의 연장선상에서 5·18을 보았다. 당시 관련 상황은 이랬다. 서울 지역 대학생 시위는 5월 15일 소위 '서울역 회군'으로 중단되었다 그러나 유독 광주에서만 16일에 5만여 명의 시민·학생들이 참여한 '민족민주화성회(횃불시위)'가 평화롭게 개최되었다. 또 전국대학생연합(전대협)의 5.15. 약속을 전남대 학생들만 지켰다는 평가가 있다. 즉, 서울은 15일의 마지막 시위에서, 광주는 15일과 16일 시위 말미에 "앞으로 사태를 관망한 후 휴교령 등 계엄 확대 조치가 있을 때 그 다음 날 다시 모이자."고 약속했었는데 광주에서만 그 약속을 지켰다는 것이다. 당시 대학생들의 요구는 대체로 '계엄 해제'와 '민주화 추진'이었다. 민주화 운동이라는 견해는 위와 같이 '광주의 학생들과 시민들(Who)'이 전두환 신군부의 독재와 국헌 문란이 가중되는 상황에서 '자유와 민주주의를 위해(Why)' 몸 바쳐 싸운 사실을 크게 평가한 데에서 비롯뇌었다고 볼 수 있는 것이다.

다른 하나는, 1988년 6공화국 출범 직후 국회에서 '광주 민주화 운동'으로 정식 규정할 때의 국내 정치상황이다. 당시 정치권의 논의 과정에서는 광주 시민들보다는 강자인 전두환 신군부 측의 의견이 더 많이 반영되었다. '민주화 운동'이라는 명칭은 1988년 6월 21일, 당시 여당인 민주정의당(민정당)이 처음으로 사용하며 제안했다. 김영삼의 통일민주당은 이 명칭을 바로 수용했다. 그러나 김대중의 평화민주당

(평민당) 내부에서는 '민주화 운동'이라는 명칭은 광주 시민들에 대한 '배신 행위'라는 비판이 일었다. 그런데 어쩐 일인지 6월 27일, 평민당은 이 명칭을 수용한다. 당시 광주 시민들은 처음부터 민주화 운동보다 불법적인 폭력에 대한 저항·항쟁에 초점을 맞춰야 한다고 주장했다. 입법 과정에서 의견도 내고 항의도 했다. 광주 시민들은 힘없는 약자였다.

이후 1989년 '5공 청산' 합의를 이끌어낸 당시 야당(평민당) 원내대표와 여당(민정당) 원내대표는 제1항에 '광주 민주화 운동 문제 처리'가 포함된 비밀 각서에 합의했다. 이후 구체적인 협상 과정에서 여당 측이 5·18 현장 책임자(정호용 특전사령관) 처리와 관련 그의 위력을 언급하며 합의를 종용해 '5·18 민주화 운동'이 되었다고 말한다. 당시 야당은 '협치 또는 타협의 정치'를 강조하고 있었다. 5·18 당시 권력의 제2인자였던 자가 대통령이 된 실정에서 어찌할 수 없는 일이었다고 볼 수 있을 것이다.

어떻든, 여야가 합의한 '5·18 민주화 운동'은 피해자 측의 의견이나 객관적인 진실을 담은 합의가 아니었다. 가해자인 전두환 신군부 측이 정권의 원만한 연장과 함께 5·18의 진실을 희석시키기 위해 고안해낸 한 때의 책략을 정치권이 그대로 수용한 것이었다.

강압과 정치적 야합의 결과인 5·18 민주화 운동'이라는 명칭과 성격 규정에는 주객이 전도되어 있다. '5·18을 누가 일으켰는가?'라는 가장 중요한 주체의 문제에서 가해자 측은 '북한군 600명 또는 불순분자들'이라고 주장한다. 반면에 광주 시민 측에서는 '공수특전대와 계엄군'의 무자비한 폭력 등이 사건을 촉발하고, 이에 대한 항거를 무장 폭동으로 치닫게 했다고 주장한다.

주목할 것은 이 두 개의 주장 모두 사건을 일으킨 '주체'를 광주 시민으로 보지 않는다는 것이다. 양측 모두 5·18은 광주 시민들이 주도한 민주화 운동이 아니라고 본다는 사실이다. 그런데 5·18 관련 여러 개의 법들이 규정하는 '5·18 민주화 운동'에서의 사건의 '주체'는 광주 시민이다.

사실에 기초하지 않은 정치권의 상상력이 사건의 주체와 대상인 객체를 뒤바꿔버린 것이다. 이렇게 되니 5·18은 자연스럽게 적법 행위가 되어 전두환 신군부는 한동안 면죄부를 받았다. 시민들의 민주화 운동인데 불법 행위가 될 수 없었다. 국가의 무자비한 폭력이 적법 행위가 된 것이다.

이에 따라 5·18 피해자들은 국가의 불법 행위에 대한 '배상'이 아닌 적법 행위에 따른 손해를 '보상' 받았다. 민주화라는 그럴듯한 모자로 명예를 회복하고, 피해자의 신분에서 나아가 유공자로서 시혜적인 보상금을 받은 것이다.

나아가 5·18을 1980년 5월의 '민주화(서울)의 봄'과 '김대중 내란 음모' 사건 등과 함께 엮으면서 유공자 수가 많아졌다. 완전히 고립된 상황에서 진행된 5·18을 당시 전국적인 민주화 운동과 같은 맥락, 그 연장선상에서 이해한 결과였다.[7]

---

7   참고로 5·18의 명칭 및 성격 규정과 관련, 그동안 북한에서는 '광주 인민봉기'라 고 칭하면서 "남조선 군사 파쇼에 대항한 봉기"라 선전해왔다. 해외에서는 유네스코에

여야가 협상 과정에서 정치적인 거래를 한 것이었다. 당시 여야 협상의 한 당사자는 언론에서 그 불가피성을 증언한 바도 있다. 당시의 현실 상황에서는 불가피한 측면이 없지 않았겠지만, 사건의 선후와 주객을 전도해버림으로써 5·18은 뒤죽박죽이 되어버렸다. 피해자만 있고 가해자가 없는 5·18이 되었다. 진상규명을 통한 문제의 해결이 거의 불가능하게 된 것이다.

등록된 대로 'Gwangju Uprising(광주 봉기)'으로 부르거나 'Gwangju Massacre(광주 대학살)'라고 칭한다. 드물게 'Gwangju revolt' 혹은 'Gwangju rebellion'을 사용하기도 하나, 이는 본질을 왜곡·과장한 것이다. 5·18은 대한민국 체제와 이념에 반대하는 봉기나 항쟁이 전혀 아니었다는 점에서 그렇다.

누가, 왜? 5·18을 일으켰나

5·18을 언제, 누가, 왜, 무엇을 위해, 어떻게 일으켰는가? 구체적으로 한 걸은 더 나아가보자. 아래는 필자 나름의 5·18의 역사 해석이자 진상 규명 결과이다.

5·18은 1979년 12·12 군사 반란으로 실권을 장악한 전두환 신군부가 박정희 군부 독재 정권을 연장하기 위해 일으킨 일종의 군사 쿠데타였다. 권력 찬탈을 위한 구실과 명분을 축적하기 위해 사전에 기획하고 주도한 무장 반란 폭동이었다. 그들의 궁극적인 목적은 광주의 폭동을 진압한 신군부의 '영웅', 즉 전두환 대통령 만들기였다.

이를 확인해주는 증거들은 사실 전두환 신군부와 그 추종 세력들의 5·18 관련 전·후 조치들과 발언, 조사 연구 결과물, 주장 등에 상세하게 잘 나타나 있다. 조금만 눈여겨보면 누구나 쉽게 알 수 있다.

가. 5·18의 발단

계엄군의 강제 해산 조치(구타·체포 등)

먼저 '언제'라는 5·18의 발발 시점 문제이다.

'사건의 발단은 사건을 누가 일으켰는가?'라는 주체와 직결돼있어 보다 엄밀한 규명이 필요하다. 5·18은 1980년 5월 18일부터 시작된 사건을 말한다. 5·18의 성격을 규정하는 데 중요한 포인트의 하나는 5월 18일 오전에 전남대 정문과 후문에서 발생한 5·18 최초의 양측 충돌을 어떻게 해석하느냐는 것이다.

전남대 정문 충돌이 사태의 발단

전두환 신군부는 5월 17일 24시부터 시국수습을 명분으로 비상계 엄을 전국으로 확대했다. 휴교령이 내려졌다. 전남대에는 제7공수특 전여단이 배치되었다. 5월 18일 09:30~10:00에는 특전대원 10여 명 이 집총한 채 정문을 통제하고 있었다.

한두 명씩 정문에 모여든 학생들은 약 100여 명이었다. 일부 학생 들은 5월 15일 도청 앞 광장 연합 시위 후의 약속을 기억하고 있었 다.[8] 대부분의 학생들은 휴교령에도 불구하고 주로 각 단과대학 도서 관이나 연구실에서 공부 또는 일하다 두고 온 책자·용품 등을 챙기 려고 왔다.

학생들의 요구는 단순했다. 휴교를 예상치 못하고 미처 그 물품들 을 챙기지 못하고 나왔으니 "잠시 도서관 등 학교 출입을 허용해달

---

8 5. 15. 광주 지역 학생회연합 지도부는 당일 오후 도청 앞 시위 후 학생들에게 만약 휴교령이 내려지면 다음 날 오전 10시에 학교 정문 앞에 모여 시위를 벌인 다음, 정오에 도청 앞 분수대로 집결하라는 방침을 전달한 상태이긴 했다. 그런데 5. 16. 22:00 도청 앞 광장 횃불성회 종료 시에 약속한 이후 일정은 "전국 대학과 보조를 맞추기 위해 사태를 관망한 후 5. 19. 10:00에 도청 앞 시위를 재개."하기로 했다. 5·18 오전 10시경 전남대 정문 앞은 이 방침을 이행하는 분위기는 아니었다. 현장에는 정문과 불과 100여m 거리에 있는 법과대학 도서관에서 공부하던 필자의 친구들도 3명 이상 있었다.

라."는 것이었다.

계엄군은 학생들의 출입을 거절했다. 정문 경비 책임자는 핸드마이크를 통해 "정부 조치로 휴교령이 내려졌으니 집으로 돌아가라"고 경고했다.

학생들은 이에 항의하며 반발, 농성하기 시작했다. 계엄령 전국 확대와 휴교령 등을 비난하며 '비상계엄 해제'를 외치기도 했다. 어떤 사람은 "박관현 학생회장이 계엄군에 붙잡혀 31사단으로 연행되었다."고 말했다. 그 시간에 박 회장은 여수 돌산으로 피신해 있었다.

한동안 조그만 다리(용봉교)를 사이에 두고 대치하며 계엄군의 경고 방송, 일부 학생들의 항의시위 등으로 이어졌다. 학생들의 수도 점차 더해졌다. 그러자 갑자기 장교 한 명이 한 학생을 붙잡아 구타했다. 이후 군인들이 4명씩 2열 종대로 모여 행진 대열을 이뤘다. 학생들이 돌을 던지자 피하지 않았다. 모두 M16을 등에 메고 긴 진압봉을 들고 있었다.

순간, 지휘관의 경고 방송 직후 '돌격 앞으로!'라는 지시에 따라 특전대원들은 1백m 달리기 하듯 학생들을 500m 가량 추격했다. 경찰의 시위 진압 방법과는 비교가 되지 않았다. 도망가다 잡힌 학생들을 진압봉으로 무차별 가격하고 체포했다. 2명의 학생이 부상당했다. 이후 학생들이 투석하며 저항하자 계엄군은 더 강경하게 진압했다. 전혀 예상하지 못한 위력적인 진압이었다.

5·18의 도화선이 된 이 전남대 정문 충돌 사건은 5·18의 성격을

규정하는 데 있어 중요한 단서이다. 왜냐면, 5·18의 성격이 학생들의 사전 기획에 의한 시위냐, 아니면 계엄군의 사전 기획에 의한 강경 진압이냐? 또 그 연장선상에서 5·18이 항쟁이냐, 아니면 민주화 운동이냐를 가름하는 단초이기 때문이다. 이 사건은 휴교령으로 인해 학교를 들어갈 수 없는 평범한 학생들의 요구를 공수부대가 거절하자 이에 항거하는 학생들의 시위를 폭력적으로 진압한 데서 비롯되었다. 정문에 모인 학생들은 대다수가 특별히 민주화를 위한 시위를 목적으로 나오지 않았다. 지도자가 없었다. 조직적이지도 않았다.

누구에게도 관심의 대상이 되지 않은 우발적인 사건이었다. 5·18에서의 가장 중요한 최초의 시위·충돌 현장이었는데도 사진이나 영상이 전혀 없다. 지금도 5·18 대표 단체들은 하나 같이 5·18 이전의 사진을 당시의 사진으로 잘못 사용하고 있다.

현장 상황을 기록한 당시 안기부의 판단 보고서도 아래와 같이 5·18 "광주 사태의 발단"은 "계엄군에 의한 강제해산 조치"라고 썼다.

일시	장소	상 황

09:30	전남대 정문	○ 전남대생 계엄군에 투석시위
		
		  - 가담인원 : 전남대생 200여 명
		
		  - 내 용
		
		    ㅅ 도서관 출입허용 요구에
		      계엄군이 거절
		
		  ┌─────────────────────┐
		  │ 계엄군에 의해 강제해산 조치 │
		  │ 광주사태 발단 │
		  └─────────────────────┘

당시 전대 정문 상황을 기록한 국가안전기획부 보고자료[9]

당시 전남도 경찰국장이었던 고 안병하 치안감의 5·18의 원인에 대한 인식도 같다. 그는 신군부의 고문 후유증 등으로 사망하기 직전에 남긴 비망록(1988년)에서 5·18은 "(군의) 과격한 진압으로 인한 유혈사태와 유포된 악성 유언비어가 시민들은 극도로 자극"한 데서 비롯되었다고 적었다.

사실, 5월 18일, 23:00. 2군사령관의 강조 사항과 5월 19일의 2군사령부 충정작전 지침(작상전 426호)에는 "주모자 체포. 단호한 조치. 소요자는 최후의 1인까지 추격하여 타격·체포, 다수 편의대 운용(첩보 수집). 치명상을 입지 않은 범위 내에서 과감한 타격 등"을 담고 있

9 국가안전기획부, "광주 사태 상황일지 및 피해 현황", 1985.5, pp. 38~39.(관련 부분)

었다.

여기서 어떤 분들이 주장한 바, 1979년 10월, 박정희 정권 종말에 결정적인 영향을 미친 부마(부산·마산) 사태 시 계엄군의 초기 강경 진압과 같이, 계엄군이 이를 통해 광주 사태의 조기 해결 또는 사태의 싹을 제거하기 위한 것이었다면 5·18은 민주화 운동의 성격이 될 여지가 커진다.

반면에, 공수부대가 초장부터 강경 진압을 통해 시민들의 분노와 저항을 유발해 시위의 확대와 극렬화·폭동화를 겨냥한 것이었다면 5·18은 시민 항쟁이자 전두환 신군부가 사전 기획한 것이 된다.

전남대 후문에서의 공수부대원들의 폭력

10시 30분 경, 정문 상황이 종료될 즈음 후문 쪽에서도 사태가 발생했다. 후문 쪽 정류장에서 버스에서 내리거나 타고 있던 학생들을 군인들이 진압봉으로 가격·연행해 무릎을 꿇게 했다. 정문 쪽보다 더 막무가내식의 폭력을 휘두른 것이다.[10]

이후 공수부대원들은 3~4명씩 조를 짜 학교 인근 시내를 돌아다니며 무작정 청년은 물론 노인들까지 구타하고 짓밟았다. 건물 옥상과 창문에서 이를 지켜본 주민들은 "그만 때려! 너희들이 국민의 군대냐?"며 아우성쳤다.

10　자료에 기재된 가담 인원 200명은 가장 많이 모였을 때의 수를 기록한 것으로 보인다. 단체로 모인 것이 아니라 한두 명씩 불어나 점차적으로 그 규모가 커진 것이다.

공수부대원들의 무장 모습과 트럭 위 체포된 학생들

　학생들은 군인들의 만행을 시민들에게 알리자고 결의했다. 학생들의 숫자는 2~3백여 명으로 불어났다. 스크럼을 짠 학생들은 "전두환 물러가라! 계엄령을 해제하라! 김대중을 석방하라!"라며 시내로 내달렸다. 5·18 광주 항쟁에 불이 당겨진 것이다.

　이후 시내로 나간 학생들은 11시경부터 소규모의 산발적인 시위를 계속했다. 그때까지만 해도 시내 중심가의 시위는 경찰이 대응했다. 12시께 금남로에는 벌써 1천여 명의 학생·시민이 여기저기에 모여 구호를 외쳐대기 시작했다. 오후에는 계엄군들이 배치되어 무차별·무자비한 폭력으로 강경 진압하며 학생들을 체포했다. 시민들이 가세해 거세게 항의하며 동조하기 시작한다.

더욱 강경 진압으로 치달은 공수부대

　5월 19일, 윤흥정 전교사령관 주재 광주 지역 주요 기관장회의에서 기관장들은 전날부터의 "군의 진압이 너무 과격하다. 진압 부대가 어느 나라 군대인지 의심이 간다."라고 토로했다. 5월 22일부터 26일까지 광주 시민 측 사태수습위원회와 계엄군 측과의 대화·협상에서 수습위가 일관되게 주장한 것은 "군의 과잉 진압을 인정하라."는 것이었다. 당시 광주 시민들의 대체적인 판단·여론에는 사태를 계엄군이 유발하고 있다는 의심이 지배하고 있었다.

사실, 하루가 채 지나지 않은 5월 18일 오후부터 대폭 증원된 새로운 제11공수 특전대원들은 광주 시민들을 적으로 대하는 분위기가 역력했다. 평소에 보는 일반 군인들이 아니었다. 총을 맨 채 곤봉을 들고 다니는 그들은 정말이지 국민의 군대가 아니었다. 그들에게 광주에서의 충정작전은 '빨갱이들을 때려잡아 나라를 지키는 것'이었다.

5·18 초기 계엄군의 구타·체포 연행

그들은 시민들을 향해 '무력(위력) 시위'를 하며 산발적으로 항거하는 학생과 시민들을 향해 '돌격 명령'을 내렸다. 적과 전쟁하는 것이었다. 강제 해산 과정에서 무차별 추격·가격하고 체포했다. 오후 3시경부터 시내 중심부의 거점에는 공수부대가 배치돼 살벌한 분위기였다.

5·18의 첫날이었다. 계엄군은 사태를 진정시키거나 해결하려는 자세가 아니었다.

5월 18일, 첫날부터 나돌기 시작한 출처 불명의 유언비어도 학생들이나 광주 시민들이 만들어 유포할 수 있는 것이 아니었다. 말초신경을 자극하거나 시민들의 분노를 유발하고, 지역감정을 조장하는 것들이었다. 시민들을 불안에 떨게 하고 분노케 하는 것이었다. 시위의 대규모화와 극렬화를 유도하기 위한 것이 분명했다.

19일부터는 집에서 방문을 걸어 잠그고 잠자는 것조차 불안했다. 필자도 자취집 안방 주인의 다락방에 들어가 문을 장롱(가구)으로 틀어막고 잠을 잤다. 공수부대원들이 학생·청년들을 보기만 하면 다 잡아 죽인다는 소문 때문이었다. 필자의 숙소는 학교 정문으로부터 불과 150여m 거리, 공수부대가 주둔한 학교 운동장의 담장과는 집 한 채를 사이에 두고 있었다.

나. 5·18 발발의 주체·목적

둘째, 누가, 왜 5·18을 일으켰느냐?는 문제이다.

5·18 발발의 주체는 광주의 학생·시민들이 아니었다. 위에서 살펴본 바와 같이 계엄군의 강경 진압이 5·18을 촉발했다. 공수부대가 사건을 주도한 주체이다. 전두환을 정점으로 하는 신군부의 정치적 필

요에 따라, 그들에 의한, 그들을 위한 5·18이었다.

사실, 5·18은 광주의 학생들이나 시민들이 나서서 선제적으로 시위를 조직하고 실행하지 않았다. 당시 광주에는 그럴만한 지도부가 없었다. 5월 14일부터 16일까지 3일간 전남도청 앞 광장의 연합 시위를 이끌었던 고 박관현 전남대 총학생회장을 비롯한 학생 지도부는 5월 17일 밤 예비 검속을 피해 모두 피신했다. 5월 18일부터 평온한 도시에 공수특전단 군인들이 나타나 무자비한 국가 폭력을 휘두르자 분노한 학생·시민들이 불같이 일어나 항쟁한 것이다. 우리 헌법 서문에 규정한 '저항권' 차원의 정당한 시민 항쟁이었다.[11]

광주 시민들은 처음부터 나라의 민주화를 목적으로 시위·항쟁하지 않았다. 물론 "전두환은 물러가라. 비상계엄 해제하라. 김대중을 석방하라."는 일부 시민들의 구호와 저항을 민주화 운동으로 볼 수도 있다. 결과적으로 보면 이후 우리 사회의 민주화 진전에 크게 기여했다. 그럼에도 5·18의 본질은 민주화 운동이 아니다. 5·18이 광주 시민들의 국가 반란 폭동이라거나 북한군이 침투·주도한 게릴라전이었다는 주장은 터무니없는 것이다.

5·18의 본질은 1980년 초 국민들의 거센 민주화 요구로 박정희 군사 독재의 연장이 다소 어렵게 된 당시의 정치적 상황과 관련되어 있다. 이렇게 되자 박정희의 친애하는 후예들인 전두환 신군부는 권

---

11 저항권(Right of resistance) 또는 혁명권(Right of revolution)은 국가 권력에 의해 헌법의 기본 원리에 대한 중대한 침해가 행해지고, 그 침해가 헌법의 존재 자체를 부인하는 것으로서, 다른 합법적인 구제 수단으로는 목적을 달성할 수 없을 때에, 국민이 자기의 권리와 자유를 지키기 위해 실력으로 저항하는 권리이다.

력 찬탈(집권)에 필요한 명분을 축적하고, 그 구실을 만들 필요가 있었다.

5·18은 이를 위해 사전에 기획하고 주도한 것이었다. 그런 측면에서 5·18의 광주는 슬프게도 전두환 대통령 만들기를 위한 수단, '희생양'이었다. 주연은 전두환 중심의 신군부였다. 조연은 당시 앞뒤 정황과 그들의 속내를 알 수 없었던 아주 평범한 광주 시민들이었다.

광주 시민들이 5·18을 슬기롭게 해결하기 위해서는 이 점을 인정하지 않으면 안 된다. 현상을 변경하려거든, 먼저 당시의 현상을 인정해야 한다. 초심으로 돌아가 솔직하자는 것이다. 역사를 두렵게 여기는 진정한 용기 말이다. 그렇다고 해서 5·18의 정신과 시민들의 명예가 손상되거나 훼손되지 않을 것이다. 사실을 사실대로 인정해야 진실을 찾아 5·18의 의미와 정신을 제대로 평가받을 수 있다.

04

가설: 전두환 신군부의 5·18 시나리오

"역사는 구멍을 파서 감추려고 해도, 때가 되면 반드시 밖으로 나온다."(村上春樹) 문재인 정부에 들어와 5·18의 진실을 확인할 수 있는 결정적인 증언과 증거들이 이어지고 있다. 당시 미국 육군 군사정보관이었던 김용장 씨와 전 보안사 광주 지역 505보안대 간부 요원이었던 허장환 씨 등의 용기와 진실 말하기는 5·18의 실체를 칼라로 볼 수 있게 해주었다.

광주 인근 현장에서 근무했던 김용장 씨는 5·18은 전두환 신군부가·"자신들이 만든 시나리오에 따라 모든 것을 진행했다."고 강조했다. 특히 보안사 편의대원들은 '유언비어 유포조', '장갑차 탈취조', '무기고 탈취조' 등으로 나뉘어 활동했었다고 증언했다.

이들의 증언과 그동안 밝혀진 여러 사실들은 5·18이 전두환 신군부가 정권 찬탈의 명분과 정당성을 획득하기 위해 사전에 기획한 일종의 쿠데타였음을 확인해주고 있다. 집권 시나리오에 따라 소외와 불만의 도시 광주를 무대로 선정해 기획·주도(연출)한 10일 간의 비극 아닌 참사(慘事)였다.

그동안 밝혀진 여러 사실들과 5·18의 실제 진행 상황, 전개 과정 등을 종합하면 아래와 같이 전두환 신군부의 5·18 시나리오를 그려볼 수 있다. 필자가 그려본 가설적인 시나리오의 요지와 구체적인 진행 상황은 다음과 같다.

(가설)사전 기획된 5·18 시나리오(요지)

① 5·18~19. 유언비어, 강경 진압 등으로 시민들의 공분·저항 유발
② 5. 20~21. 시위대의 극렬화·무장화·폭동화 유도, 시 외곽 차단·봉쇄
③ 5. 22~27. 무정부 상태 언론 보도 허용, 각종 진압명분 축적 후 무력 진압

5월 17일 점심시간 직후, 전투기 1대가 전남대 중앙도서관 앞 광장 상공을 아주 낮게 지나갔다. 정찰인지, 경고인지 전례가 없는 일이었다. 오후가 되자 도서관 주위에는 계엄령 확대, 휴교령 얘기가 돌았다. 심상치 않은 분위기였다.

가. 강경 진압, 분노·저항 분위기 조성

그날 밤 전남대 운동장에는 요란한 헬기 소리, 환한 서치라이트와 함께 공수특전부대가 주둔했다. 5월 18일 오전부터 전남대 정문과 후문에서는 충돌이 있었다. 이후 특전대원들은 학교 주변부터 시내를 순찰, 학생들과 광주 시민들을 향해 곤봉과 총검을 휘두른다. 수단과 방법을 가리지 않는 과감한 특전대원들의 행동은 특별하고 위압적이었다. 유언비어는 시민들을 선동·조정하는 유용한 수단이다.

19일부터 장갑차를 앞세운 특전대원들의 잔인성은 여러 곳에서 더

적나라해졌다. 제11공수여단이 가세해 시민들이 보는 앞에서 닥치는 대로, 최대한 강경하게 진압해 시민들을 공분케 한다. 시민들은 경악해 동요하기 시작했다. 국민의 군인들이 저럴 수가 없다고 생각했다. 상가도 대부분 문을 닫았다. 관공서와 각급 학교의 업무·수업도 제대로 이뤄질 수 없게 되었다.

그럼에도 시민들의 분노는 아직 평화롭게 질서를 유지하며 표출되었다. 살벌한 유언비어(약물 설, 씨말리기 설 등)는 특히 젊은이들에게 공포감을 갖게 했다. 언론은 광주 상황을 그대로 보도하지 않았다.

우리는 보았다.
사람이 개끌리듯 끌려가 죽어가는
것을 두눈으로 똑똑히 보았다.
그러나 신문에는 단한줄도 싣지못
했다.
이에 우리는 부끄러워 붓을 놓는다.
1980. 5. 20
전남매일신문기자 일동

전남매일신문사장 귀하

전남매일신문 기자들의 사직 항의서

일반 시민들은 시내에서 무슨 일이 벌어지는지 알 수가 없다. 답답하다. 집에 있기가 더 불안한 시민들이 대거 시내로 나온다. 택시와 화물차 운전기사들도 하나 둘 차량을 몰고 시위에 합류했다. 시위가 점차 전면적인 시민 항쟁, 총궐기의 형태로 변화했다.

19일에는 최초의 발포 등 더 잔인해진 계엄군은 소규모의 산발적 시위를 대규모 시민 폭동(관공서 공격·발화 등)으로 만들 수 있는 분위기를 조성한다. 이날 계엄사는 광주에 제7공수와 제11공수부대에 이어 제3공수여단과 보안요원들을 투입했다.

나. 시위의 극렬화·무장화 유도

5월 20일부터 시내 초·중·고등학교의 휴교 조치가 내려지면서 시위 양상은 보다 규모가 커지고, 쌍방 간의 폭력성이 더해지고 있었다. 시민들은 공수부대의 잔혹한 진압에 맞서 노냥가지 않고 "차라리 우리 모두를 죽여라!"고 외치며 저항했다.

공작을 더 강화할 수 있는 여건이 형성되고 있었다. 수많은 택시와 트럭, 버스 운전사들도 차를 몰고 시위에 가세했다. 차량과 MBC 방송국, 세무서, 파출소 방화가 잇따랐다. 시민들은 광주 전역의 파출소와 소방서, 시청까지 점거했다. 저녁 10시경 금남로에서는 10만이 넘는 군중이 시위를 벌였다. 밤 11시경, 광주역 인근에서는 계엄군의 발포로 4명의 사망자와 6명의 부상자가 발생한다. 항쟁은 아직 반란 폭동 수준은 아니다. 계엄사는 미군의 승인 하에 20사단을 광주로 증파했다. 사태를 북한이 개입한 무장 폭동으로 만들기 위해서는 특수공작을 실행할 편의대의 투입 등 보다 특별한 조치가 필요하다.

5월 21일, 오늘은 충정작전의 성패를 가르는 아주 중요한 날이다. 계엄사는 02:18부터 시외전화를 차단했다. 결정적인 날인만큼 시 외곽 교통로 및 통신선 차단을 통해 광주를 고립시키고, 광주 상황이 외부로 알려지는 것을 막아야 한다. 계엄군이 시위대의 결사적인 저항으로 물러나면서 먼동이 터올 무렵에는 전남도청과 광주교도소를 제외하고 광주시내 전역이 시민들에 의해 장악되었다.

08:00~, 이른 아침인데 일부 조직적인 시위대는 광주 서쪽 지역의 공단 부근에서 20사단 수송 차량을 화염병 등으로 공격해 지휘용 지프차 14대를 탈취했다. 그때 시위대의 맥가이버들은 총을 들지 않은 사실상 비무장 상태였다. 탈취자들은 지프차들을 몰고 방위산업체인 아시아자동차로 직행했다. 날렵한 선수들이었다.

군용 차량 생산 공장인 아시아자동차 공장에 모인 시위대는 탈취한 260여대의 군용 차량과 장갑차에 시민들을 태워 13:00~16:00 사이에 17개 시·군의 38개 무기고를 털었다. 얼굴이 검게 탄 젊은이들이 용감하고 용의주도하게 시위대를 이끌어갔다. 그들은 누가 보아도 학생도, 평범한 시민·직장인도 아니었다.

위엄 있는 공무원으로 보이는 사람들도 있었다. 시위대의 트럭을 타고 시내를 돌아본 필자도 그런 사람들을 쉽게 볼 수 있었다. 광주 시민들 중에 그렇게 용감한 분들이 많았던가? 시간이 갈수록 시내는 곧 폭발할 것 같은 폭풍전야, 팽팽한 긴장감이 감돌았다. 이 때문에 시민들 사이에서는 진압군의 사과와 피해자들의 명예 회복이 이루어진다면 타협하자는 주장도 나왔다.

낮 12시경에는 전두환 당시 보안사령관이 헬기를 타고 K57(광주 제1전투비행단)을 방문, 정호용 특전사령관 등으로부터 광주 현황을 청취하고 필요한 지시를 한다. 현장의 사지에서 직접 지휘하지 않은 장군은 영웅이 될 수 없다. 그때가 5·18 전 과정에서 폭발을 바로 앞둔 임계 시점이었다. 시내 중심에는 20여만 명의 시민들이 금남로를 꽉 채우고 있었다.

전두환 주재의 광주 현장 회의가 종료된 직후인 13:30분경이었다. 도청 앞 금남로는 피로 물들었다. 계엄군과 시민들이 서로 대치한 상황에서 계엄군 최초의 집단 사살 명령으로 많은 사상자가 난 것이다.

시민들이 도청 옥상의 스피커에서 나오는 애국가를 따라 제창하고 있을 때였다. 그 때 계엄군은 시민들을 향해 무차별 사격했다. 도청 앞 일대는 일순간 아수라장으로 변한다. 전쟁터였다. 금남로 동구청 인근 보도에 서있던 필자의 발 앞에서도 총알이 튀었다. 최소 54명이 사망하고, 500여 명이 부상당했다. 이때부터 시민들의 분노와 공포는 흥분으로 변해 폭발한다.

5. 21. 오후 1시 경 계엄군의 집단 발포 직전 도청 앞 금남로

다. 폭동화한 무정부 상태 무력 진압

  10여분 동안 계속된 집단 발포와 도청 앞 주둔 계엄군이 조선대로 철수할 때까지 계속된 조준 사격으로 금남로는 한동안 침묵 속으로 빠져들었다. 서너 차례 죽은 자를 따라 도로 중앙으로 나와 항거하는 몇몇 시위대는 조준사격의 대상이었다. 모두 사망했다. 이후 시위대에서는 이대로 당할 수만은 없다. 우리도 무장해 싸워야 한다는 절박감이 일었다. 무장을 주장하는 사람들도 있었다.

  오후 3시가 넘어서는 탈취한 무기를 탑재한 차량들이 시내를 질주하기 시작했다. 무장한 시민군과 계엄군 간의 총격 등으로 시위는 사실상 폭동 반란으로 변했다. 5월 21일 오후 5시경부터 계엄군은 교외 지역으로 퇴각, 8시경 광주는 무장한 시민군이 점령한 무정부 도시가 된다.

시위는 날이 갈수록 필자와 같은 평범한 학생들이나 시민들이 상상할 수 없는 방향으로 가고 있었다. 이게 아닌데, 누가 이렇게 하나? 이런 상황을 만드는 목적이 무엇이란 말인가? 시위대의 무장화·폭동화가 자유 민주주의를 위한 것인가?

계엄군은 21일 늦은 오후부터 언론에게 광주 사태 보도를 허용한다. 사전 기획한 대로 무정부 상태가 된 광주를 국민들에게 알릴 필요가 있었다. 각 언론들은 "광주에서 북괴의 사주를 받은 폭도들이 폭동을 일으키고 있다"고 보도했다. '무장한 폭도들이 난무하는 광주'는 계엄군이 무력으로 진압해도 되는 필요충분조건이었다. 오후 7시 30분, 계엄사는 광주 주둔 각 부대에 자신들의 집단 발포와 총기 사용을 정당화하는 '자위권 발동(사살 명령)을' 하달한다.

5월 21일과 오전과 오후의 무장한 시위대의 모습

5월 22일, 광주는 무장한 시민군에 의해 완전한 해방구가 되었다. 광주공원 등 시내 일원에서는 조그만 어린 아이도 자신의 키보다 큰 총을 질질 끌고 다녔다. 외각 봉쇄선 지역에서만 충돌이 계속될 뿐 시내는 대체로 평화로웠다.

각계의 지도적인 위치에 있는 시민들은 수습대책위를 구성, 계엄군과 사태의 평화로운 해결을 시도하는 등 사태의 평화적인 해결을 시도하기 위해 나섰다. 계엄군을 물리친 환호와 허탈감 속에서 시민들도 총기 회수와 교통 정리, 청소 등 자율적으로 질서 회복을 위해 나섰다. 시민들은 삶과 가진 것에서 너와 나가 따로 없는 한마음 공동체가 되었다. 범죄는 평시보다 더 적게 발생했다.

5월 23일부터 계엄사는 최종 진압 작전인 '상무충정작전'을 수립, 언제든지 실행할 수 있는 태세를 갖추어나간다. 작전을 시작할 때와 마찬가지로 마무리 작전도 미국과의 협의가 필요했다. 계엄군이 곧 무력으로 진압한다는 소문이 퍼졌다. 무력 진압 필요조건인 사태의 무장 폭동화는 이미 달성되었다. 이 상황에서 사태가 장기화되고, 특히 전국으로 확산되면 소기의 목적을 달성할 수 없게 된다.

5월 24일, 그동안 시위대를 앞장서서 주도했던 사람들(맥가이버들)은 안개처럼 사라졌다. 진압 작전은 미국과 협의를 통해 25일 이후 실행하기로 했다. 25일에는 계엄사 선무공작요원 300명이 투입되었다. 22일부터 시작한 광주 시민 측과 계엄사 간의 협상은 26일 최종 결렬되었다.

5월 27일, 01:00부터 계엄군은 도청의 시민군을 무력으로 진압,

05:00에 정상 질서를 회복했다. 그날 밤, KBS 9시 뉴스는 군 당국의 입장을 이렇게 보도했다. "군은 사태의 평화적인 해결을 위해 전력 질주했으나 생활고와 온갖 위험에 시달리는 시민들을 구출하기 위해 군 병력을 투입했다."

전두환은 '북한이 사주·선동한 무장 반란 폭동'을 극복하고 자유 민주주의(반공) 체제를 수호한 국가의 '영웅'이 된다. 이제 일사천리로 예정된 집권 수순을 밟아 나가기만 하면 정권을 잡아 대통령이 될 수 있다.

5·18 사전 기획·주도의 증거들

위와 같이 엮어 본 그림의 모든 장면들이 정확할 수 없지만 5·18은 그야
말로 전두환 신군부가 사전에 기획·주도한 시나리오대로 진행한 사태였다.
이는 다음과 같은 여러 사실과 정황·맥락·증언 등이 뒷받침하고 있다. 그
동안 많은 사람들의 가슴속에만 있었던 심증을 확증했다. 증거들이 차고
넘친다.

가장 결정적인 증거는 역설적으로 전두환·노태우 등
5·18 주동자들의 관련 언행과 조치, 특히 그들이 말하는 북한군
600명 개입설의 증거들이다. 주동자 측은 자신들이 저질은 죄를 누
구보다도 잘 알고 있다. 그런 만큼 그들이 대통령으로 재직한 1980년
부터 1992년까지 사활을 걸고 사건을 왜곡·조작했다. 진상 규명을
회피하고 책임을 면하기 위해 그럴듯한 논리와 증거들을 개발해 조직
적이고 공세적으로 대국민 선전·선동을 계속한 것이다.

10여 년 전부터는 그들이 주장하고 국민들이 속아 넘어간 '5·18 민
주화 운동'이라는 명칭조차 부정하고 있다. 민주화 운동으로도 책임

을 완전하게 면할 수 없다고 판단해 그들이 사전에 기획한 대로 '북한군 개입설'을 통한 완전 범죄를 추구하고 있는 것이다. 그들이 늘 써온 전가의 보도(寶刀)이다.

참이 거짓을 이긴다. 자신들의 소행을 북한군 소행으로 감추면 감출수록 5·18은 자신들이 저질은 소행임을 고백하는 것이 된다. 명예훼손 협의로 피소된 지만원 씨는 2020년 1월 30일 법원의 결심 공판에서 "내가 북한군 소행이라고 말하는 것은 5·18을 폄훼하려는 것이 아니라 광주의 불명예를 벗겨주려는 것이라고 생각한다."고 말했다. 무슨 말인가.

그가 잡으려고 하는 지푸라기가 필자에게는 묘한 여운으로 다가왔다. 그동안 지만원 씨가 나름대로 조사·연구해 왜곡·조작한 5·18은 역설적으로 5·18의 '실체적 진실'을 아주 상세하게 밝혀주고 있다. 전두환의 사전 발언, 5·18 진행 과정에서의 계엄사 발표·지시, 전두환 회고록 등 여러 정황들은 지만원 씨의 여러 주장들이 그만의 독자적인 작업이 아님을 말해주고 있다.

가. 전두환 신군부의 사전·사후 조치

전두환의 5·18은 박정희의 5·16 판박이다. 관련 상황과 목적, 집권 수순을 보면 5·18은 전두환의 박정희 따라 배우기, 불행한 역사의 반복이었다.

5·16은 1960년 3·15 부정 선거와 4·19 혁명, 이후 4월 26일의 이승만 대통령 하야 등 정국 혼란 상황에서 발생했다. 5월 16일 새벽, 박정희 주도의 신군부는 서울의 주요 기관을 점령, 큰 저항을 받지 않고 정권을 장악했다. 쿠데타의 명분은 4·19 이후 지속된 학생들과 재야인사를 중심으로 한 '민족 자주와 통일촉진' 운동이 '반공 분단국가의 근본적인 위협'이 된다는 것이었다.

5·18은 1979년 10월 26일 박정희 대통령 시해 사건 이후 12·12 반란으로 실권을 잡은 전두환 신군부가 정권을 잡기 위한 쿠데타였다. 쿠데타의 명분은 학생 시위가 지속되고 있는 상황에서 '북한의 개입, 남침 가능성 등 국가안보 위협'이었다.

박정희는 5·16 이틀 후인 5월 18일, '국가재건최고회의(의장 박정희)'를 구성해 집권 수순을 밟아나갔다. 전두환은 5·18 무력 진압 4일 후인 5월 31일 '국가보위비상대책위원회(상임위원회 위원장 전두환)'를 설치해 집권 수순을 밟아나갔다. 5·16은 김종필(당시 예비역 중령)이 사전에 기획·주도한 시나리오대로 진행되었다. 5·18은 보안사령부(사령관 전두환)가 사전에 기획·주도한 시나리오대로 진행되었다.

① 5·18 이전의 사전 조치

1979년 말부터 실권자가 된 전두환은 주한 미군 지휘부와 긴밀하게 협력하며 관련 정보를 공유했다. 5·18은 미국의 승인이나 협조 없이 저지를 수 있는 일이 아니었다. 독재자라도 자국에 협력하는 자라면 그가 권력을 잡는 것이 미국에 이익이었다.

미국은 전두환을 중심으로 한 신군부의 권력 장악 움직임을 거의 실시간으로 파악하고 있었다. 당시 주한 미국 대사관과 주한 미군 사령부는 전두환이 5월 중순부터 이미 '학생 시위에 북한이 개입했다'는 명분으로 군대를 동원해 정권을 장악하려 한다는 정황을 포착, 본국에 보고했다.[12]

위컴 주한 미군 사령관은 5월 9일과 5월 13일, 두 차례 전두환 등을 만난 후 국내 상황에 대한 그의 부정적인 분석과 함께 그가 "북한의 위협을 강조하는 것은 청와대 입성을 위한 포석일 뿐"이라고 보고했다.

당시 권력의 핵심이었던 전두환과 노태우는 주한 미군과 협의하는 과정에서 자신들의 향후 계획을 그대로 드러낸다. "정부는 학원 성향과 관련해 병력 투입을 준비하고 있다. 병력 투입(진압)은 최후 수단이 될 것이다."(5. 8. 노태우 수경사령관) "학생 시위 뒤에 북한이 숨어있으며, 북한이 남한을 공격하는 결정적인 순간이 곧 올 것이다. 배후에 김대중이 있다고 확신한다."(5. 13. 전두환 보안사령관)는 발언이 그것이다. 그들은 이를 구실로 미군 측에 병력 투입과 무력 진압에 필요한 병력 사용 승인을 요청했다.

전두환이 장악한 중앙정보부는 5월 12일 심야에 열린 임시 국무회의에서 북한의 특이 동향을 경고하는 보고를 한다. 비상계엄령을 발동하기 위한 사전 조치였다. 요지는 "최근 북한군이 공격 위주의 대규

---

12 관련 자료들은 국내 전문가·언론 등이 미국의 관련 법에 따라 공개된 5·18 당시 미 국무부와 CIA의 비밀 문건을 미국 국립문서관리기록청(NARA)을 통해 입수, 보도한 것을 참고했다

모 기갑부대를 전방으로 전진 배치했다. 5월 15일~20일을 기해 북괴 집단이 남침할 가능성이 짙다는 첩보가 미국 정보기관과 외신을 통해 입수되었다."는 것이었다.

거짓말이었다. 당시 미국과 일본의 어느 기관도 북한의 남침 정보를 갖고 있지 않았다.[13] 이에 따라 5월 10일부터 17일까지 중동(사우디, 쿠웨이트)을 순방 중인 최규하 대통령은 일정을 앞당겨 5월 16일 급거 귀국했다.

당시 미국은 전두환 신군부의 계획을 잘 알고 있었다. 신군부가 광주의 시위를 북한 소행으로 왜곡해 미국의 지지를 이끌어 내려는 것으로 판단했다. 그럼에도 미국은 신군부의 5·18 작전 계획과 소요 진압 차원의 군사력 사용에 반대하지 않았다. 사태가 여의치 않을 경우 미군을 투입할 수도 있었다.

미국은 당시의 한국 상황에서 민주 정권보다 안정적이고 협력 가능성이 큰 군사 정권이 국익에 유리하다고 판단, 묵인·방조한 것이다. 5월 18일을 전후해 미국은 광주 거주 미국 시민권자들을 보호하기 위해 소개령(광주 피신 명령)을 내린다.

5월 14일, 신군부는 31사단장에게 7공수여단 2개 대대의 숙영지를 전남대와 조선대에 만들 것을 지시했다. 5월 16일, 신군부는 미군에 한미연합사 작전 통제하에 있던 20사단 동원 계획 등을 협의, 미군은 이를 승인한다. 당일 이학봉 보안사 대공처장은 전국 보안부대 대공

---

13 이에 대해 워컴 주한 미군 사령관은 5월 13일 "북한 남침설은 근거가 없다."고 본국에 보고했다. 일본 내각 조사실도 자신들이 북한 남침설을 말하거나, 어떤 정보를 가지고 있지 않다고 확인했다.

과장 회의를 소집, 5월 17일, 24:00부 비상계엄 전국 확대에 대비해 학생 시위 주동자와 배후 조종자들을 일제 검거하라고 지시했다.

5월 17일(토), 전두환이 주관한 전군 지휘관 회의에서 군부는 최규하 대통령에게 시국 수습 방안의 재가를 요청했다. 곧바로 열린 국무회의는 비상계엄 전국 확대를 의결한다. 곧바로 예비 검속 명목으로 재야 민주인사들(김대중 씨 등 26명)을 체포했다. 계엄포고령 제10호(국회 폐쇄, 대학 휴교 등)를 통해서는 민주화 세력을 무력화했다. 5월 17일 심야에 3개 공수부대(7공수여단)를 광주에 투입, 사전 준비한 작전을 개시한다.

② 5. 17.~5. 27. 10일간의 관련 상황

5월 17일, 24:00, 계엄령이 전국으로 확대되어 광주에 공수부대가 투입된다. 당시 주한 미군은 미 국방정보국에 보고한 문건에서 "계엄령의 전국 확대가 전두환 세력이 완전한 권력 장악을 위해 한 걸음 다가선 조치"라고 결론 내렸다.

5월 18일 아침, 계엄사는 전남대에 주둔한 7공수 33대대로부터 학교 정문 앞 시위 상황을 보고받았다. 잇따라 광주 시내 전역에 시위가 확산되고 있다는 보고를 받은 계엄사는 시위대에 군 병력(제7공수의 33, 35대대)을 투입할 것을 지시한다.

정웅 31사단장은 윤흥정 전교사 사령관의 지시를 받고 오후 2시 5분, 7공수 33대대와 35대대에 지금 시내 시위가 악화돼 경찰이 수세에 몰리고 있으니 오후 4시를 기해 35대대는 금남로를 중심으로 좌·우측 도로를 차단하고, 33대대는 도청 방면으로 압축해 시위대를 해산시키라고 명령했다.

그런데 18일 오전의 대학생 시위 진압 소식을 접한 이희성 계엄사령관은 2개 대대 병력이 6백 명에 불과해 추가 병력이 필요하다고 판단, 김재명 작전참모부장에게 1개 공수여단의 광주 증파를 지시했다. 김은 곧 공수부대 수장인 정호용 특전사령관에게 병력 증파 문제를 상의한다. 이때 정호용은 서울 동국대에 주둔 중이던 11공수를 방문, 광주에 유언비어가 횡행하고 있고, 광주 7여단 2개 대대가 고전하고 있으니 7여단을 도와 임무를 수행하라고 지시했다.

그 시각이 5월 18일 오후 2시, 아직 광주에 있는 계엄군 공수부대 2개 대대는 시내 중심의 산발적 시위에 직접 투입되지 않은 시각이었다. 공수부대는 오후 3시경 시내에 투입되었다. 그 이전에 시내 중심에서는 총 1,000여 명이 모여 여기저기서 산발적인 시위를 하고 있었다. 경찰이 대응했다. 유언비어도 확산되지 않은 시간이었다. 사전 기획설을 의심할 수 있는 과잉 대응이었다.

이와 함께 사전 기획설을 뒷받침하는 결정적인 증거가 여기 있다.

5월 21일 오후 7시 30분, 이희성 계엄사령관은 다음과 같은 내용의 '대국민 담화문'을 발표한다.

"… 지금 광주 지역에서 법을 어기고 난동을 부리는 폭도는 소수에 지나지 않습니다. (중략) 이 같은 사태는 상당수의 타 지역 불순 인물 및 고정 간첩들이 사태를 극한적인 상태로 유도하기 위해 광주에 잠입해 터무니없는 악성 유언비어 유포와 공공시설 파괴·방화. 장비 및 재산 약탈 행위를 통해 계획적으로 지역감정을 자극·선동하고 난동 행위를 선도해 발생했습니다…."

이날은 전두환이 헬기를 타고 광주를 비밀리에 방문한 날이다. 집단 발포와 함께 시위대의 무장이 이뤄졌다. 22일부터는 서울의 가짜 연·고대생 500명 광주 진입설이 파다했다. 계엄사령관의 담화문은 이어 북한의 사주로 폭도들의 행패가 가열되고 있어 부득이 소탕하지 않을 수 없다는 용어를 써가며 공수부대의 강경 진압과 살상 행위를 정당화했다.

위 담화문은 전두환 신군부가 사전에 기획하고 설정한 5·18의 시나리오를 그대로 이실직고(以實直告)한 것이었다. 주목되는 것은 ①5월 21일 현재, 북한(상당수의 타 지역 불순 인물 및 고정간첩들)이 광주 시민들을 계획적으로 자극·유도·선동(사주)해 극한적 난동(폭동)으로 만들고 있다는 것과 ②북한이 일으킨 반란 폭동은 마땅히 소탕할 것임을 사전에 고지하는 것이다. 특히 이 담화문은 5·18을 선도하고 선동한 주동자가 광주 시민들이 아니고 외부 세력임을 확인하고 있다. 부지불식간에 자신들의 소행임을 말해버린 것이었다.

5월 22일, 신군부는 5·18 무력 진압 명분을 쌓기 위해 김대중 내란 사건[14] 중간 수사 결과를 발표한다. 5·18을 주동하고 내란 음모를 꾸몄다는 김대중 씨는 광주 사건 발생 사실조차 모른 채 수감 중이었다. 함께 투옥된 재야인사들 대부분은 2개월 후에야 5·18 발생 사실을 알았다. 5월 24일에는 박정희를 시해한 김재규의 사형도 집행했다.

5월 26일 계엄군이 헬기를 통해 뿌린 마지막 선무용 전단에도 "시민 여러분, 지금 외부에서 많은 폭도들이 진입해 사태를 악화시키고 있습니다."라는 내용이 들어있었다. 당일 늦은 저녁, 시민군 내의 최후 항쟁지도부는 마지막 가두방송을 했다.

사랑하는 광주 시민 여러분, 지금 계엄군이 쳐들어오고 있습니다.
사랑하는 우리의 형제자매들이 계엄군의 총칼에 죽어가고 있습니다.
우리 모두 계엄군과 끝까지 싸웁시다. 우리는 끝까지 광주를 사수할 것입니다. 여러분 우리를 잊지 말아주십시오.
우리는 최후까지 싸울 것입니다.

5월 27일 새벽, 계엄군은 상무충정작전이라는 진압 작전에 1만 2,662명의 대병력을 일시에 투입, 도청 일원에 남은 최후의 항쟁 시위대를 전면 진압·소탕했다.

---

14 5월 22일에는 "김대중 일당 20여 명이 북한의 사주를 받아 5·18 광주 폭동을 유도했다."고 조작했다. 이후 1980년 7월, 계엄사는 5·18을 "김대중 씨가 전남대와 조선대 총학생회를 조정·선동, 무장 폭도들이 일으킨 내란 사건."이라고 발표했었다. 또 신군부는 김대중 씨와 연결 고리로 광주의 재야인사인 홍남순 변호사를 '내란 반란 수괴'로 조작했다.

③ 5·18 종료 직후부터 시행한 집권 수순

주목되는 것은 5월 27일, 광주 사태를 무력으로 진압한 후 불과 몇 시간이 지나서 않아 전두환 주도로 국보위(국가보위비상대책위원회) 설치령을 의결한 사실이다. 5월 31일, 전두환은 권력인수위 성격의 국보위 상임위원회 위원장에 취임해 내각을 인수, 최고의 실권자가 된다.

6월 21일, 위컴 주한 미군 사령관은 "전두환 장군과 그 동료들이 한국 정부에 대한 군부 통제를 성공적으로 정착시켰다."고 본국에 보고했다. 8월 16일에는 최규하 대통령이 하야한다. 8월 27일, 통일주체국민회의 제7차 회의는 전두환을 대통령으로 선출했다. 정확히 5·18 종료 3개월이 된 날이다.

5·18 이전의 여러 정황·조치들과 함께 5. 18.~5. 27. 사태의 진행, 5. 27. 무력 진압과 그 이후 신군부의 신속한 제반 조치들은 '5·18 사전 기획 시나리오 설'을 확인해주는 증거들이다. 5·18은 신군부의 전두환 대통령 만들기(집권) 시나리오의 한가운데에 있었다.

나. 북한군 침입·주도설의 역설

'5·18 북한군 개입설'은 앞의 5월 13일 전두환의 발언, 5월 21일 이희성 계엄사령관의 대국민 담화 등을 두고 볼 때, 신군부의 5·18 사전 기획 시나리오에 포함되어 있었다. 신군부의 집권 시나리오에 주적인 북한군의 개입이 없는 5·18은 성립될 수 없는 것이었다.

왜냐면 북한군 개입설을 넣지 않으면 ①집권의 명분을 만들 수 없고, ②사후에 그들이 기획해 만든 사태를 무마하거나 책임을 면할 수 없기 때문이다. 한국적 상황에서 어떤 사건을 북한 소행으로 조작해 이를 의심하거나 말하는 것을 금기시하면 문제될 수 없었다. 북풍 말이다. 그래서 그들은 5·18 이전부터 시작해 5·18 당시는 물론, 오늘날까지 북한군 개입설 또는 침투·주도설을 일관되게 주장하고 있다.

5·18의 진상 규명에서 가장 핵심적인 과제는 북한군 개입설의 실체를 규명하는 일이다. 누가 첫 발포 명령자였는지가 아니라 5·18을 누가, 왜 일으켰는지를 밝히는 문제가 중요하다는 것이다. 그런데 이 과제를 푸는 일은 그렇게 어려운 일이 아니다. 지금 답이 훤히 보이지 않는가. 관건은 무엇보다 문재인 정부의 해결 의지이다. 군이 저지르고 은폐·조작한 일을 정부 이외의 사람들이 조사한다고 밝혀질 수는 없다.

북한군 침투·주도설 논거가 곧 사전 기획설의 논거

전두환의 신군부와 그 후예·추종 세력들은 아래와 같은 수많은 증거들을 제시하며 5·18이 민주화 운동이 아니라고 주장한다. 광주 시민들은 북한이 사주한 반란 또는 북한군 600명이 침투해 저지른 폭동에 놀아난 부나비들이었다는 것이다.

이렇듯 전두환 세력들은 5·18의 주체가 '북한군'이라고 주장한다. 필자는 5·18의 주체가 '한국군의 전두환 신군부'였다고 본다. 아래에서 보는 바와 같이 5·18 주동자들과 추종자들의 주장들을 뒤집어보면 금방 확인할 수 있다.

〈북한군 침투·주도설의 주요 논거〉

- 광주인들이 구성한 독자적인 시위대도, 지휘부도 없었다. 폭동을 극렬하게 주도한 사람들은 복면한 채 신출귀몰하며 맥가이버처럼 활동했다.

- 불순분자·간첩들이 그들의 정보를 활용, 무기고·장갑차 등을 탈취했다. 그들은 증거를 남기지 않기 위해 계엄군 철수 이후 바람같이 사라졌다.

- 대대적인 수사·재판에서 폭동의 주동자나 지도자를 찾지 못했다. 5·18 기념식에도 당시 현장을 지휘했다는 사람들은 보이지 않는다. 현장에서 찍힌 사진들 중 5·18 유공자가 된 사람은 없다.

- 5·18을 조직·지휘·기록한 사람이나 단체가 없는 것은 이를 주도한 북한군이 은밀하게 침입·활동하다 죽거나 월북·귀환했기 때문이다. 폭동은 북한군 600명의 소행이다. 시민들은 북한군(지도부)이 나간 후 지휘부 없이 저항하다 무너졌다.

- 광주 사태는 소수의 좌익과 북한에서 파견한 특수부대원들이 순수한 군중들을 선동해 일으킨 폭동이었다. 이를 진압한 전두환은 영웅이다.[8]

---

15 이 논거들은 지만원, 『5·18분석 최종보고서』, 도서출판 시스템, 2014; 지만원 시스템클럽, "북한군 개입 사실을 증명한 11개 존재들", 2019. 12. 17.을 비롯해 기타 자료들에서 발췌한 것이다.

5.18의 주연은 북한특수군 600명.
조연은 넝마주이 등 광주의 천덕꾼들,
이들이 유공자 행세

– 지만원 박사가 12년 연구한 5.18의 마침표 –

5.18은 북한특수군 600명이 '광주에서 천대받던 사회불만세력'을 부나비로 이용하여 남남
전쟁을 유발시켜 놓고, 이를 남침전쟁으로 연결하기 위해 벌인 고도의 이간작전이었다. 광
주인에 의한 독자적인 광주인 시위대는 없었다. 민주화운동도 없었다. 20-30만명이 동원된
폭동과 살인과 방화가 있었지만 이를 지휘한 한국인은 없다. 국가는 북한군 작전에 소모품
으로 이용된 4,634명의 광주부나비들에 초특급의 유공자 대우를 해주고 있다. 하지만 이들
은 국가의 돈으로 학교를 만들고 책자를 만들고 영상물을 만들어 자라나는 어린이들에 국가
에 대한 증오심을 키워주고 있다. 국가는 북한이 써준 글로 대한민국의 역사를 썼다, 국가도·
국민도 남북한·공산주의자들에 농락당하고 있는 것이다.

-현장 컬러사진들과 기록들에 의한 완벽한 증명-

지만원 씨의 5·18 연구 결과 요약 전단

이들의 주장 요지는 한마디로 ①5·18에서 광주 시민들이 주도해
조직한 시위대는 없었다. 지도부도 광주 시민이 아니었다. ②5·18은
민주화 운동이 아니었다. ③반란·살인·방화, 무기고 탈취 등은 광주
시민이 지휘하지 않았다는 것이다.

이는 필자의 판단과도 100% 같다. 5·18의 정곡을 찌른 것이다. 다
만, 5·18을 주도하고 유도한 주체가 북한군이냐, 아니면 한국군이냐
의 문제만 다를 뿐이다. '북한군의 침투·주도'를 '한국군(특수 편의대)
의 침투·주도'로 바꾸어서 5·18을 보면 그 실체가 훤히 보인다.

설득력 없는 북한군 침투설

북한군 침투설은 사실 5·18 이전부터 전두환 신군부가 거론한 것이다. 그들의 사전 기획과 시나리오 속에 있는 것이었다. 이에 따라 그들은 5·18 기간 동안은 물론 이후 지금까지 집요하게 이 주장으로 5·18을 왜곡·폄훼하고 있다.

어떤 주장이 주장으로서의 가치를 인정받으려면 최소한의 논리는 갖춰야 한다. 북한군 침투설을 주장하는 측은 먼저 북한군이 언제, 어떤 교통수단으로 어디를 거쳐 광주에 왔는지 설명해야 한다. 나아가 광주의 어디에서 숙식하며, 어떤 일들을, 어떻게 했는지, 이후 어떻게 월북했는지도 누구나 공감할 수 있게 설명해야 한다.

그러면 5·18은 신군부 측의 주장과 같이 북한군이 침투·주도한 반란 폭동이나 게릴라전이 된다. 북한군이 주도한 폭동의 강경 진압과 소탕은 역사에 길이 남을 업적이 아닌가. 그러나 이를 증명하지 못하면 북한군이 침투·주도했다는 일들은 자신들, 즉 전두환 신군부가 특수 편의대 등을 비밀리에 침투시켜 자행한 일이 될 수밖에 없다.

사실, 5·18을 앞장서 주도하며 시위를 무장 폭동으로 이끈 사람들은 지금까지 한 사람도 나타나지 않고 있다. 앞장서서 민주화 운동을 한 사람에게는 유공자라는 명예와 대우, 상당한 보상금이 주어지는데도 말이다. 5·18에서는 5월 16일 도청 앞 광장의 횃불성회를 지휘한 학생·시민 지도부의 그 누구도 활동하지 않았다.[16]

---

16 광주 사태를 주도한 혐의로 관련 재판의 제1심에서 사형을 받은 사람은 정동년(37, 복학생), 배용수(34, 운전수), 박노정(28, 인쇄업), 박남선(26, 트럭운전수), 김종배(26,

또 21일~22일경, 시위에 합류한 후 24일 바람처럼 사라졌다는 각각 300명의 연세대·고려대 학생 중 어느 누구도 자신이 광주에 와서 5·18에 참여했다고 고백한 사람이 없다. 미스터리이다. 보안사가 중심이 된 합동수사단의 엄중한 수사에서도 누구하나 잡히지 않았다.

당시 무소불위의 권력이었던 신군부는 그들이 말하는 5·18 국가반란 폭동 사범을 검거하는 데 적극 나서지 않았다. 무기고 탈취, 국가보안시설 침탈 등이 북한군과 간첩, 불순분자들의 소행이라고 주장하면서도 이의 색출을 위한 노력을 하지 않았다. 북한군이 어떻게 침입해 활동한 후 탈출했는지에 대한 조사나 수사도 없었다.

맥가이버처럼 신출귀몰한 북한군이 모두 사라졌기 때문일까. 정상적인 국가였다면 최소한 시위를 앞장서서 주도한 지도부 정도는 사진 등의 증거를 채집했을 것이다. 당시 비상 상황을 관리하기 위해 모든 정보 역량을 투입했을 것이다. 그런데 왜? 한 사람의 북한군이나 주도자도 검거하지 못했는가.

북한군 침투·주도설에 대해 한국과 미국의 관련 정보기관·인사들은 하나같이 사실이 아니고, 가능성도 전혀 없는 것으로 확인했다. 정부는 2005년 국방부 과거사 진상 규명위와 2017년 5·18 특별조사위 등 6차례에 걸친 조사를 통해 "북한군 광주 투입설은 허위"라고 발표했다. 전두환 신군부의 핵심 인사이자 5·18 당시 보안사와

학생)이었고, 무기징역을 받은 사람은 윤석루(20, 구두공), 허규정(27, 학생), 정상용(30, 회사원), 하영열(31, 공원), 윤재근(28, 공원), 서만석(36, 상업), 홍남순(67, 변호사)이었다.

국정원의 정보를 총괄했던 이학봉 전 보안사 대공처장도 "600명씩이나 왔다는 것은 상상할 수 없다. 그랬다면 나라가 뒤집혔을 것이다."라고 증언했다.

1980년 5월, 광주 사건 전후에 작성돼 2017년 1월 기밀이 해제된 미 CIA의 기밀문서에서는 당시 "북한은 한국의 정치 불안을 빙자한 어떤 군사 행동도 취하지 않고 있다.", "김일성은 한국에 위협인 북한의 행동이 전두환을 돕는 결과가 된다는 것을 잘 알고 있다. 북한은 한국 사태에 개입하지 않을 것이다."라는 내용으로 북한 개입설을 부정했다.

북한군 광주 침투는 전두환 신군부가 1980년 5월 24일 서울시경에서 발표한 간첩단 검거 발표에 비춰봐도 가능하지 않는 일이다. 당시 서울시경은 "간첩 이창룡의 임무는 광주에 침투해 고정 간첩들과 접선, 시위를 무장 폭동으로 유도하고 선동하는 것이었다. 그런데 그는 광주 외곽을 둘러싼 계엄군의 검문검색이 심해 광주로 들어가는 것을 포기하고 서울역으로 왔다가 체포됐다."고 발표했다. 이 사건은 5·18을 북한이 개입한 국가위기 상황으로 몰고 가려는 조작이었음이 2007년 국방부 과거사조사위 조사 결과에서 드러났다.

5월 21일 시작한 계엄군의 광주 봉쇄 작전에는 광주로 통하는 주요 도로에 3공수, 7공수, 11공수, 20사단, 31사단, 전교사 병력이 배치되어 출입을 전면 차단하고 있었다. 미군은 가용 정보자원들을 총 동원해 북한의 도발에 대비하고 있었다. 광주를 둘러싼 외곽의 삼엄한 경계망을 뚫고 북한 특수부대원 600명이 검문·검색의 흔적도 없이 침투할 수 있었을까? 계엄군과 북한군이 공모·결탁하지 않고는 불가능한 일이었다.

당시 시 외곽 모든 도로를 차단한 통행금지 팻말

누가 북한군이고, 연·고대생인가?

북한군 600명 침투·주도설과 함께 당시 공공연하게 나돈 가짜 연세대·고려대 학생 600여 명 광주 지원설, 그리고 2019년 확인된 '보안사 특수 편의대' 투입설은 몸통(실체)이 단 하나이다.

북한군 600명=가짜 연세대·고려대 학생 600명=보안사 특수 편의대가 대체 어떤 관계에 있었는지? 그 연계성을 밝히면 5·18의 진실은 명명백백해진다. 2020년 3월 현재까지는 보안사 특수 편의대만 그 실체가 존재했던 것으로 확인되었다.

5·18의 진실을 규명하는 데는 사건의 주체가 왜, 무엇을 위해 획책

했느냐는 '목적'도 밝혀야 한다. 전두환 추종 세력은 북한군의 5·18 작전의 목적은 '남남 갈등과 남침 전쟁'이었다고 주장한다. 즉 북한군 이 "광주에서 천대받던 '사회 불만 세력'을 부나비로 이용해 남남 갈 등을 유발시켜 놓고, 이를 남침 전쟁으로 연결하기 위해 벌인 고도의 이간 작전이었다."는 것이다. 소설이다. 이는 앞서 언급된 5월 13일의 전두환의 발언과 유사하다.

5·18의 진실을 감추기 위한 전두환 신군부의 왜곡·조작들은 처음 부터 자신들의 만행을 북한군의 소행으로 둔갑시키는 것이었다. 늘 그랬듯이 그들은 국민들의 6·25 트라우마를 상기시켜 북한의 소행, 적화통일 전략과 연결시키기만 하면 모든 일이 무마되고 해결된다고 보았다. 반공 국가주의가 무성하던 이승만·박정희 독재 시대의 여러 사건들, 1980년 5·18은 물론 그 후 1987년과 21세기에도 유사 사례 들이 있었다.

다. 검찰 수사 결과와 법원 재판 결과

이 자료들도 5·18 사전 기획설을 확인해주고 있다.

1995년 12월 「5·18 민주화 운동특별법」 통과 후 1996년 초 검찰은 수사를 통해 "신군부 측 시국 수습 방안은 집권 시나리오였다. 5. 17. 계엄 확대는 정권 탈취를 위한 준비 작업이었다."고 규정했다. 5·18을 군사 반란과 내란 행위로 인정한 것이다.

1996년 12월 서울 고법 항소심 선고공판은 "5. 17. 비상계엄 확대는 국헌 문란을 목적으로 하는 폭동(군사 반란 행위)이며, 민주화를 요구하는 광주 시민들을 무차별 학살한 행위는 내란 목적을 위한 살인"이라고 판시했다.

법적으로도 5·18은 12·12, 5. 17 비상계엄 확대와 함께 전두환 신군부가 저질은 정권 찬탈 목적의 군사 반란 및 내란 행위로 처벌을 받았다. 2004년에는 전두환 신군부가 조작한 '김대중 내란 음모 사건'이 재심에서 무죄를 선고 받았다. 5·18은 배후에서 김대중 씨가 조정한 사건이 아니었음을 확인한 것이다. 5월 17일 체포·구금된 김대중 씨가 5·18에서 내란을 모의할 수는 없었다. 김대중 씨의 배후조정과 북한 개입은 1980년 5월 13일 전두환이 주한 미군 사령관에게 말했던 것이었다.

라. 군의 비타협적 태도, 특수 편의대 존재

광주 시민들이 무장한 5월 21일 저녁부터 광주가 사실상 무정부 상태가 되자 이를 우려한 시민 사회에서는 22일부터 민관합동·재야인사·학생 중심의 3~4개 수습위원회를 구성해 운영했다. 질서를 되찾는 한편, 계엄군 측과 사태의 평화적인 수습을 위한 협상이 필요했기 때문이다.[17]

---

17 계엄군이 외각으로 철수한 다음 날인 5월 22일 오전부터 도청에서 정시채 부지사를 중심으로 목사·신부·학생·변호사·관료 등 15인으로 5·18 광주 사태

계엄군, 사태의 평화적 해결 회피

협상 과정에서 수습위는 시종일관 정부의 '과잉 진압에 대한 시인·사죄'를 요구했다. 계엄군 측은 시종 5·18 사태는 협상을 통해 해결할 문제가 아니라는 입장을 견지했다. 공공기관(도청)을 점령한 폭도를 소탕해야 한다는 것 이외에는 어떤 협상의 여지도 남겨두지 않았다. 26일까지 지속된 양측 간의 협상이 계엄사 측의 '무조건 무기 반납' 요구 등으로 결렬되면서 강경 투쟁파가 득세, 3백여 명의 시민군이 도청에 남아 27일 새벽을 맞았다.

당시 광주 시민 측의 협상 대표들은 대화를 통한 평화적인 문제 해결을 회피하는 계엄군의 태도를 이해할 수 없었다. 협상을 통한 해결은 애당초 신군부의 5·18을 통한 집권 시나리오에 없었을 것이다. 자신들이 기획하고, 사주하고, 주도한 사건을 협상할 리도 없었다. 그들에게 5·18의 가장 중요하고 극적인 순간(정점)은 5월 27일, 국가 반란 폭동을 무력으로 진압한 전두환 '영웅(대통령)' 만들기였기 때문이다.

수습대책위원회가 구성됐다. 이들은 12시 30분께 7개항의 요구 조건을 결정, 계엄사와 1차 협상에 나섰다. 7개항의 요구 사항은 ①사태 수습 전에 군 투입을 말라. ②연행자를 석방하라. ③군의 과잉 진압을 인정하라. ④사태 수습 후의 보복 금지. ⑤책임 면제. ⑥사망자에 대한 보상. ⑦이상의 요구 사항을 들어주면 무장을 해제하겠다는 내용이었다. 25일 오후 지역 재야인사들은 시민 여론을 수렴하고 계엄사와의 대화 창구를 일원화하기 위해 도청수습위에 합류, 최종 협상안(①정부의 과잉 진압 인정. ②사죄하고 용서를 청할 것. ③모든 피해의 국가 배상. ④정치 보복 금지 공약 등)을 마련, 26일 김성용 신부 등 수습위원 11명이 김기석 전교사 부사령관과 상무대에서 4시간 반 동안 협상했다. 그러나 계엄군은 이들의 요구를 묵살하고 ①무기 회수. ②군에 반납. ③그렇게 하면 경찰로 하여금 치안을 회복하게 하겠다며, 당일 12시까지 무조건 수습하라고 최후 통첩했다.

특수 편의대가 북한군 역할 수행

5·18에서 가장 뜨거운 쟁점은 군 특수 편의대의 존재이다. 이 문제는 사실 일반 국민들이 상상조차 할 수 없는 일이었다. 그동안 심증을 갖게 하는 수많은 사례와 증거들이 있었지만 사실 거론하는 것조차 무서운 것이었다. 5·18 직후부터 전두환 측은 이에 대한 의심조차 금기시하고 역적시 했다.

믿고 싶지 않지만, 시간은 가면을 벗기고 진실을 드러내기 마련이라고 한다. 다행히 문재인 정부에 들어와 얼마간의 적폐 청산이 이루어졌다. 특수 편의대의 존재를 확인해주는 증거·증언들도 많이 나왔다. 5·18의 진상 규명에 희망이 생긴 것이다. 위의 '북한군 침투·주도설의 논거'에서 보는 바와 같이 대부분의 증거들이 다 나와있다. 다년간 관련 자료의 은폐·폐기 등으로 쉽지는 않을 것이나 확인할 수 있는 방법은 있을 것이다.

진상 규명의 핵심 과제인 보안사 특수 편의대의 활동 증거들은 다음과 같이 정리할 수 있다.

① 핵심은 5·18 당시 광주 주둔 미군 정보부대와 광주 지역 505보안사에서 근무했던 김용장 씨와 허장환 씨의 증언이다. 그들은 당시 군의 특수공작부대(편의대, 복명반) 투입 사실과 현장에서의 역할들을 여러 언론 등을 통해 구체적으로 증언했다. 두 사람은 5·18이 "전두환이 정권 찬탈을 위해 사전 기획한 시나리오에 따른 것이었

다."고 단언한다. 현장에서 직접 편의대원들을 목격하고, 10일 동안의 5·18 시나리오를 기획·조정·통제하는 일에 참여한 사람들의 가장 확실하고 결정적인 증언이다.

2019. 5. 13. 국회의원회관에서 열린 두 사람의 특별 기자회견

② 광주광역시가 운영하는 '5·18 기록관'(관장 나의갑)의 조사 연구 결과도 위의 증언과 같다. 그는 "전두환이 1980년 5월 19일 홍모 대령을 비롯한 보안사 핵심 인물 4명을 광주로 파견했다. 그들은 편의대원들에게 정보 수집과 공작 활동을 지시, 5·18을 폭동으로 몰아갔다."고 주장했다. 나아가 그는 "전교사가 작성한 '광주 소요 사태 분석' 등의 군 기록에도 다수의 편의대를 운용한 사실이 나타나있다. 편의대는 당시 정보사령부, 505보안부대, 31사단, 공수여단 보안대원·심리전 요원, 경찰 정보팀 등으로 광범위하게 꾸려

졌다. 그들은 첩보와 정보수집, 시위대 위치, 무장 상황 보고, 선무 공작, 시민과 시위대 분리 공작 등 특수 임무를 맡았다."는 사실을 확인했다고 밝혔다.

③ 공개된 한 미군의 문서는 "제606부대로 추정되는 1개 대대가 특수 훈련을 받았다. 소속 병력 모두가 머리를 기르고 있고, 군복이 아닌 옷을 입었다."고 밝히고 있다.

④ 당시 전남 도지사의 검찰 진술(1995. 3. 27.)에서도 편의대 운영 징후가 있다. 그는 "당시 복면을 하고 다니는 자들이 다수 있었다. 5월 21일, 군 헬기를 타고 (선무 방송을 하고)있을 때 무전 교신 중에 '지도반! 여기는 지도반!'이라는 소리가 들렸다. 그런데 헬기 조종사는 이것이 북한에서 보내는 무전이라고 말했다." 당시 북한에서 발신한 무전이 광주에서도 잘 수신되었는지는 의문이다.

⑤ 시민군 교란을 위한 도청 독침 사건과 도청의 폭탄 뇌관 조립·제거 과정 등에서 위장 침투한 편의대원의 구체적인 활동이 확인되었다. 계엄군이 시 외곽으로 철수한 21일 이후부터 일반 시민·학생들과 다른 복장과 신발을 착용하고, 복면을 한 채 극렬 무장 시위를 주도(강경 구호, 총기 반납 저지 유도 등)한 사람들이 있었다는 증언과 기록들이 있다. 이외에 "시위가 무장한 폭동 사태로 발전하고, 광주가 무정부 상태가 된 것은 광주 시민들이 한 것으로 여겨지지 않았다. 광주의 그 어떤 단체나 인사도 관여하지 않은 일이었

다. 누군가에 의해 결코 원하지 않은 현상이 벌어진 것이다." 이에 "폭도들에 의해 시민들이 속았다. 지금이라도 늦지 않으니 시민 스스로 수습하자는 여론이 일어 22일부터 각계 지도자들을 중심으로 수습대책위원회를 구성·운영하는 문제가 제기되었다." "5·18 유공자들은 한결같이 무기고를 누가 털었는지 모른다고 말했다. 광주교도소도 누가 공격했는지 모른다고 했다." "단련된 몸매에 총기를 자유자재로 다루고, 무전기들을 들고, 유니폼을 입고, 지휘 체계가 갖추어지고, 조직화돼있는 현장 주역들에게 광주 시민이냐고 물었더니 그들은 광주 시민이 아니라고 답했다."는 증언들이 있다.

⑥ 5월 21일 이른 아침, 광주시 서쪽의 외곽에서 막강한 전투사단(20사단) 병력은 50여 명의 시위대에게 군 지휘용 차량 14대를 탈취당했다. 그 과정에서 계엄군의 저항이나 시위대의 사망자는 없었다. 각 지방 38개 무기고와 기아자동차 공장의 장갑차, 화약을 취급하고 있던 화순광업소 등에서 무기와 실탄, 화약 등을 4시간여 만에 탈취한 것은 군 작전 또는 공모로나 가능한 일이었다. 정보도, 지휘부도 없는 오합지졸의 시위대가 할 수 있는 일들이 아니었다. 아무리 억울하고 분해도, 시민들이 무기고를 탈취해 총을 들고 국군과 대적해 싸운다는 것은 도무지 상상할 수 없는 일이었다. 우연일 것이다. 최초의 남평지서 무기고 탈취와 계엄군의 최초 집단 사살 명령은 같은 날, 같은 시각(5. 21. 13:30경)에 이루어졌다.

⑦ 전두환 측이 주장하는 바, 북한군 600명이 '선박·잠수정'과 '땅굴'을 통해 광주에 침투해 활동하다 '백두대간'을 타고 유유히 월북했다는 주장은 영화 속에서나 가능한 일이다. "김대중이 5·18 당시 북한 김일성과 결탁했다. 김대중이 김일성에게 북한 특수부대를 남파해 폭동을 일으켜달라고 부탁했다."는 탈북자의 주장 또한 황당함 그것이다. 북한군 침투·주도설을 뒷받침하는 일부 탈북자들의 잇따른 증언들은 하나같이 최소한의 상식과 양식, 논리도 없다. 한 방송에서는 자신이 직접 광주에 침투해 활동했다는 사람도 있다. 말이 되게 말을 해야 하는데 말이지.

요컨대, 5·18에서 북한군은 있을 수 없었다. 가능한 일이 아니었다. 한국과 미국 정부도 그 가능성을 부정했다. 그렇다면 북한군이 했다는 여러 가지 역할을 누가했다는 말인가? 위와 같은 여러 가지 증거·증언들을 종합해볼 때 북한군 역할은 거의 모두 계엄군, 전두환 신군부가 했다고 볼 수 있다.

북한군의 소행을 특수 편의대의 소행으로 뒤집어 분석해보면 5·18의 전모와 진실이 정확하게 드러난다. 5·18은 전두환 신군부의 보안사가 중심이 되어 사전에 기획한 시나리오대로 주도된 참으로 있을 수 없는 일이었다.

06

정치적 야합과 미봉의 후과

위와 같이 전두환 신군부가 사전 기획·주도한 5·18이 어느 날 민주화 운동으로 둔갑했다. 어떻게 이런 일이 벌어졌는지 더 구체적으로 살펴보자.

가. 5·18 주동자들이 주도한 미명(5·18 민주화 운동)

5·18의 명칭은 시대에 따라 달라져 왔다. 5·18 직후 한동안은 전두환 신군부 측에 의해 '폭도'들에 의한 '사태'로 불렸다. 사태가 '민주화 운동'로 바뀐 것은 1988년 초 노태우 대통령 당선자가 당면한 정치적 위기를 극복하고, 정권을 원만하게 출범시키기 위해 급조한 '민주화합추진위원회(민화위)'의 구상에서 비롯되었다.

민화위는 40여 일간의 활동을 통해 광주 항쟁을 민주화 운동의 일환이라고 성격을 규정한 뒤, 정부에 '명예 회복'과 '피해자 보상' 필요성을 건의했다. 정작 5·18의 진상 규명과 책임자 처벌 문제는 말조차 꺼내지 않았다. 1988년 2월 25일 대통령에 취임한 노태우는 민화위의 건의를 토대로 같은 해 4월 1일, '광주 사태 치유를 위한 정부 발표문'을 발표한다.

이 발표는 새로운 제6공화국 정부는 제5공화국 정권에서 금기시되던 광주 항쟁의 진실을 국민 앞에 드러내고 치유하겠다는 것이었다. 그러나 노태우는 사태의 발생 원인을 "시위 수습 과정에서 시민과 군이 충돌해 많은 희생자를 낸 것."으로 규정했다. 양측 모두 잘못과 희생이 있었다는 전형적인 양비론이었다.

사건의 핵심 당사자인 노태우에게 진실을 기대할 수 없었다. 그는 자신이 구상·제안하고, 필요할 때 써먹은 민주화 운동의 명칭도 인정하지 않았다. 양측의 '희생'을 강조하며 진상 규명과 책임자 처벌 등 2가지 핵심 문제를 회피했다. 전두환·노태우에게 5·18은 광주 시민들에게 적당한 모자를 씌워주고, 돈으로 보상만 해주면 해결되는 일이었다.

5·18은 1989년 여소야대 국회가 구성한 '5·18 광주 민주화 운동 진상조사특별위원회'에서 처음으로 다루어진다. 조사위는 18개월간의 활동을 통해 5·18이 '구체화된 정권찬탈 행위였다'고 검증 결과를 발표했다. 진상 규명은 후일로 미뤄야 했다. 조사위는 1990년 1월 민정·민주·공화 3당의 합당으로 인해 여야 공동보고서를 만들지 못한 채 활동을 마무리한다. 대신 1990년 8월에는 민화위가 건의한 대로 '5·18 피해자 보상법'이 제정되었다.

이후 3당 합당의 주역 중 한 사람인 김영삼 대통령은 1993년 5월,

역사 바로 세우기 차원에서 5·18 특별 담화를 발표한다. 이후 1995년 특별법 제정, 전두환·노태우 구속 수감 및 재판 회부 등으로 이어졌다. 그런데 정작 김대통령은 1993년 특별 담화를 통해 5·18의 진상 규명은 "훗날의 역사에 맡기자."고 강조했다.

1994년 11월부터 검찰은 5·18 책임자들을 수사했지만 1995년 7월, '공소권 없음'이라고 처분했다. "성공한 쿠데타는 처벌할 수 없다."는 논리로 수사를 종료했다. 1995년 12월 '5·18 민주화 운동 등에 관한 특별법'이 통과된 후 다시 시작한 수사와 재판 결과, 전두환을 비롯한 신군부 인사들이 전격 구속되어 처음으로 법정에 섰다. 그러나 1997년 4월 17일 최종 상고심에서 피의자 전원에게 유죄가 선고돼 형이 확정된 후 그해 12월 22일, 전두환·노태우는 특별사면을 받고 풀려난다.

5·18이 민주화 운동이라는 명칭을 달고, 그 성격이 애매하게 규정된 것은 5·18의 주범인 노태우 대통령의 기만과 민정당을 등에 업고 대통령이 된 김영삼 대통령의 한계가 낳은 것이었다. '민주화 운동'은 5공에서 6공, 6공에서 문민정부로 정권을 연장하는 과정에서 5·18의 주범들이 그들의 책임을 적당히 무마하기 위해 만든 '허구'였던 것이다.

이처럼 5·18은 '겉으로 그럴듯하게 내세우는 허울 좋은 이름'인 민주화 운동이라는 미명(美名) 아래 피해자들에 대한 명예 회복과 보상을 시작했다. 동시에 5·18의 기억과 기념, 이를 통한 화해와 국민 통합이 강조되었다.

진상 규명을 하지 못한 채 5·18을 둘러싼 갈등이 지속될 수밖에 없었다. 광주 시민들의 답답함 못지않게 국민들의 피로감도 커져갔다. 점차 진상 규명과 책임자 처벌 요구가 힘을 얻기 어렵게 되었다. 역사와 적폐를 청산할 수 있는 힘이 없었던 국민(김대중)의 정부와 참여(노무현) 정부에서도 이렇다 할 변화가 없었다. 양 정부에서 5·18 해결을 위한 노력은 기대에 미치지 못했다.

나. 미명은 5·18 미해결의 동인·족쇄

노태우·김영삼 정부, 국민·참여 정부를 포함해 역대 정부의 5·18 해결 노력의 기조는 피해자의 명예 회복과 정신을 계승하자는 것이었다. 진상 규명은 훗날의 역사에 맡기고, 화해와 통합의 길로 가자는 것이었다. 일반 국민들에게는 딱히 반대할 일이 아니었다. 그럴듯하게 내세운 명칭과 명분으로 기만했기 때문이다. 전형적인 혹세무민(惑世誣民)이었다.

다시 물어보자. ①그로해서 5·18의 진실이 규명되었는가? ②정치적·법적으로 정리가 되고, 사회적 합의·통합도 이루어져 5·18 문제가 해결되었는가? ③나라의 민주주의를 위해 항쟁한 사람들을 찬양하고, 기억하며, 그날을 기념하고 있는데 진상규명은 무슨 말인가?

민주화 운동이라는 미명, 거짓된 허구가 5·18 미해결의 핵심적인 원인이다. 5·18 문제 해결에는 정명(正名) 붙이기, 진실에 입각한 5·18 성격 규정이 최우선 과제이다. 정치적인 야합과 미봉이 지속적이고 불필요한 논쟁, 특히 가해자 측의 집요한 부정과 왜곡, 망언들을 계속하게 했다. 40년 동안의 조직적인 은폐와 왜곡, 거짓 선전·선동은 거짓을 진실로 위장시켰다.

5·18이 민주화 운동이라면 진상 규명의 대상이 전두환 신군부의 군사 반란이 아닌 광주 시민들의 항쟁이 된다. 저항권 차원의 '시민 항쟁'과 독재에 반대한 '민주화 운동'을 동일시하면 5·18은 뒤죽박죽이 되어 오리무중이 된다.

5·18이 민주화 운동이 되면서 5·18의 진상 규명이 어렵게 되었다. 5·18의 주체, 즉 책임자를 가리지 못하게 되어 해결이 어렵게 돼버린 것이다. 발포 명령 책임자를 가린다고 5·18이 해결되는가.

다. 해결 과제가 된 5·18 유공자 의혹

가해자 측이 제기한 5·18 유공자 의혹도 '민주화 운동'이라는 허구가 낳은 산물이다. 민주화 운동이라는 명칭 및 성격 규정과 명예 회복, 보상은 전두환 신군부 측과 노태우 대통령의 5·18 해결책이었다. 유공자 확대도 그들의 5·18 무마책의 일환이었다. 유공자 문제의 귀책사유는 광주 시민들이 아닌 그들에게 있다는 것이다.

사실, 당시 체포·구금되어있던 김대중 씨 등 재야의 민주인사들은 현장에 있을 수 없었다. 광주의 사람들과 교신하며 5·18의 전개에 영향을 미칠 수 없었다. 양쪽 모두 체포·구금되거나 피신한 상태에서 교통 통신도 차단되었기 때문이다.

그런 점에서 5월 18일부터 27일까지 광주 현장에 있지 않았던 사람들이 5·18의 희생자나 유공자가 될 여지는 거의 없다. 「5·18 민주화 운동 관련자 보상 등에 관한 법률 시행령」 제21조 제1항의 규정도 '5·18 민주화 운동과 관련해 생계 지원이 필요하다고 인정되는 자'라 함은 "5·18에 적극 가담한 사실이 원인이 되어 생업 등에 종사할 수 없었던 것으로 인정되는 자"를 의미한다.

5·18 유공자의 무분별한 확대는 정치적 야합의 산물이다. 전두환 신군부가 5·18의 진실을 조작하고, 책임을 모면하기 위한 술책과 압박, 무마책에 넘어간 것이었다. 5·18 민주화 운동이라는 미명으로 명예 회복 운운하면서 재야의 민주인사들에게까지 사탕발림의 보상을 확대해 5·18을 입막음하려는 것이었다.

지금 전두환 신군부 측은 자신들이 주도해 정치적으로 합의한 '5·18 민주화 운동'이라는 명칭을 부정하고 있다. 북한군이 침투해 주도한 폭동이라고 주장한다. 동시에 민주화 운동의 보상 대상자가 된 5·18 유공자 4,415명이 괴물이라며 그 명단을 공개하라고 요구한다.

전두환의 한 가족은 "받아먹을 것 다 받아쳐먹고…", "우리가 이 나라 민주화의 시조"라고 반격하고 있다. 그 후예들은 "5·18족들과 전라인들, 빨갱이들이 5·18 진상에 대해 딴지를 걸고 있다."고 비난한다.

이런 적반하장도 사실과 다른 '5·18 민주화 운동'이라는 미명과 유공자 확대 문제가 빌미가 된 것이다. 전두환 신군부 측이 광주 시민들에게 씌워준 민주화 운동이라는 미명은 하루라도 빨리 벗어던져야 할 5·18의 뼈아픈 족쇄이다.

그 연장선상에 있는 일부 유공자 관련 의혹은 5·18 광주의 영원한 불명예가 될 수 있다. 의혹을 깨끗이 해소하고, 수정할 것이 있다면 수정해야 한다. 그렇지 않으면 5·18은 주동자 측의 조직적이고 네트워크화한 거미줄에서 헤어나지 못할 것이다. 국민들과 함께 가야할 험난한 길에서 공감을 받지 못할 수 있다. 진상이 규명되어 전두환 신군부의 적법 행위에 대한 '보상'이 아닌 불법 행위에 의한 '배상'이 되면 문제 해결의 실마리를 찾을 수 있을 것이다.

진실만이 화해·통합의 길

많은 사람들은 이번이 5·18 해결의 마지막 기회라고 말한다. 누구보다도 광주 시민들은 정말 '끝'이어야 한다고 생각한다. 그런데 지금의 「5·18 민주화 운동진상 규명특별법」으로 끝을 볼 수 있을까? 필자는 노파심에서 크게 두 가지 문제를 제기하고자 한다.

가. 진상 규명의 핵심 과제

첫째, 앞서 지적한 바와 같이 5·18의 본질과 실체는 민주화 운동이 아닌데 이를 법의 명칭에서부터 그대로 인용하고 있는 것이다. 또 하나는 그 연장선상에서 핵심인 진상조사규명위원회의 역할과 활동 목적이 5·18의 본질과 실체의 규명을 회피하고 있다는 인상을 준다는 것이다.

학살 책임자, 암매장과 성폭력 문제, 헬기 사격 등 부차적인 문제의 진실을 밝히는 데 주력한다는 것이 그것이다.[18] 규명의 대상에 5·18의 '진실 왜곡·조작 의혹'이 있으나 이것이 5·18의 실체와 진실의 규명, 이에 따른 성격 재규정을 포함하고 있는지는 의문이다.

법은 곧 상식(common sense)이다. 법의 목적은 정의를 구현하는 것이다. 민주화 운동을 진상 규명한 역사가 있는지는 모르겠다. 찬양하고, 기억하며, 기념하면 될 일 아닌가.

다시 말하거니와 5·18을 민주화 운동으로 왜곡한 것은 일부분을 전체로 확대 해석한 '일반화의 오류'이다. 5·18 기념은 1945년 8월 15일, 민족의 해방·광복이 있을 수 없었던 8·15를 70여 년 동안 '광복절'로 기념해온 것과 같다. 둘 다 희망을 기념해온 것이다. 아니 역사적 사실의 왜곡·조작을 기념해왔다.

정치가 아무리 타협·협상의 과정이라고 하지만 마지막이 되어야 할 시간에 야합의 연장선상에서 출발한 결과는 의문일 수밖에 없다. 지금의 '5·18 진상 규명법'에 의한 진상 규명위원회 활동은 1989년의 '5·18 광주민주화 운동진상조사특별위원회'의 활동의 범위를 벗어나지 못할 가능성이 크다. 몇몇 '미해결 쟁점들을 해결'한다고 5·18을 해결할 수 없다. '민주화 운동'이라는 기존의 명칭과 성격 규정의 연장선상에서 이루어지는 진상 규명이라면 불문가지(不問可知)

---

18 2019년 12월 27일 출범한 진상 규명조사위원회는 군에 의한 민간인 학살과 이로 인한 사망, 실종, 암매장 사건, 군의 시민들에 대한 최초 발포와 집단 발포, 군에 의한 5·18 왜곡 조작 의혹, 행방불명자의 규모와 소재, 북한군 개입설 등을 조사한다. 규명 대상에 5·18의 진실 왜곡·조작 의혹이 있으나 이것이 5·18의 실체와 진실의 규명과 이에 따른 성격 재규정을 포함하고 있는지 의문이라는 것이다.

가 될 것이다[19]

나. 초심에 길이 있다

5·18 관련 단체와 인사들도 이제라도 초심으로 돌아와야 한다. 1980년 5월 26일 광주 시민측이 계엄군 측에 제시한 최종 협상안에는 ①정부의 과잉 진압 인정, ②사죄하고 용서를 청할 것, ③모든 피해의 국가 '배상'이 있었다. 당시의 요구는 전두환 신군부의 불법 행위 인정과 사죄, 보상이 아닌 배상이었다. 적법 행위를 인정한 보상은 상상도 할 수 없는 일이었다.

과오를 저지르고도 고치지 않는 것, 그것을 잘못이라고 한다(過而不改, 是過失也, 『論語』). 아무리 멀리 갔어도 잘못 간 길이라면 되돌아오는 것이 맞다. 실착이 있었다면 이를 인정하고 다시 시작하자. 그래야 비로소 5·18의 해결과 역사 정리의 실마리를 찾을 수 있다.

과거 4·19의 경우도 5·16 군사 정변 이후 그 성격을 '의거'로 규정했다가 문민정부에서 '혁명'으로 환원했었다. 이제 강자는 깨어있는 국민들, 광주 시민들이다. 새로운 사료와 증거·증언들이 차고 넘친다.

---

19 왜냐면, (약칭)5·18진상규명법은 "제1조(목적): 이 법은 1980년 광주 5·18 민주화 운동 당시 국가 권력에 의한 반민주적 또는 반인권적 행위에 따른 인권 유린과 폭력·학살·암매장 사건 등을 조사하여 왜곡되거나 은폐된 진실을 규명함으로써 국민 통합에 기여함을 목적으로 한다. 제2조(정의): 이 법에서 사용하는 용어의 뜻은 다음과 같다. 1. '5·18 민주화 운동'이란 1980년 5월 광주 일원에서 일어난 시위에 대하여 군부 등에 의한 헌정 질서 파괴 범죄와 부당한 공권력 행사로 다수의 희생자와 피해자가 발생한 사건을 말한다."고 규정하고 있기 때문이다.

왜곡·조작된 역사는 반드시 진실을 찾아 정정해야 한다.

전두환 신군부에 의한 5·18 사전 기획설이 사실로 확인된다면 많은 것들이 고쳐져야 한다. 5·18의 성격은 물론, 그 명칭부터 바꿔야 한다. 각종 법률의 폐기·개정은 물론이다. 번거로움과 혼란은 거쳐야 할 과정이다. 터무니없는 언설과 황당함, 답답함이 계속되는 시간의 연속보다 백배는 더 나을 것이다.

전두환과 그 후예들은 그동안의 각종 조사 결과와 법원의 판결에 승복한 적이 없다. 늘 그래왔듯이 5·18도 북한의 소행으로 조작해 지속적으로 선전·선동하기만 하면 진상 규명과 책임을 면할 수 있다고 본다. 북한을 조사할 수는 없으니까 말이다.

진실이 규명되면 그동안 5·18을 왜곡·폄훼했던 세력들은 자신들의 뿌리를 부정할 수밖에 없게 될 것이다. 그래서 그들에게 '5·18만큼은 결코 물러서면 안 되는 게임'이다. 역사의 진실이 자신들의 정체성에 치명적인 손상을 줄 것이기 때문이다. 이게 그들이 5·18을 집요하게 왜곡·조작하고, 진실 규명 노력을 극구 방해해온 이유였다.

5·18에서 한 자신들의 소행을 북한군의 소행으로 둔갑시킨 세력들은 이제는 40년이 지났는데 뭘 조사하느냐고 강변한다. 관련 토론에는 예민한 문제라는 이유로 참여를 거부한다. 자신은 물론 국민들을 기만한 자의 자손은 5·18 영령 앞에 무릎을 꿇는다. 진실 없는 화해가 거짓임을 모르지는 않을 터인데.

"5월은 더는 분노와 슬픔의 5월이 아닌, 희망의 시작이자 통합의 바

탕이 돼야 한다. 진실 앞에서 우리의 마음을 열어놓을 때에 용서와 포
용의 자리는 커질 것이다. 진실을 통한 화해만이 진정한 국민 통합의
길이다."

2019년 5월 18일, 기념식 후 대통령의 묘지 참배

역사가 길이 5·18을 기억하게

5·18 기간 동안은 물론 그 이후 지금까지 근 40년 동안 광주사람
들은 분노와 좌절, 한 어린 슬픔을 참고 살았다. 차마 사람 사는 세
상이 아니었다. 산자들이 5·18의 진실과 관련해 영혼이 있고자 하면,
희망이 없었다. 지난 40년 동안 5·18의 진실을 말하고, 추구한 사람
들은 종북·좌빨을 넘어 간첩으로 만들어져 있다.

5·18을 풀지 않고 우리 사회의 민주화와 통합은 없다. 갈등과 대립을 깨끗이 청산하고 새로운 미래로 나아가야 한다. 정확한 진상 규명을 통한 역사 청산 과정에서 불가피한 고통은 산자들의 숙명이다. 모두 내려놓을 때 그나마 죽은 자들을 따를 수 있을 것이다.

벌써, 5·18과 촛불정신을 잊어버리고, 기득권 세력이 돼 안주하고 있는 듯한 일부 정부·정치권 사람들과 5·18 관련 단체·인사들이 안타깝다. 필자도 죄인이지만 말이다. 국가 차원에서 이루어지는 10번째의 5·18 진상 규명 노력이 상식과 정의에 입각한 역사 청산이 되기를 바란다.

역사를 잊은 민족에게 미래가 없다고 한다. 잊지 않기 위해서는 기록해야 한다. 기록하지 않으면 망각하기 때문이다. 5·18의 진실을 규명, 역사에 기록하는 일은 5·18과 같은 역사가 반복되지 않게 하기 위함이다. 5·18을 기념하는 것보다 5·18을 사전 기획·주도한 자들의 만행을 역사가 길이길이 기억하게 하는 일이 더욱더 중요하다.

에필로그

　　이쯤해서, 독자들은 궁금해할 것 같다. 넌 누구냐? 왜 네가 나서냐? 5·18에 대해 네가 뭘 아느냐? 고 말이다. 필자는 5·18 현장에 있었다. 1979년 말, 군에서 제대한 후 이듬해 3월에 복학한 전남대 법대 행정학과 3학년이었다. 5월 16일까지 광주 지역 대학생 연합 시위를 이끌었던 고 박관현 총학생회장은 같은 행정학과 3학년 급우이자 고교(광주고) 2년 선배였다. 그 형은 학원과 나라의 민주화, 통일을 위해 몸 바치겠다는 신념과 열정이 남달랐다.

　　1980년 4월 총학생회장 선거가 끝난 후 어느 날, 법대 앞 양지바른 곳에서 함께 한 그 형은 소위 '도서관학파'였던 제게 "넌 열심히 공부해 나라를 바꾸는 동량이 되라."고 말해주었다. 필자는 항쟁에 적극 참여하지 않았다. 분노와 공포가 혼재했다. 왜 사태가 이런 상황으로 가지? 라는 의문이 앞섰다. 부끄럽지만 소극적으로 참여하며 주로 상황을 관찰하면서 몸을 사렸다.

　　5월 27일, 사태가 종료되자마자 그날부터는 오로지 공부만 했다. 아주 지독하게. 필자가 공무원이었던지, 대학원 졸업 후 통일부 5급

특별공개채용시험에 가장 좋은 성적으로 합격해 30년을 주경야독하며 근무했다. 5·18은 필자의 공직생활 내내 아주 큰 영향을 미쳤다. 숨길 수 없는 나의 정체성의 일부가 되었다. 지워지지 않는 기억으로 5·18은 내내 관심과 연구의 대상이었다.

지금까지, 5·18이 전두환 신군부가 정권 찬탈을 위해 '사전에 기획·주도한 참극'이라는 당초의 직관은 변한 적이 없었다. 흔들림 없이 그렇게 말해왔다. 필자에게 5·18은 늘 고 박관현 형의 기억과 죽음이 함께 있었다. '내란 중요 임무 종사'라는 터무니없는 죄목으로 감옥에서 산화한 그 형이 이 글을 본다면…. 이 책이 굳이 5·18을 역사의 진실 찾기의 한 주제로 삼은 큰 이유이기도 하다.

3부

1950년 6·25전쟁

- 소련이 획책,
미국은 기다려 활용

6·25는 김일성의 대남 적화통일 전쟁이 될 수 없었다. 스탈린이 기획한 6·25 시나리오에 김일성이 승리하면 안 되는 전쟁이었다. 스탈린은 신중국을 자신의 종주권 속에 가두고, 미국의 발을 한반도에 묶기 위해 김일성의 남침을 이용했다. 미국은 대소련 봉쇄 전략 완성과 세계 패권을 강화하기 위해 6·25를 기다려 활용했다.

참 이상한 전쟁

인류의 역사는 곧 전쟁의 역사라고 말할 수 있다. 전쟁이 끊임없는 이유는 전쟁이 다른 수단에 의한 정치이기 때문이다. 전쟁론의 대가 클라우제비츠(1780~1831)의 언명과 같이 전쟁은 협상이 실패한 후, 적대국에게 자국의 의지를 강요하는 폭력 행위이다. 적을 타도하기 위한 수단인 것이다. 그런데 6·25는 전쟁 당사자들인 소련과 중국, 미국이 적을 파괴하고 승리를 쟁취하기 위해 가능한 모든 수단을 동원하지 않은 첫 번째 사례였다.

가. 희생을 키워 비기기

1950년 6·25 전쟁(이하 6·25 전쟁, 한국전쟁을 6·25로 통칭함.)은 참으로 이상했다. 교전 양측 간의 사전 협상이 없었다. 한국과 미국은 북한의 남침 정보와 경고를 무시하고 대비하지 않았다. 상대방을 완전히 타도하기 위해 최선을 다하지도 않았다. 전쟁을 기획·사주한 소련은 참전하지도 않았다.

북한의 남침으로 시작된 남북 전쟁은 미국과 중국이 선전포고 없이 유엔군과 인민지원군의 이름으로 참전한 국제전이 되었다. 소련은 자기편인 북한이 승리하지 못하도록 철저하게 방해했다. 중국군을 끌어들이기 위해 미군의 인천상륙작전이 성공하도록 북한군을 배치했다.

참전한 중국군의 희생도 최대한 커지도록 조장했다. 미국도 미군의 희생을 자국의 패권 기틀을 강화하는 데 이용했다. 양측은 사실상 비기기 위해 3년의 열전과 2년의 설전을 치르고 원상태로 돌아갔다. 전쟁의 끝(종전)이 아닌 멈춤(정전) 상태에서 다시 남북 분단에 합의한 것이다.

나. 정보 실패의 다반사

6·25에서 양측의 정보 실패도 전쟁을 이상하게 몰아갔다.

우선, 미국은 애치슨 선언을 통해 자국 방위선에서 한국을 제외시킴으로써 공산주의 세력이 행동을 개시하도록 자극했다. 또 북한군의 전력과 남침 의도를 과소평가했다. 중국군의 참전 가능성과 중국의 경고를 무시하고 38선을 넘어 북진했다. 대참사를 낳은 실수였다. 중국 또한 북쪽에서 거둔 승리의 기세를 몰아 남쪽 37도선까지 밀고 내려오면서 엄청난 피해를 입었다.

남북한도 예외가 아니다. 김일성은 스탈린의 책략을 간파하지 못하고 이용만 당했다. 그는 중국 국민당 정부를 버린 미국이 남한을 방어하려고 군대를 보낼 리 없다고 판단했다. 개입하더라고 그 이전에 전쟁을 끝낼 수 있다고 자신했다. 김일성의 가장 큰 실책은 무리한 남진으로 낙동강에서의 '전선의 교착'과 '인천상륙작전'이라는 진퇴양난을 자초한 것이었다. 전쟁 상식에 가까운 중국의 사전 경고를 듣지 않았다. 미군의 공중 폭격 위력도 간과했다. 지상군에 의한 빨치산식의 공격이 통할 것으로 본 것이다. 북한군은 8월 말부터 총살당하는 것이 두려워 전진할 뿐이었다. 김일성은 망상적인 집념과 희망적 사고로 일관하다 만주로 망명할 뻔했다.

북한은 남침을 준비했지만 남한은 북진을 준비하지 않았다. 이승만 대통령은 확실한 북한의 남침 정보를 애써 무시했다. 국군은 6·25 전야에 휴전선을 텅 비웠다. 북한이 남침할 시간에 군 지휘부는 모두 술에 취해 잠자고 있었다. 이 대통령은 북한의 남침 6시간 후인데도 경회루에서 낚시하며 태연자약(泰然自若)했다. 국군의 작전 지휘권을 맥아더에게 이양해 그의 영매한 지도를 받는 것은 영광이었다. 중공군의 참전을 하늘이 도운 감사한 일로 여겼다. 세상에 이런 전쟁은 없었다.

다. 밝혀진 의문·미스터리

6·25는 그 결과와 영향만큼이나 큰 대가를 치른 전쟁이었다. 20세기에 일어난 소규모 전쟁 중 가장 혹독한 전쟁이었다. 한국군 62

만, 유엔군 15만, 북한군 93만, 중국군 100만 등 총 300여만 명의 사상자를 냈다. 전쟁터인 남북한은 인구 3,000만 명의 절반을 넘는 1,900만 명이 피해를 입었다.

참담한 비극을 초래한 6·25를 누가, 왜, 무엇을 위해 일으켰는가? 전쟁의 기원·원인과 관련해 그동안 수많은 주장과 이론들이 제기되었다. 남침설과 북침설, 남침 유도설과 함께 내적 기원론·외적 기원론 등이 대립하면서 논쟁해왔다. 냉전 시기의 6·25 연구는 소련과 중국이 철과 죽의 장막에 가려져서 반쪽 연구가 될 수밖에 없었다.

1990년 탈냉전 이후 소련과 중국, 미국 등 전쟁 당사국들의 관련 비밀 자료들이 공개되면서 6·25는 그 전모가 밝혀지기 시작했다. 전쟁의 전 과정을 거의 실시간 상황까지 정리할 수 있게 해주는 여러 권의 책들이 나왔다. 의문이었던 미스터리들도 상당 부분 그 진상이 밝혀졌다.

6·25 전쟁을 균형 있게 이해할 수 있는 저서들

큰 쟁점이었던 6·25의 발발 주체에 대한 의문은 완전히 해소되었다. 북한을 제외하고, 러시아와 중국 등 전쟁 당사국들은 6·25가 스탈린의 지시에 따라 김일성이 중국의 동의를 받아 일으킨 남침이었다는 데 동의한다. 결정적인 사료가 논란을 잠재웠다. 유엔군의 참전을 용이하게 한 1950년 6월 27일, 유엔 주재 소련 대표(말리크)의 안보리회의 불참 이유를 밝힌 스탈린의 비밀 전문이 공개되었기 때문이다.

이 전문은 우리가 배운 6·25 상식을 뒤집고 있다. 6·25는 김일성이 아닌 스탈린의 전쟁이었다. 스탈린은 공산주의 세력 팽창이 아닌 미국과 중국을 제어하기 위해 순진한 김일성의 남침을 이용했다. 김일성의 무력 통일의 꿈은 스탈린이 세계 전략에 악용한 불쏘시개에 불과했다. 새로운 사료들은 그동안 우리가 배우고 읽힌 6·25 역사를 다시 쓰라고 요구한다.

02

6·25의 발발 배경

가. 냉전의 아시아로의 확대

　　6·25는 2차 세계대전 후 국제 질서 재편 과정에서 발생한 냉전과 동아시아의 힘의 공백 상태에서 발생했다. 2차 세계대전에서 연합국의 일원이었던 미국과 소련은 종전이 다가오자 전리품을 둘러싸고 삐걱거리기 시작한다. 전후 처리 과정에서 유럽의 발틱·발칸 반도, 독일 문제 등을 둘러싸고 대립하면서 냉전이 시작된 것이다.

　1947년 3월 12일, 미국이 발표한 '트루먼 독트린'은 소련에 대한 봉쇄 전략을 공식화한 것이었다. 세계는 민주주의와 공산주의 양대 진영으로 갈라져 경쟁·대립하게 된다. 그해 9월, 미국의 트루먼 독트린에 맞선 소련의 주다노프 연설은 미국에 대한 소련의 선전포고나 다름없었다.

　1948년 제1차 베를린 위기는 독일 문제를 둘러싼 미·소 관계를 일촉즉발의 위기 상황으로 치닫게 했다. 당시 미국의 대소련 핵 위협 이후 양국은 핵개발 경쟁을 시작한다. 1949년 4월, 미국은 북대서양조약기구(NATO)를 창설해 서유럽과 함께 자국의 집단 안보를 강화했다. 1949년 8월, 소련의 원자폭탄 실험 성공과 10월의 중공혁명 성공은 미국에 큰 충격을 주었다. 유럽에서 시작한 냉전이 동아시아로까지 확장된 것이다.

이에 미국은 중국을 포기하는 대신 적이었던 일본을 동아시아 정책의 중심에 올려놓는다. 마오쩌둥의 제2의 티토화 작업에도 착수했다. 유고의 티토처럼 소련의 영향력에서 벗어나 독자 노선을 추구하도록 유인할 필요가 있었다.

미국의 세계 전략 변화와 중국을 둘러싼 미·소 간의 전략적 경쟁은 중·소 관계에 영향을 주었다. 미·소 관계와 중·소 관계의 변화는 곧 동북아의 한반도를 냉전의 제2라운드 무대로 만들었다. 미·소가 극동에 만들어 놓은 냉전의 최전선 한반도는 폭발로 가고 있었다. 6·25는 냉전시대 최초의 '열전'이었다.

나. 한반도 불안정 고조

1948년 미·소가 만든 남북한 정부가 들어서면서 한반도는 언제 폭발할지 모르는 상황이었다. 남북한은 서로를 주적으로 증오하며, 통일을 지상 과업으로 삼았다. 김일성은 항일 투쟁 경험을 토대로 민족 해방과 적화통일을 추구한다. 이승만은 반공 이념을 앞세워 북진 통일을 외쳤다. 두 사람은 냉엄한 국제관계의 현실을 모른 채 무력 통일의 가능성을 믿은 망상가들이었다.

1949년도 38선 접경 지역은 남북 간 총 874회의 무력 충돌이 발생하는 등 사실상 전쟁 상태였다. 양쪽 주민들의 월남·월북 행렬도 계속되고 있었다. 이 상황에서 1948년 10월에 소련군이 철수한 후, 1949년 6월에는 4만 5,000명의 미군도 500여 명의 병력과 군사고문단을 남기고 철수한다. 한반도는 힘의 공백 상태가 되었다.

1949년의 중공혁명 성공과 주한 미군 철수는 한국인들에게 심각한 우려를 야기했다. 이승만은 미국이 한국을 버릴 수 있다고 걱정했다. 김구도 1949년 5월 31일 유엔 한국위원회 회의에서 전쟁 가능성을 우려하며 미국과 소련을 비난했다.

"한반도를 미소가 분할·점령한 후 각기 상반된 정권과 군대를 만들어놓고 나가는 것은 남의 동리에 와 싸움을 붙여놓고 슬쩍 나가는 것과 같은 것이다."

중공혁명의 성공과 남한에서의 미군 철수는 김일성을 크게 고무시켰다. 당시 남북한 상황은 김일성으로 하여금 군사적 자신감과 도덕적·경제적 우월감을 갖게 했다. 김일성은 남로당 출신 박헌영에게 속아 남한 주민의 투쟁을 확신하고 있었다. 그는 1949년 초부터 국토완정론의 초점을 무력 통일로 전환해 남침을 구체화해 나갔다.

1949년 3월, 모스크바를 방문한 김일성은 스탈린에게 남침을 승인

해달라고 요구한다. 스탈린은 "남침은 안 된다. 남한이 공격해오면 반격의 기회를 노려라."고 거부했다. 김일성은 중국과의 연대에도 나섰다. 1949년 국민당과 마지막 싸움을 하고 있던 중국도 김일성의 남침에 부정적이었다. 그해 5월, 김일성의 남침 지원을 요청받은 마오쩌둥은 "국민당을 완전히 패퇴시켜 중국을 완전히 지배할 때까지 기다려 달라."고 말했다. 6·25는 단지 시간의 문제가 되고 있었다.

다. 동아시아의 지각 변동, 중공혁명 성공

6·25 발발에 결정적인 영향을 미친 변수는 중공혁명 성공이었다

1946년 북한은 중공군이 동북 지역에서 막다른 골목에 처해있을 때 물심양면으로 적극 도와 동북 지역(만주) 승리를 견인했다. 중공군은 동북의 승리를 기회로 삼아 대륙의 공산혁명에 성공한다. 마치 17세기 중반 만주에서 발흥한 청나라가 병자호란 후 조선을 병참기지로 삼아 중원의 명나라를 멸망시킨 것과 같은 것이었다.[20]

중공혁명의 성공은 미국은 물론 소련도 원치 않았던 것이다. 장제스 국민당 정부의 무능·부패는 미국의 엄청난 지원을 무용지물로 만들었다. 미국은 더 이상 장제스에 대한 지원을 포기하기로 결심하고 있었다. 문제는 국민당의 중국을 포기한 미국에게 공산당의 중국과

---

20 마오쩌둥은 당시 김일성의 파격적인 지원을 고마워하며 이렇게 말했다. "중국의 국기인 오성기에는 조선인들의 피가 스며있다."며 영원히 잊지 않을 것이라고 말했다. 중국이 지금까지 북한 지도자들을 적극 환대하고 북한에 대한 전략적인 지원을 지속해오는 이유이다.

소련이 손을 잡는 것이었다. 이는 미국에게 최악의 시나리오였다.

통일된 강한 중국보다 '분단된 약한 중국'을 원했던 스탈린에게도 중공혁명의 성공은 새로운 골칫거리를 안겨주었다. 스탈린의 중요 관심사는 모든 공산국가들에 대한 자신의 지배·통제권을 확고히 하는 것이었다. 그런데 혁명을 자력으로 성공시킨 마오쩌둥의 신중국은 언제든지 독자 생존을 모색할 수 있었다. 그럴 경우 소련의 안보·이해뿐만 아니라 사회주의 종주국 거두인 스탈린의 위상이 손상될 수 있었다.

특히 미국과 협력하는 강하고 통일된 중국은 소련에게 재앙이었다. 이는 중국에 대한 스탈린의 태도를 결정하는 가장 중요한 요소였다. 스탈린으로서는 중국이 미국과 협력 관계를 맺는 것을 저지해야 했다. 중국이 소련의 안보와 이해관계에 반하는 독자 정책을 취할 수 없도록 중국을 자국의 종주권 질서에 종속시키는 방략이 절실했던 것이다.

한편, 장제스 정권의 패망과 마오쩌둥의 신중국의 수립은 제2차 세계대전 후 미·소 간의 협력체제였던 얄타체제의 붕괴를 의미했다. 미국에게는 중국 상실을, 소련에게는 1945년 8월 14일 장제스 국민당 정부와 중·소 동맹조약을 체결해 확보한 만주에 대한 지배권 상실을 의미했다. 한반도(특히 북부 지역) 또한 역사적으로나 지리적으로 소련이 계속 관여할 수 없는 중국의 영향권이었다.

이렇듯 신중국 수립 후 동아시아는 시간적·공간적으로 커다란 힘의 공백 상태에서 불확실하고 불안정했다. 6·25는 얄타체제 붕괴와 새로운 동아시아 질서 형성 과정에서 역내 대국인 소련과 중국, 미국이 서로 대립·경쟁하면서 발발한 것이다.

03

1950년 1월에 일어난 일들: 스탈린의 6·25 구상

가. 깊어지는 스탈린의 고민

　　6·25는 스탈린이 전 과정을 기획하고 진행한 스탈린에 의한, 스탈린의 전쟁이었다. 그렇다면 스탈린은 언제, 어떤 상황에서, 왜, 무엇을 위해 6·25를 결정했을까?

　6·25는 신중국 수립 3개월 후인 1950년 1월, 모스크바에서 진행된 중·소 동맹조약 협상 과정에서 스탈린이 결심한 것이었다. 스탈린에게 신중국의 등장과 얄타체제 붕괴로 인한 만주 상실은 골치 아픈 일이었다. 만주에서의 후퇴는 소련의 전략 방위선에 심각한 타격을 주는 것이었다.

　또 스탈린에게 마오쩌둥은 제2의 티토가 될 수 있었다. 그를 제어하고 압박해 자신의 예속하에 둘 필요가 있었다. 1950년 1월, 스탈린은 중국과 미국, 한반도로부터 오는 쓰나미와 같은 파고를 넘을 수 있는 대전략을 고민한다. 이런 상황을 염두에 둔다면, 6·25 발발의 근본적인 원인은 1월 한 달 사이에 대체 무슨 일이 벌어졌는지 살펴보면 알 수 있다.

나. 70일간의 중·소 모스크바 협상

1949년 10월, 중공혁명을 성공시킨 마오쩌둥은 새로운 국가 건설에 소련의 지도와 원조가 필수적이었다. 중공군은 경제를 건설하거나 도시를 건설·관리해본 경험이 없는 빨치산들이었다. 당면한 경제 재건과 만주 회복, 타이완(양안) 통일에도 스탈린의 도움이 절실했다. '소련 일변도' 전략이 불가피했던 것이다.

스탈린 또한 중공혁명 과정에서 자신의 말을 잘 듣지 않았던 마오쩌둥을 계속 내칠 수 없었다. 그를 제2의 티토로 만들면 미국으로 갈 수도 있었다. 스탈린은 중공혁명의 성공이 확실해지고 미·중 관계가 파탄으로 귀결되자 대중국 정책을 전환한다. 마오쩌둥을 대국의 지도자로 인정하고 중국을 동맹으로 인식하기 시작한 것이다.

중·소 양국은 서로의 생각과 전략적 이해가 일치함에 따라 좋든 싫든 상호관계를 조정할 필요가 있었다. 양국은 공동의 이념을 갖고, 대미 관계에서 일치된 전략을 갖고 있었다. 동맹은 서로에게 이익이었다. 갈등이 잠재된 양국 관계에서 국익 충돌 문제는 마오쩌둥과 스탈린의 담판을 통해 해결할 수밖에 없었다.

스탈린은 1949년 12월, 자신의 70세 생일 축하연을 계기로 그동안 두 번이나 거부해온 마오쩌둥의 소련 방문을 허락한다. 신중국이 수립된 지 75일 후인 12월 6일, 마오쩌둥은 열차편으로 베이징을 출발해 열흘 후인 12월 16일 모스크바에 도착한다. 그의 첫 해외여행이었다.

1949. 1. 21. 스탈린의 70세 생일 축하연에서의 스탈린과 마오쩌둥

스탈린과의 1차 회담은 12월 17일에 있었다. 주요 의제는 양국이 미국에 어떻게 대처하고, 충돌하는 양국의 국익을 어떻게 조정할 것인가 하는 문제였다. 공동의 적인 미국에 대처하는 것은 동맹의 기본적인 조건이자 쌍방의 공동 목표이기도 했다.

마오쩌둥의 협상 목표는 만주를 소련이 가져간 1945년 8월의 중·소 조약을 개정하고, 소련으로부터 지원을 얻어내는 것이었다. 상대방의 이해관계를 자신의 이해관계에 종속시키려는 양국 정상 간의 회담이 순탄할 리 없었다. 협상이 순탄치 않은 가운데 마오쩌둥은 장장 70여 일간 모스크바에 체류하며 스탈린과의 험난한 협상 전투를 치른다.

스탈린에게 새로운 조약 체결은 얄타협정에서 확보한 이익의 포기를 의미했다. 마오쩌둥에게는 만주를 반환받아 영토를 완정하는 일이었다. 1950년 초 중국의 상황은 혁명의 성공에도 불구하고 사실상 제2의 삼국시대나 마찬가지였다. 서북의 신장 위구르 지역과 동북의 만주 지역은 소련의 지배하에 있었다. 남부 지역과 타이완은 국민당 군대가 잔존하고 있었다.

스탈린은 만주를 토해낼 생각이 없었다. 마오쩌둥이 스탈린으로부터 만주를 반환받고 경제 지원을 얻어내는 일은 그가 말한 바, "호랑이 입에 들어가 있는 고깃덩어리를 도로 뺏는 것."과 같았다.

첫 회담에서 마오쩌둥은 새로운 조약의 체결을 집요하고 의연하게 요구했다. 스탈린은 1920년대부터 마오쩌둥을 마아가린 공산주의자로 경멸했다. 그런 스탈린은 건방을 떠는 듯한 마오쩌둥을 용서할 수 없었다. 그의 태도에 격노한 스탈린은 이후 2월 5일까지 17일 동안이나 회담을 중지시켜 버린다.

마오쩌둥은 모스크바 서부 교외 16km 떨어진 '부레지니에'라는 스탈린의 별장 2층의 한 객(客)으로 연금되었다. 마오쩌둥이 할 수 있는 일이라고는 "먹고, 자고, 화장실 가는 일뿐이었다." 스탈린은 마오쩌둥을 마치 하수인 대하듯 했다. 마오쩌둥의 실망은 분노에 가까웠다.

회담이 근 20여 일간 교착되고 있는 상황에서 1950년 1월 초에 나타난 새로운 요소들은 회담의 향방에 큰 영향을 미쳤다. 불편한 중·소 관계를 간파한 미국의 잇따른 이간책과 김일성의 스탈린 자극이 그것이다. 중·소 동맹조약 협상 기간 중에 있었던 이 일들은 당시 스탈린의 국제 정세 인식과 전략에 결정적인 변화를 초래한다.

다. 미국의 애치슨 선언, 중·소 이간

중공혁명이 성공한 후 미국의 트루먼 대통령도 고민이 깊어졌다. 마오쩌둥의 신중국을 적대시하면 중국이 소련 편에 설 것이 분명했다. 성공 가능성이 크지 않았지만 마지막으로 중국과의 관계 정상화를 시도할 필요가 있었다. 모스크바에서 진행 중인 중·소 협상이 순탄치 않음을 간파했기 때문이다. 미국은 마오쩌둥이 연금되어있던 바로 그 때에 중국에 연이어 추파를 던진다.

1월 2일, 행방이 묘연했던 마오쩌둥은 스탈린의 허가를 받아 타스 통신과의 공개 인터뷰에서 현재 중·소 조약 협상이 진행 중임을 밝혔다. 그로부터 3일 후인 1월 5일, 미국 트루먼 대통령은 기자회견에서 대중국 유화책을 천명한다.

"타이완의 전략적인 중요성은 미국의 공개적인 군사 행동을 정당화할 수 없다. 미국은 타이완으로 철수한 (장제스의)중국군에 군사적인 지원을 하지 않을 것이다."

당시 소련이 입수한 미국의 동아시아 정책 극비 문서(NSC- 48/ 2, 1949. 12.)는 "한국을 미국의 극동 방위선에서 제외한다."는 내용을 담고 있었다.

1월 6일, 전날의 트루먼 회견에서 미국의 동아시아 전략의 변화를 확인한 스탈린은 마오쩌둥에게 연락해 협상을 재개하자고 요청했다. 전략 상황을 재평가한 후 마오쩌둥과 타협하는 방향으로 입장을 전환한 것이다.

미국은 중국에게 구체적으로 한발 더 다가간다. 애치슨 미 국무장관은 1월 12일, 내셔널 프레스 클럽 연설('아시아의 위기, 미국 정책의 시험대')에서 중국을 소련으로부터 떼놓으려는 책략을 보다 적나라하게 드러낸다. 애치슨은 먼저 중공혁명을 긍정적으로 평가했다. 이어 타이완과 한국을 포기할 수 있다는 트루먼 대통령의 발언을 재확인했다.

"우리의 방어선 변경은 알류샨 열도에서 일본을 지나 오키나와까지 연장된다⋯. 그리고 다시 오키나와에서 필리핀 군도까지 이어진다."

중국이 미국에 협력적으로 나오면 한국과 대만을 중국에 줄 수 있다는 유인책이었다. 나아가 미국은 소련을 공산주의적 이념과 전술로 무장한 러시아 제국주의로 단정했다. 애치슨은 소련이 만주 지역을 차지하려

한다면서 외몽고에서는 그런 과정이 이미 진행 중이라고 강조했다.

나아가 스탈린을 '중국의 적'이라고 표현하며 중국 지도부에 화해의 메시지를 보냈다. 이념이 아닌 국익을 바탕으로 미·중 관계를 설정하자는 제안이었다. "이제 과거 방식의 동서 관계는 끝났다. 극동에서 동서 관계는 상호 존중과 호혜 관계여야 한다."는 것이 그것이다.

당시 미국의 동아시아 핵심 전략은 중·소 동맹조약 체결을 저지하는 것이었다.[21] 애치슨 선언은 소련과 중국을 이간시키려는 이이제이(以夷制夷)였다. 미국이 중국을 고무·찬양해 주적인 소련을 견제함으로써 중·소 간의 동맹조약 협상에 훼방을 놓으려는 것이었다. 미국의 중·소 관계 이간은 스탈린으로 하여금 심각한 위협 인식을 갖게 한다. 스탈린은 미국에 대한 대반격이 필요했다.

라. 김일성의 스탈린 자극

미국의 기대와 이간책에도 불구하고, 중·소 동맹조약 협상은 체결 방향으로 가고 있었다. 잇따른 미국의 조치들은 역으로 마오쩌둥이 스탈린의 신뢰를 얻을 수 있는 기회를 제공했다. 마오쩌둥은 즉각 미국을 신랄하게 비난하고, 중국 내의 미국 자산을 몰수하는 등의 강경한 조치를 취했다. 이제 미국은 중국에 대한 미련을 버릴 수밖에 없었다.

---

21 그 전략(NSC-48)은 소련을 봉쇄하는 미·일 동맹 추진, 대만 포기 및 중국 승인 등이었다.

중국을 사이에 두고 소련과 미국이 줄다리기하는 복잡한 무대에 김일성이 빈틈을 비집고 들어온다. 1950년 1월 17일, 평양에서 열린 한 연회장에서 김일성은 소련 대사관 직원에게 자신의 남침 승인 요구를 계속 거부하는 스탈린에 대해 불만을 토로했다.

"… 1949년 모스크바를 방문했을 때 스탈린 동지는 나에게 남쪽을 공격해선 안 된다. 이승만 군대가 북한을 공격할 경우에만 남조선을 향해 반격해도 좋다고 말했다. 그러나 이승만은 지금까지도 공격해오지 않았다. 이 때문에 남조선 인민 해방과 국가 통일이 미뤄지고 있다. 나는 다시 모스크바를 방문해 남조선 인민을 해방하기 위한 인민군의 공격 계획에 관해 허가를 얻고 싶다. 만약 스탈린 동지와 만나는 것이 불가능하다면 마오쩌둥 동지가 모스크바로부터 귀국한 후 그와 만날 것이다. 마오쩌둥 동지는 중국의 내전이 끝난 뒤 우리를 원조해주겠다고 약속한 바 있다."

소련의 태도를 탐색하려는 김일성의 발언은 스탈린을 자극하기 위한 것이 분명했다. 냉엄한 국제사회를 잘 모르는 철부지가 노회한 북극곰에게 요리하기 좋은 '먹잇감'을 던져준 것이었다.

1950년 1월에 일어난 일들

중소 갈등·대립 격화 ▶ 미국과 북한의 자극, 압박 ▶ 스탈린, 전쟁 결정

① 1.2 마오쩌둥 타스통신 인터뷰, 조약 개정(만주 회복) 강조

② 1.5 트루먼 대통령 기자회견, 미국의 타이완 군사 지원 중단 선언

③ 1.6 스탈린, 마오쩌둥과 신조약 협상 재개

④ 1.12 애치슨 선언, 중공 유인, 소련 비난, 도서방위선 재설정

⑤ 1.17 북한 김일성, 남침승인 재촉구, 불허 시 친중 경사 압박

스탈린의 고민 증대, 미중소 게임에 김일성의 남침계획 활용의사 표출(1.30)

마. 중·소 협상 재개와 스탈린의 남침 청신호

미국의 대중국 접근과 김일성의 언행은 중국의 이탈 가능성을 우려한 스탈린의 심기를 건드렸다. 미국과 중국, 북한을 동시에 칠 수 있는 대전략이 필요했다. 스탈린은 먼저 중국을 묶어두는 것이 급선무였다. 협상 중인 중·소 동맹조약을 체결하는 일이 급해진 것이다.

이제 협상의 주도권은 마오쩌둥에게 주어졌다. 1월 22일 재개한 협상에서 스탈린의 심기를 읽은 마오쩌둥은 1월 26일, '창춘(長春) 철도와

뤼순(旅順)항 및 따롄(大連)항에 대한 협정 초안을 소련 측에 전달했다. 중국이 2년 내에 동북의 모든 주권을 회수할 것임을 분명히 했다.

1월 28일, 스탈린은 중국 측 초안을 수정해 전달하면서도 기본적으로는 중국의 요구를 그대로 수용했다. 조건은 중국이 미국에 반대하고, 유사시 북한을 지원한다는 것이었다. 만약 미국이 한반도에 군사적으로 개입하면 중국도 자동 개입하도록 했다. 6·25 실행을 위한 스탈린의 1단계 준비 작업이 끝났다.

중·소 동맹조약 협상을 대략 마무리한 직후인 1월 30일, 스탈린은 슈티코프 주 북한 대사에게 1월 17일자 김일성의 발언과 관련해 다음과 같이 지시한다.

"귀하의 보고를 받았다. 나는 김일성의 불만을 이해한다. 김일성은 남한 공격과 같은 중요한 행동은 충분한 준비가 있어야 한다는 것을 이해해야 한다. 이 일은 반드시 치밀하게 준비해야 한다. 모험을 해서는 안 된다. 만일 그가 이 문제를 나와 논의하고자 한다면, 나는 언제든지 그와 회담할 것이다. 이 문제에 대해 나는 그를 도울 준비를 할 것이다. 이 사실을 김일성에게 전달하라."

줄곧 김일성의 남침 승인 요청을 묵살해온 스탈린이 드디어 전향적인 태도를 내비친 것이다. 김일성은 자신의 귀를 의심하면서 모스크바로 달려갈 준비를 했다. 스탈린은 2월 2일, 슈티코프 대사에게 아래와 같은 보충 지시를 내린다.

"김일성 동지에게 설명하기 바람:

현재 상황에서 그(김일성)가 본인과 논의하려는 이 문제는 반드시 비밀을 유지해야 한다. 이 사실은 적(미국)뿐만 아니라 조선의 기타 지도자와 중국 동지들에게도 비밀로 하라. 마오쩌둥과의 회담을 모스크바에서 계속 진행할 예정이다. 우리(중·소)는 조선의 군사적 능력과 방어능력을 높이기 위해 조선에 대한 원조의 필요성과 가능성에 관해 의견을 교환할 예정이다."

동아시아에서 중국 문제와 한반도 문제가 서로 얽혀가고 있었다. 스탈린이 모스크바에 체류 중인 마오쩌둥에게 6·25 구상을 알리지 않고 비밀로 한 것에는 치밀한 책략이 숨어있었다.

당시 중공군은 혁명의 마지막 과제인 타이완 통일을 위해 병력 15만 명과 선박 4,000척을 타이완 해협에 집결시켜놓고 있었다. 스탈린은 이미 중국에게 타이완 통일을 지원해주겠다고 약속했다. 반면에 미국은 1월 5일 트루먼 대통령의 발언과 1월 12일 애치슨 선언을 통해 중국이 미국과 협력하면 타이완을 주겠다고 공약했다.

새로운 미·소 관계와 중·소 관계에서 중국의 타이완 통일 전쟁은 스탈린에게 달갑지 않은 것이었다. 타이완이 중국으로 넘어갈 경우 중국의 힘이 더 커진다. 미·중 관계에서 갈등의 핵인 타이완 문제도 없게 된다. 특히 스탈린의 6·25 전략에서 핵심인 미군 참전 후, 중국군 참전에 따른 미·중 전쟁 시나리오가 어렵게 되는 것이었다.

그래서 스탈린은 먼저 김일성의 남침을 결정해 중국이 타이완을 공격할 수 없도록 했다. 중국의 마오쩌둥이 김일성의 남침 승인을 알게 되면 스탈린의 책략은 무산될 수 있었다. 마오쩌둥에게 6·25 결정을 극비로 한 이유였다.

어떻든 1950년 미·중·소 간의 거대한 체스게임에서 김일성의 남침 계획은 스탈린이 처한 3중고(트릴레마: trillemma)를 해결해줄 수 있는 아주 매력적인 대안이었다. 전쟁 개시 이전까지 김일성은 물론 마오쩌둥도 스탈린의 기막힌 이 책략을 알아채지 못했다.

스탈린의 동아시아 정책 변화

가. 2. 14. 중·소 동맹조약 체결

약 2개월간의 줄다리기 협상 끝에 1950년 2월 14일, 새로운 '중·소 우호동맹상호원조조약'이 체결되었다. 조약의 주 내용은 양국이 미국·일본 등 적대국의 침략 행위에 공동 대처한다는 것이었다. 대신 소련은 1952년 말까지 만주에 대한 일체의 권리를 포기하고, 소련군은 1955년에 만주에서 철수하며, 중국에 총 3억 달러의 유상 차관을 제공하기로 했다.

마오쩌둥은 만주를 되찾는 데 성공했다. 그러나 스탈린은 추가 비밀 협정을 통해 소련군이 철수한 이후에도 중국의 동북부와 서북부 지역에 자국의 안보 지대를 확보했다. 소련의 남쪽 변경인 외몽고는 소련의 위성 국가가 되었다. 서쪽의 신장 위구르 지역은 소련의 지배 하에 놓이게 되었다. 만주에는 제3국인이 출입할 수 없도록 했다.

새로운 조약 체결 후 마오쩌둥 일행은 모스크바에 도착한 지 2개월

만인 2월 17일 모스크바를 출발했다. 오무스크·일코크 등 시베리아를 경유해 3월 4일 베이징으로 귀국한다.

마오쩌둥은 당 중앙인민위원회에 조약 체결 결과를 보고할 때, 이 조약이 애국주의적이며 국제주의적인 것임을 강조했다. 그런데 조약을 비준 투표할 때 정작 그 자신은 손을 들지 않았다. 마오쩌둥은 1962년 9월, 중국공산당 제8기 10중전회(十中全會)에서 스탈린과의 회담을 회고하며 다음과 같이 고백한다.

"… 중국혁명 성공 이후 소련은 중국이 제2의 유고가 되고, 내가 제2의 티토가 되지 않을까 우려하고 있었다. 나는 모스크바에 가서 동맹조약을 논의했다. 스탈린은 조약에 서명하기를 꺼렸을 뿐만 아니라 아예 서명하려 하지 않았다. 조약을 둘러싸고 한바탕 투쟁을 한 후에도 서명하지 않아 다시 2개월간의 담판을 거쳐 서명했다. 후일 우리가 미국에 대해 반항적 태도를 나타내고, 북한에 대한 지원 태도를 표시하자 스탈린은 우리를 믿기에 이르렀다…"

새로운 중·소 동맹조약은 중·소 양국의 안전과 관계 발전의 고리인 동시에 만주 문제 등을 둘러싼 양국 간 국익의 충돌을 가져왔다. 중·소 양국의 최고 지도자인 마오쩌둥과 스탈린의 마음속에는 상대방에 대한 의심과 불신, 지울 수 없는 원한이 남겨졌다.

나. 4. 10. 스탈린의 김일성 남침 동의

모스크바에서의 길고 긴 협상에서 스탈린은 마오쩌둥이 유고의 티토가 될 가능성과 함께 미국과의 협력 가능성을 시험하고 또 시험한다. 그 결과, 스탈린은 마오쩌둥이 소련의 종주권 체제에 위협이 될 수 있다는 사실을 확인했다. 미국의 애치슨 선언은 스탈린으로 하여금 미·중 간의 협력 가능성을 완전히 떨쳐버릴 수 없게 했다.

이제 스탈린에게는 마오쩌둥의 중국에 대한 특별한 제재와 함께 최대의 적이 된 미국을 견제하는 대전략이 필요했다. 그것은 김일성이 간절하게 원하는 남침을 이용해 한반도를 미·중 간의 전쟁터로 만드는 것이었다. 소련은 직접 참전하지 않고 병참과 전략을 지원하기만 하면 된다.

스탈린에게 한반도는 특히 대미 관계에서 사활이 걸린 지역이 아니었다. 미국도 마찬가지였다. 반면, 중국에게 한반도는 사활이 걸린 지역이었다. 만약 미국이 한반도 문제에 개입한다면 중국은 반드시 군사적으로 대응할 것이었다. 당시의 마오쩌둥과 김일성은 스탈린의 지시를 거역할 수도 없었다. 공산주의 종주국인 소련은 신생 중국과 북한에게 생명선과 같았다. 스탈린은 이런 상황들을 잘 활용하면 미국 및 중국과의 관계에서 생긴 고민들을 해결할 수 있다고 보았다.

그동안 스탈린은 김일성의 남침 구상이 흥미롭다고 생각했지만 준비가 필요했다. 특히 미국의 개입 가능성을 우려해 승인을 거절해왔다. 그러나 1월 말 '변화한 국제 정세'를 감안해 김일성의 남침을 지원할 수 있다는 의사를 표시했었다. 스탈린은 중공혁명의 성공과 미국의 한반도 불개입 선언(애치슨 선언), 소련의 핵 보유를 자국에 유리한 '국제 정세 변화'로 보았다.

새로운 대전략 구상을 끝낸 스탈린은 1950년 4월, 김일성과 박헌영을 모스크바로 불러들였다. 4월 10일, 김일성을 마주한 스탈린은 북한의 남침 시 미국이 남한을 위해 전쟁에 개입하지 않을 것이라는 김일성의 주장에 일단 동의했다.

"소련의 핵무장, 중·소 동맹조약 덕분에(남침한다 해도) 미국은 개입하지 않을 것이다. 우리는 통일을 향한 조선인들의 제안에 동의한다."

스탈린의 태도 변화 과정

1950년 1월 말 이전까지 스탈린은 김일성의 남침승인 요청을 거부

1950년 1월 이전(거부)	1950년 1월 말(청신호)	1950년 4월(승인/지시)
• 김일성: 일격으로 승리 가능. 총격만 있어도 통일	• 김일성: 남침승인 계속 불허 시 마오를 만나겠다.	• 김일성: 3일 내 자력승리 가능. 미국은 개입하지 않을 것임.
⇒ 스탈린: 미국의 개입 가능. 장기전 불가피하니 봉기들 준비하라.	⇒ 스탈린: 김의 불만을 이해. 신중한 계획이 필요. 조선 통일 도울 용의 있음. 이 사실은 중국에게 비밀로...	⇒ 스탈린: 통일 제안에 동의 우리는 개입 않을 것임. 마오 승인 있어야 남침 가능

1950.5.13, 베이징을 방문한 김일성은 마오쩌둥에게 스탈린의 지시 전달

여기서 "미국이 개입하지 않을 것이다."라는 스탈린의 발언은 그의 한국전쟁 의도를 분석하는 과정에서 매우 중요한 것이다. 당시 스탈린은 미국이 개입하지 않을 것이라고 진심으로 믿지는 않았다. 처음부터 미군의 개입을 전제로 한 대전략을 짜고 있었기 때문이다. 스탈린은 시종 미국과의 직접 대치를 두려워했다. 그래서 김일성에게 무기는 지원하겠지만 병력을 보낼 수 없다는 점을 분명히 했다.

"당신 이빨이 부러져도 나는 손가락 하나 까딱하지 않을 것이다. 우리는 다른 데 신경을 쓸 데가 많다. 그럴 때는 마오쩌둥에게 지원을 요청하라."

그러면서 스탈린은 김일성에게 조건을 단다. 중국을 끌어들이기 위한 함정이었다.

"마오쩌둥을 찾아가 전쟁 계획을 설명하고 동의를 받아라. 해방 전쟁은 중국 지도자(마오쩌둥)가 승인을 해야만 시작할 수 있다. 그가 반대하면 남침은 안 된다."

이에 김일성은 "전쟁은 3일 안에 승리로 끝난다. 미국은 개입하지 않을 것이다."라고 단언했다. 중국의 파병 지원을 확신하면서도 "우리는 한반도를 우리의 힘으로 통일하고 싶다. 우리는 그렇게 할 수 있다고 믿고 있다."라며 자랑스럽게 말했다.

스탈린은 김일성의 남침 계획을 최종적으로 승인하며 "전쟁은 신속하고 빨라야 한다. 남한과 미국이 정신을 가다듬을 시간을 줘서는 안 된다. 그들이 강력하게 저항하거나 국제적인 지원을 얻으려고 움직일 시간을 주어서는 안 된다."라고 강조했다. 겉과 속이 다른 주도면밀한 책략이었다.

스탈린은 김일성과 함께 북한군의 전쟁 준비를 논의했다. 북한에 필요한 무기와 군수 물자 공급도 약속했다. 나아가 3단계 공격 방침(①38선에 병력 집중, ②새 평화통일 방안 제안, ③남한이 제안을 거부할 경우 공격 개시)을 제시한 후, 재차 소련이 전쟁에 직접 참여하는 것을 기대하지 말 것을 강조했다.

스탈린과 김일성은 마오쩌둥이 전쟁을 승인해줄 것으로 예상했다. 두 사람은 "1950년 여름에 북한군에 총동원령을 내린다. 북한은 소련의 충고와 지도를 받아 구체적인 공세 계획을 수립한다."는 데 합의했다. 그때까지 마오쩌둥은 아무것도 모르고 있었다. '왕따' 당하고 있었다.

다. 5. 13. 중국의 동의와 전쟁 개시

6·25의 주사위는 던져졌다. 1950년 5월 13일, 김일성은 베이징을 비밀리에 방문, 마오쩌둥에게 스탈린의 지시 사항(남침 승인)을 전달한

다. 깜짝 놀란 마오쩌둥은 이 사실을 믿지 못해 스탈린에게 급히 확인해줄 것을 요청했다. 스탈린은 곧바로 아래와 같이 회신한다.

"마오쩌둥 동지!

… 조선 동지(김일성)와 회담 중 필리포프(Filippov: 스탈린의 가명)는 국제 정세의 변화를 감안해 조선인들이 통일을 이루는 것에 동의한다는 의견을 냈습니다. 동시에 문제는 최종적으로 중국 동지와 조선 동지가 함께 해결해야 하며, 중국 동지가 동의하지 않으면 문제 해결을 다음 논의 때까지 보류해야 한다고 했습니다. 상세한 회담 내용은 조선의 동지가 얘기해 줄 것입니다…."

이에 중국공산당은 긴급히 중앙위원회 정치국 회의를 소집했다. 논란에도 불구하고 선택의 여지가 없었다. 자국의 생명선과 같은 소련 스탈린의 결정을 거부할 수 없었기 때문이다. 타이완 수복을 추진하고 있던 중국은 김일성의 혁명을 반대할 수 있는 명분도, 막을 방법도 없었다. '내키지 않은 적극적 동의'가 불가피했다.

마오쩌둥은 김일성에게 남침 전쟁에 대한 동의와 원조를 약속하면서 "장기전을 피하라."고 경고했다. 그는 전쟁이 장기화되면 미국이 개입할 것으로 보았다. 그렇게 되면 중국은 항미원조(抗美援朝)가 불가피할 것이었다. 중국은 과거 병자호란과 청일전쟁을 통해 북한 지역이 적의 수중으로 넘어가면 자국이 위태롭게 된다는 사실을 잘 알고 있었다.

김일성은 마오쩌둥과 스탈린과의 복잡한 관계 속에서 교묘하게 그의 목적을 달성했다. 스탈린의 책략을 간파하지 못한 채….

김일성은 마오쩌둥의 승인 이전부터 소련과 함께 전쟁 준비에 돌입하고 있었다. 스탈린은 5월 29일까지 북한에 약속한 각종 무기와 장비들을 인도했다. 독소전쟁 영웅인 바실리예프 장군을 비롯한 소련군 최고 정예들을 보내 전쟁 계획을 점검·준비토록 했다. 소련과 북한은 6월 16일 공격 개시 준비를 완료한 후, 6월 25일 새벽에 침공하기로 했다.

한국과 미국의 전쟁 무방비

가. 미국의 대 중·소 봉쇄 전략(NSC-68) 수립

　　스탈린이 6·25를 결정하고 준비를 서두르던 시기에 미국은 과연 어떤 생각을 하고 있었을까? 2차 대전 후 세계 패권국으로 우뚝 선 미국이었다. 미국은 위와 같은 소련과 북한, 중국의 움직임을 상세하게 파악하고 있었다.

　1948년 소련의 핵 보유와 1949년 중공혁명 성공, 특히 1950년 초 중·소 동맹조약의 체결은 미국에 위협으로 다가왔다. 소련이 주도하는 공산권에 중국이 가세한 것은 미국에게 충격이었다. 냉전이 아시아로까지 확대됨에 따라 미국의 관심은 이제 전 세계로 확대되었다. 패권의 부담이 배가되고 있었다. 이에 트루먼 대통령은 국가안전보장회의(NSC)에 중·소 등 공산권에 대한 강력한 대응책을 강구하라고 지시한다.

　1950년 2월부터 미국의 안보기관들은 대소련 전략이자 냉전 정책의 기본 문서인 '국가안보를 위한 미국의 목표와 계획(NSC-68)'을 만들었다. 이 문서의 분량은 58페이지로 방대했지만 내용은 단순했다.

"소련의 팽창주의가 전 지구적이므로 미·소 간의 충돌이 불가피하다. 소련의 팽창을 저지할 수 있는 방법은 미국의 군사력밖에 없다. 미국이 세계 냉전의 최전선에서 자유세계를 지키려면 그만큼 국방 예산을 증액해야 한다."

NSC-68은 기존의 공산권에 대한 외교적 봉쇄에서 나아가, 군사적 봉쇄로의 전환을 의미했다. 소련의 위협에 대응해 대소 '전면 전쟁'을 제외한 모든 수단을 강구한다는 것과 함께 '서방 세계의 결속을 강조'하는 것이었다.

이 문서가 트루먼에게 전달된 시점은 6·25 발발 2개월 전인 1950년 4월이었다. 보고서를 접한 트루먼 대통령은 일단 보류를 지시했다. 당시 미국은 연간 국방비로 약 130억 달러를 쓰고 있었다. 그런데 보고서는 국방비를 400억 달러까지 늘려야 한다고 요구했다.

트루먼의 보류 지시는 동 정책에 대한 반대가 아니라 예산 증액에 대한 정치적 부담 때문이었다. 정치적 부담을 덜어낼 수 있는 명분과 기회가 필요했다. 당시 미국의 세계 전략을 지휘한 애치슨 국무장관(1949. 1.~1953. 1. 재임)은 세계 각 지역에서의 미군기지 건설과 신중국의 등장에 따라 위험해진 타이완을 보호하기 위해서는 어떤 종류의 '충격'이 필요하다고 생각했다.

애치슨은 NSC-68이라는 미국의 세계 패권 전략을 실현하는 데 있어 한 방이 필요한데, "미국의 개입에는 타이완[22]보다 코리아가 더 적당하다.", "만일 적이 우리 자신과 세계 여론에 의해 의심할 여지없이 분명한 '침략자'로 낙인찍힌다면, 그에 따른 정치 군사적 이득은 명백하다."고 보았다.

클라우제비츠는 『전쟁론』에서 "방어란 '공격을 위한 정점'을 기다리는 것이다. 정점의 순간에 공세로 전환해야 한다."고 주장했다. 애치슨과 NSC 문건을 작성했던 니츠 등 미국의 전략가들은 이 정점이 필요했다. 정점은 소련과 중국 등 대륙 세력이 침략자로 낙인찍히는 시점이다. 이때 대대적인 공격을 가하는 것이었다. 미국은 북·중·소 등 공산권의 움직임을 주시하면서 정점을 기다리고 있었다.

나. 전쟁의 예고와 한미의 무방비

북한은 1949년부터 전쟁 준비를 시작했다. 그해 국공 내전에 참전했던 2개 사단 규모의 조선인 군인들이 무장한 채 북한으로 넘어왔다. 1950년 4월 이후에는 소련군의 무기도 북한으로 대거 들어오고 있었다.

북한은 1948년 12월 17일, 소·중·북 3국 비밀 전략 회의에서 3국이 합의한 북한 군비 증강 계획에 따라 전쟁 전까지 각종 신형 무

---

22 1949년 10월 신중국 수립 이전에는 대만으로 표기하고, 신중국 수립 이후에는 타이완으로 표기한다.

기를 보유한 총 169,000명의 병력을 갖췄다. 그때 남한군 병력은 총 98,000명이었다. 빨치산들과의 전투를 치르느라 훈련이 부족했다. 미국이 원조하는 군수 물자도 태부족이었다.

북한의 남침 징후는 1950년 3월부터 나타났다. 3월 중순 북한은 38선 인근 주민들을 5km 후방으로 소개시켰다. 4월 중순부터는 남침 징후가 관찰되었다. 4월 28일 북한 공군 중위 이건준이 YKA-9형 전투기를 몰고 월남해 "몇 개월 사이에 전쟁이 발생할 것이다."라고 진술했다. 6월에 들어서는 아래와 같이 보다 구체적인 남침 정보들이 쏟아졌다.

- 6월 10일, 북한군, "전쟁 준비 완료, 명령 하달만 기다리고 있다."
- 6월 22일, 북한군, "남진 위한 38선 지뢰 해체 명령을 받고 탈영."
- 6월 22일~24일, 북한군·전차 38선 지역 집결해 남쪽 관측 및 남으로 지향한 포신 관찰, 빈번한 차량 이동 등을 관측
- 6월 25일 새벽 1시경, 전방으로부터 "북한의 전차부대가 기동을 시작했다. 적군의 움직임이 심상치 않다. 휴전선 전 지역에서 북한군의 움직임이 활발하다. 적의 포탄이 떨어진다."는 보고 등

한미의 남침 정보 묵살과 무장 해제

1949년 12월, 한국 육군본부 정보국 전투정보과(과장 김종필)는 '연말 종합 적정(敵情) 판단'에서 북한의 '남침 임박'을 보고했다. 1950년부터 활발해진 북한의 대규모 남침 징후와 정보 판단은 상부에 계속

보고되고 있었다. 비교적 정확한 보고가 잇따랐다.

6월 22일부터 24일 오후까지 육본 정보과는 전방 부대에서 오는 남침 정보를 받느라 정신이 없었다. 정보국은 각종 보고를 종합 분석, 북한군의 전면 남침 가능성을 채병덕 참모총장에게 보고했다. 채 총장은 미 군사고문단의 '북한의 남침은 불가능하다'라는 판단을 믿고, 남침 정보 보고들을 묵살하며 '북한군 남침은 불가능하다'라는 말만 되풀이했다. 어떤 대비책도 강구하지 않았다.

북한의 남침은 예고된 일이었다. 다 알고 있었다. 이승만 대통령도 5월부터는 남침 가능성을 거론하고 있었다. 그런데 전쟁이 발발하기 직전, 한국군 내에서는 결코 우연의 일치라고 볼 수 없는 일들이 광범위하고, 또 체계적으로 벌어졌다.

1950년 6월 10일, 채병덕 참모총장은 전군에 인사이동 명령을 내렸다. 북한군 남침 루트와 서울 방어에 가장 중요한 사단장들을 모두 교체했다. 전쟁 수행 부서인 작전국의 국장·차장·과장을 모조리 갈아치웠다. 육본 병기감실은 육군 차량의 1/3인 500여 대와 중화기의 일부를 수리 정비 계획에 따라 부평 병기창으로 보냈다.

6월 23일 낮, 미 군사고문단장 직무대리인 헨리 대령은 일본에 가 있는 브라운 준장의 전화 명령을 받고 채병덕 참모총장을 방문했다. 그는 채 총장에게 24일 밤 한국 육군참모학교 구내의 장교클럽 개관을 축하하는 파티를 열 것과 이미 하달되어있는 비상경계령을 해제하도록 설득했다. 채 총장은 이를 수락했다.

6월 24일, 국군은 낮 12시를 기해 전군에 내려졌던 비상경계령을 해제, 장병들에게 휴가·외출을 보내도록 명령했다. 장병들이 농번기에 농사일을 돕게 하라는 것이었다. 당일 오후, 육본의 정보국은 위급한 상황이니 비상경계령을 부활할 것을 요청했다. 채 총장은 이를 묵살, 전방 부대는 텅텅 비워진다.

6월 24일 밤에 열린 육군 장교클럽 낙성 파티에는 육본 수뇌부와 일선 지휘관 등 50여 명의 고급장교들이 참석했다. 미 군사고문단 장교들도 여러 명 참석했다. 파티는 밤 10시경 끝났으나 참석자들은 장소를 옮겨 25일 새벽 2시경까지 술을 마셨다. 4시 북한의 전면 남침 시에는 고주망태가 되어있었다.

한국군을 총 지휘해야 할 입장에 있던 미 군사고문단장 브라운 준장은 6월 10일 정년퇴임을 한 후, 24일 밤에는 귀국을 위해 일본 도쿄에 있었다. 파티를 건의했던 헨리 참모장도 낙성 파티에 얼굴만 비춘 후 휴가를 명분으로 도쿄로 가버렸다.

6월 25일 새벽 4시, 북한이 남침한 시각에 전방과 모든 전선은 무장 해제 상태였다. 속수무책이었다. 국군에는 패주와 후퇴, 혼돈과 지리멸렬, 집단 불안과 공황이 지배했다. 국군은 전쟁 발발 3시간 후인 아침 6시에야 전군에 비상을 걸었다. 각급 지휘관들은 6시간이 지난 후 제 자리에 복귀, 대응을 시작했다. 그 시간에 북한군은 포천을 점령하고 의정부를 향해 진격하고 있었다.

신성모 국방부장관이 오전 10시에 경무대(현 청와대)를 찾아갔을 때 대통령은 09시 반부터 인근 경회루에서 낚시하고 있었다. 10시 30분, 국방장관으로부터 전황을 보고 받은 이 대통령은 "그놈들 장난치다 그만 두겠지."라고 말했다. 이에 국방부장관도 "크게 걱정하실 것 없습니다."라고 거들었다.

오후 2시에 열린 각료회의에서 채병덕 총참모장은 북한군의 "전면 공격은 아니다. 적을 능히 격퇴할 수 있다."고 보고한다. "4일 안에 평양을 점령할 수 있다."고 호언장담 했다. 대통령은 26일 오전 3시 30분경에, 신성모 국방장관은 같은 날 오후 2시에 각각 서울을 탈출했다. 육군본부는 27일 오후 1시 30분에 떠났다.

6월 25일~27일, 국군은 퇴각하면서도 북한군의 남침을 반격해 북진 중이라고 방송했다. 국민을 위한 안심 조치로 볼 수도 있으나 군부는 물론 국민들까지 상황 판단을 그르치게 했다. 강북 시민들에게 알리지 않고 한강 이남으로 후퇴한 후인 6월 28일 새벽 2시에는 한강 인도교를 폭파했다. 북한군이 점령한 서울은 아비규환이었다.

이 같은 조치들은 어떻게 해석해야 할까. 모두 사실상의 이적 행위이자 반역 행위로 볼 수도 있다. 그런데도 누가, 왜? 그랬는지, 전쟁 중이나 전쟁이 끝난 후에도 그 진상을 규명하는 노력은 없었다. 공론화된 적도 없이 70년 동안 침묵 속에 묻혀있다.

혹자는 이런 상황들이 북한의 간첩들에 의한 소행으로 분석하고 있다. 대통령부터 국방부장관, 총참모장 등이 모두 간첩들에게 조종당했다? 그렇다 치더라도 한국군을 실질적으로 지휘한 미 군사고문단은 또 뭐하고 있었는가? 당시 육군정보국 실무 책임자였던 고 김종필

씨는 생전의 한 인터뷰에서 그것은 오열(적을 이롭게 하거나 내통한 자)에 의한 것이 아니었다고 증언한 적이 있다. 더 이상의 말은 아꼈다.

미국의 사전 대비와 기다림

미국도 6·25 발발 전 한반도 내외 상황을 소상하게 파악하고 있었다. 1947년 미국의 특사 웨드마이어의 한국 출장 판단 보고("한국은 너무 유약해 군비 증강, 미군 주둔 필요")를 받은 투르먼 대통령은 이를 묵살, 비밀로 할 것을 지시한다. 1948년 8월, 미군정 책임자 하지는 이임 보고에서 "이 나라의 분단은 단지 내전을 통해서만 해결될 것이다."라고 판단했다.

1949년도에 들어와 북한의 남침에 대비한 미국의 대응책은 구체적이었다. 미 육군부는 주한 미군 철수 완료 시점인 1949년 6월 27일, 한반도에서 전쟁이 벌어질 것에 대비한 극비 작전 계획을 수립했다.

미군 철수 종료 시점에 열린 미 의회에서 애치슨 국무장관과 케넌 정책기획국장은 북한으로부터의 무력 공격 가능성이 매우 높다고 경고하며, 의회에 한국 원조안의 통과를 요청했다. 그해 미국은 주한 미국 대사관을 일본으로 옮기는 방안을 검토했다. 한국 거주 미군 가족들은 미 본토로 떠날 준비를 하고 있었다.

그런데 1950년 초, 한국 육군본부의 '북한의 남침 준비 상황'을 보고받은 미군사고문단장 브라운은 본국에 다음과 같이 사실과 다른 보고를 한다.

"현 한반도 정세 판단으로 한국군은 적당한 규모이며 훈련도 1급 수준이다. 북한군의 훈련은 부실하며 사기는 낮다. 소련의 대규모 원조는 믿기 어렵다. 만약 남침이 일어나도 한국군은 그들을 물리칠 수 있다."

이와 달리 1950년 3월 10일, 미 극동군 사령부의 정보참모부장 월러비 소장은 "6월경에 북한군이 남침할 것이라는 정보를 입수하고 상부에 보고했다."[23] 그해 6월 15일, 미 국방부에 보고된 주한 미 군사고문단의 보고에는 당시 "한국이 중국의 내전과 동일한 재난 위협을 받고 있다."고 결론 내렸다. 6월 19일, 미 CIA는 중무장한 북한군이 38선 지역으로 이동, 배치되었다는 보고서를 제출한다.

미군은 6·25 직전까지 CIA와 월로비 소장 휘하의 캐논, 8240부대, 미 공군 특수첩보대 등 최소한 3개 이상의 정보기관을 통해 대 북한 첩보활동을 하고 있었다. 워싱턴의 합동참모본부와 CIA본부에는 수많은 남침 관련 정보들이 들어오고 있었다.

그럼에도 극동군사령관 맥아더는 그 보고들은 정확성이 결여된 것으로 판단했다. 6월 20일, 미 하원 외교위에서 딘 러스크 국무부 차관보 또한 "북한이 전면전을 일으킬 의도가 없다고 본다. 있더라도 한국군은 이에 대항해 믿을 만하게 싸울 것이다."라고 말했다.

6월 18일부터 한국과 일본을 방문한 델러스 미 국무부 고문은 6·25 3일 전인 6월 22일, 일본 동경에서 당시 '미국의 안보 이익과 세계 평화에 영향을 미치는 사실들'을 조사하기 위해 모인 맥아더 사

---

23 전쟁 발발 후 미국 워싱턴뉴스가 2회에 걸쳐 보도(1950. 9. 1./ 10. 5.)한 적이 있다.

령관과 존슨 미 국방장관, 브래들리 합참의장과 회동했다. 그 회동에서 덜러스는 극동의 평화를 위해 미국이 모종의 '적극적인 행동'을 취할 것이라는 예감을 갖게 되었다고 회고한 바있다.

6·25 이전, 북한의 남침 전쟁이 곧 발발할 것이라는 사실은 명확했다. 6월 25일 북한의 남침은 미국인들에게 전혀 놀라운 사실이 아니었다. 트루먼은 6·25가 발발하자 기다렸다는 듯이 한 치의 망설임 없이 신속하게 전쟁에 개입할 것을 명령한다.

6월 27일에 공군을 전선에 투입했다. 이 날 유엔안보리 이사회를 개최해 유엔군 파병 결의안을 통과시킨 후, 6월 30일에는 지상군 파병을 결정했다. 미군은 3년 전에 준비한 북한의 남침 대비 계획(①유엔에 대응 호소, ②유엔군 편성, ③경찰 활동 형태로 참전 등)을 그대로 수행하는 형태로 신속하게 움직였다.

미국의 이 같은 묵살·무방비 조치들과 함께 1월의 애치슨 선언, 4월의 대 소련 봉쇄 전략(NSC-68) 수립, 일관성 없는 미군의 혼란스러운 태도 등은 미국이 북한의 남침을 유도하거나 기다려 6·25를 자국의 세계 전략에 활용했다는 오해와 비판을 낳았다.

누가, 왜? 6·25를 일으켰나

가. 6·25의 발발 주체

누가 6·25를 일으켰는가?

그동안 국내에서의 6·25 논의는 스탈린보다 주적인 김일성의 역할과 책임이 강조되었다. 김일성이 1949년 3월부터 남침 전쟁을 구상하고, 소련과 중국에 승인을 계속 요청했으며, 실제 남침한 자도 김일성이었기 때문에 그럴 수 있었다. 당위적으로나 특히 정치적으로 불신·적대의 남북 관계에서 북한의 김일성에 대한 비난과 공격도 필요했다.

하지만 6·25에서 김일성의 역할과 위상을 두고 보면, 6·25는 김일성의 전쟁이 아니었다. 전적으로 스탈린의 전쟁이었다. 6·25는 스탈린의 지시로 시작되었다. 스탈린의 시나리오에 따라 진행되었다. 1950년 3월 5일 스탈린이 사망하자 휴전 협상이 급진전되었다. 6·25는 스탈린에 의한, 스탈린의, 스탈린을 위한 전쟁이었던 것이다.

나. 스탈린의 전쟁 목적

스탈린은 왜, 무엇을 위해 6·25를 일으켰는가?

스탈린은 신중국 수립 후 변화한 국제 정세에서 위험해진 자국의 이익과 안보를 위해 김일성의 남침을 활용했다. 스탈린의 6·25는 무엇보다 중국의 공산 혁명 과정에서부터 증폭되어온 중·소 간의 갈등·대립이 근본 원인이었다. 미·소 간의 갈등은 부차적인 요인이었다.

직접적으로는 중공혁명으로 불거진 만주를 둘러싼 중·소 양국 간의 국익 충돌이 6·25의 단초가 되었다. 스탈린의 우선적인 고려 사항은 미국의 대소 봉쇄 전략에 대한 대응 필요성이 아니었다. 김일성의 무력 통일을 지원해 전 한반도를 공산화하겠다는 생각은 전혀 없었다.

스탈린의 6·25 구상에는 신중국 수립 후 중·소 간의 새로운 동맹 조약 협상 과정에서 확인한 ①마오쩌둥의 제2의 티토화 가능성과 ② 미국의 애치슨 선언 등에서 나타난 미·중 간의 협력 가능성이 가장 큰 요인으로 작용했다. 따라서 스탈린은 6·25에서 이 두 개의 가능성을 차단하는 것을 최우선적인 전략 목표로 삼았다.

스탈린은 미·중 양국을 동시에 제압하는 책략을 구상했다. 김일성의 남침 계획을 이용해 미·중 전쟁을 유도한 것이다. 미·중 전쟁은 양국의 힘을 소진시키면서, 상호 적대감이 강화되면 협력의 가능성이 차단되는 것이었다. 특히 전쟁 이후 중국이 미국 등 서방으로부터 고립되면 정상적인 발전이 불가능해진다. 그러면 스탈린은 중국을 자국의 종주권 체계 속에 장기간 묶어둘 수 있다.

왜? 스탈린의 전쟁 전략 · 목적

● 마오쩌둥의 제2 티토화 차단
● 미중 간의 협력 가능성 차단

☞ 스탈린은 김일성의 남침을 미끼로 미군을 한반도로 끌어들인 뒤,
중국[次敵]의 등을 떼밀어 미국[主敵]과 중국이 한반도에서 싸우게 함 ·

以夷制夷

● 미국과 중국의 국력 소진
● 미중간 적대감 강화
● 중국의 고립 · 저발전
● 미국의 발을 한반도에 묶음.

大反擊

이런 점에서 6·25는 스탈린이 미·중을 대상으로 한 이이제이(以夷制夷)였다. 동시에 중·소 이간을 겨냥했던 미국의 애치슨 선언에 대한 대반격이었다. 미국이 한반도 전쟁에 묶이게 되면 소련은 이미 확보한 동구 공산권을 용이하게 관리할 수도 있었다.

이 같은 논지와 주장은 그동안 6·25를 연구한 해외의 학자, 전문가들(벨로프, 소른턴, 키신저 등)이 줄곧 제기해온 것이었다. 국내에서는 전 고려대 교수, 통일부장관이었던 이세기 박사의 관련 학위논문(1980)·저서(『6·25 전쟁과 중국』, 2015)[24]와 조갑제 씨의 관련 논문들이

24 현 이세기 한중친선협회 회장은 1985년 필자의 통일부 입부 시에 장관님이셨다. 2015년 위의 저서를 발간하는 과정에서 필자는 회장님의 당부에 따라 발간 작업을

대표적이다.

다. 목적 달성을 위한 스탈린의 시나리오(증거)

스탈린은 위와 같은 목적을 달성하기 위해 어떻게(How) 했는가?

1950년 6월 25일 새벽 4시, 북한군은 남침 암호인 '폭풍'이 전국에 하달됨에 따라 38선 전역, 11개 지점에서 일제히 공격을 감행했다. 그런데 이후 스탈린은 자신의 전쟁 목적을 달성하기 위해 시종 전쟁 상식에 어긋나는 행동으로 일관한다. 치밀하고 교묘한 방법이었다.

대표적으로, 소련은 ①미국이 6·25에 용이하게 개입(참전)할 수 있도록 카펫을 깔아주었다. ②북한군이 빨리 승리(통일)하지 못하도록 온갖 조치를 취했다. ③미군의 참전 후에는 중국의 등을 떠밀어 미군의 화력 속에 중국군의 희생을 극대화하면서 미·중 간의 적대감이 강화되도록 했다. 스탈린은 전쟁 당사자들의 희생의 극대화와 전쟁의 장기화를 꾀했다. 그 증거들을 살펴보자.

스탈린의 미군 참전 유도

결정적인 증거는 1950년 6월 27일, 유엔군 참전을 결의한 안보리회의에 유엔 주재 소련 대표인 말리크가 불참한 것이다. 그동안 소련이 안보리 거부권을 행사하지 않은 것은 최대의 미스터리였다. 국내에서

도와드린 바, 이 글에 동 작업 과정에서 습득한 내용이 없지 않다는 점을 밝혀둔다.

는 안보리회의 중에 말리크가 깜박 졸았다 거나, 하느님이 도왔다는 주장도 있었다. 그런데 2005년, 당시 소련 대표가 거부권을 행사하지 않은 이유를 고백한 스탈린의 비밀 외교 문서가 발견되었다.[25]

유엔 안보리 유엔군 참전 결의안 표결 장면, 1950. 6. 27.

6월 27일 유엔 안보리의 집단 자위권 행사 결의는 당일 미군의 북폭 등 즉각적인 개입과 유엔군의 창설·파견 등 미국의 선택과 행동을 용이하게 해주었다. 소련 대표의 불참으로 가능했던 이 결의는 곧 중국과 동구 공산권 국가들로부터 큰 비난과 의문에 직면한다.

그러자 그로부터 2개월이 지난 1950년 8월 27일, 스탈린은 가장 크게 불만을 제기한 체코슬로바키아 고트발트 대통령에게 보낸 비밀 전문에서 소련 대표의 안보리 불참 이유를 다음과 같이 설명한다. 전

---

25 러시아 3대 국립문서보관소 중 하나인 사회정치사 보관소에서 안드레이 리도프스키라는 러시아 학자가 발견했다. (문서번호 fond 558, opis 11, delo 62, listy 71).

문 요지이다.

"고트발트에게 아래 메시지를 구두로 전달할 것. 요구하면 필사해 줄 것. … 우리가 안보리에 불참한 이유는…… 미국이 마음대로(free hand) 개입하게 하도록 하기 위함이다. 미군이 이길 수 없는 중국군과 싸우며 전선을 넓히게 되면, 미국은 극동에 묶여 유럽에 신경을 쓸 여유가 없게 될 것이다. 그러면 우리는 유럽에서 사회주의를 강화하는 시간을 벌 것이다. 나아가 미국은 가까운 장래엔 제3차 세계대전을 일으킬 수 없게 된다. 이는 세계의 세력 균형에 있어서 우리에게 득이 되지 않는가? 의심할 바 없이 그렇다…."

필리포프(스탈린)

소련 대표의 안보리 불참은 단순한 실수가 아닌 스탈린의 지시·책략에 의한 계산된 수순이었다. 안보리 결의 직후 미국은 38선 이남 지역에서 즉각 해군과 공군의 군사 행동을 개시했다. 6월 27일에는 서울, 28일에는 38선 이북 지역, 29일에는 27대의 미군 전투기가 평양을 맹렬히 폭격했다. 동시에 타이완 해협에는 미 7함대를 파견했다.

북한군의 조기 승리 방해

전쟁 발발 이후 스탈린은 북한군의 약점을 보완하기 위한 일을 아무것도 하지 않았다. 공군력을 제공하지 않았다. 방공 무기나 신무기, 그리고 쓸 만한 도하 장비도 주지 않았다.

이에 따라 6월 28일, 큰 저항을 받지 않고 서울을 점령한 북한군은 3가지 장애에 부딪친다. 박헌영이 장담한 남로당 지하당원 20만 명의 봉기 조짐이 전혀 없었다. 박헌영의 거짓이 탄로 나는 순간이었다. 예상치 못한 미군의 공중 폭격이 시작되었다. 무엇보다 도하 장비가 부족해 한강을 제대로 건널 수 없었다.

김일성과 북한 지도부는 당황했다. 일부는 점령한 서울 사수에 주력해야 한다고 주장하는 등 동요하는 모습이었다. "한강에 도착하면 먼저 도강하라."는 스탈린의 지시에도 불구하고 문제는 도강 장비가 형편없었다. 소련이 만들어준 전쟁 계획에는 서울까지의 작전만 적혀 있었다.

스탈린은 북한군의 서울 점령 이후, 자국의 개입 흔적을 남기지 않으려고 전선에 파견되었던 소련군 고문들을 통신 장비와 함께 모두 철수시켜버렸다. 북한군은 각 지역·병력 간의 연계 통신이 끊어진 채 본격적인 남진을 앞두고 우왕좌왕할 수밖에 없었다.

7월 1일, 서울을 지키면서 한강 남쪽으로 내려가기를 머뭇거리는 김일성에게 스탈린은 "진격은 어떤 일이 있더라도 계속하지 않으면 안 된다. 남조선 해방이 빠르면 빠를수록 (미국의)개입 기회는 줄어든다."고 지시한다. 무기와 장비를 충분히 대주지도 않으면서 부산까지 진격을 계속하라는 것이었다.

김일성은 스탈린의 지시에 불만이 많았으나 항의할 처지나 상황이 아니었다. 김일성은 전쟁 계획을 수립할 때부터 스탈린에게 명령을 구하고, 이를 충실히 수행했다. 스탈린은 전쟁 전 과정의 전략전술을 구체적으로 통제하며 관리했다. 스탈린의 남진 지시에 따라 북한군은 7월 3일부터 한강을 건너 남진한다. 북한군이 서울에서 머뭇거리지 않고 바로 부산으로 진격했더라면 7월 중에 전쟁을 끝냈을 수도 있었다.

전쟁이 끝난 후 김일성은 다음과 같이 스탈린을 원망하며 비난했다. "… 스탈린은 조국 통일을 방해하고 가장 치명적인 상처를 남긴 제일 나쁜 사람이다. 내가 늘 남조선을 해방시킬 수 있었는데 하고 가슴을 치며 통탄하는 것이 바로 서울 점령 3일이었다. 그때 우리가 서울에서 쉬지 않고 그 기세로 쭉 밀고 나갔다면 미국 놈들의 생각도 바꿔놓을 수 있었다…."

북한군의 남진도 주도면밀하지 못했다. 제대로 된 전투 지휘와 원활한 통신이 가능하지 않았기 때문이다. 북한군 정예 6사단(사단장: 중공 조선의용군 출신 방호산)은 직격하지 않고 우측 호남 지역으로 진격했다. 주력군의 우회와 병력 분산은 한국군에게 부산에 교두보를 구축할 수 있는 시간을 주었다. 8월 7일부터 11일 사이 유엔군이 마산 인근에서 북한군 6사단을 격파했다. 전쟁은 새로운 국면으로 접어들었다.

스탈린은 중공군의 조기 참전도 거부한다. 북한군은 8월 4일, 대구와 부산 등 동남부 일부 지역을 제외한 한반도 전역을 수중에 넣었다.

그런데 점차 미군의 병력과 무기가 증강되고, 미군이 제공권을 완전히 장악함으로써 북한군의 인적·물적 손실이 급증했다. 공군의 엄호 없이 전쟁을 수행하는 것은 사실상 불가능하게 되었다.

김일성은 자력으로 승리가 어렵다고 판단, 스탈린에게 소련 공군의 지원과 중국군의 참전을 요청했다. 장기전을 피하라고 경고한 마오쩌둥도 8월을 전쟁 승리의 최적기로 판단, 스탈린에게 중국군의 조기 투입을 자청했다. 온갖 유언비어 등으로 국내 사정이 어지러운 중국은 북한의 조기 승리가 절실했다. 스탈린은 묵묵부답으로 일관하다 유엔군의 반격으로 전세가 역전되기 시작한 8월 28일에야 거부 의사를 전달했다.

스탈린은 북한군이 미군의 후방 공격에도 적절히 대비하지 못하도록 했다. 9월 15일, 맥아더가 지휘하는 10군단 병력 74,000명이 참전한 미군의 인천상륙작전에 대응해 북한군은 고작 2,000여 명이 방어하고 있었다. 미군은 북한군의 큰 저항 없이 인천에 상륙한다. 전사자는 20명에 불과했다.

스탈린은 미군의 인천상륙작전 성공과 38선 돌파 및 10월 1일의 북진을 회심의 미소를 지으며 반겼다. 전쟁이 자신의 각본대로 착착 잘 진행되고 있었기 때문이다. 북한군이 계속 패배해야 미군이 38선을 넘을 것이었다. 그래야 자신의 6·25 시나리오의 핵심인 중국군이 참전해 미군과 한반도에서 죽도록 싸우는 국제전이 된다.

중국군의 피해 극대화

중국에게 6·25는 소련과 북한으로부터 '왕따(odd man out)'를 당한 전쟁이었다. 중국은 1950년 5월 13일까지 전쟁을 결정한 사실을 전혀 몰랐다. 국내에서 많은 사람들이 알고 있는 바와 달리 마오쩌둥은 김일성·스탈린과 6·25를 공모하지 않았다. 스탈린은 중국에 전쟁의 준비와 개시에 관한 어떤 정보도 주지 않다가 전쟁 개시 2일 후에야 통보했다. 스탈린이 미국만을 겨냥했다면 처음부터 중국과 긴밀하게 협력했을 터인데 그렇지 않은 것이다.

스탈린의 전쟁 목적에서 최우선 순위는 중국과 중·소 관계에 있었다. 스탈린은 마오쩌둥이 자신의 지시를 따를 수밖에 없고, 유사시 북한을 포기할 수 없으며, 미국이 중공군을 이길 수 없다는 사실을 간파해 이를 적극 활용했다.

스탈린은 중국이 자국군의 희생을 최소화하기 위해 참전의 조건으로 내건 소련 공군의 공중 엄호를 갖가지 이유를 대며 끝까지 거부했다. 마오쩌둥도 소련의 공중 지원이 없으면 참전할 수 없다는 입장을 마지막까지 고수했다. 자국의 참전을 최대한 지연시켜 소련을 전쟁에 끌어들여 자국군의 희생을 최소화하고 책임도 나누려는 전략이었다.

그러자 10월 12일, 스탈린은 김일성에게 "중국인들이 재차 파병을 거부했다. 귀하는 조선에서 철퇴하는 게 좋겠다."고 지시한다. 김일성에게 만주로 철수해 빨치산 투쟁을 준비하라는 것이었다. 스탈린은 무슨 수를 써서라도 미국과의 직접 충돌, 즉 제3차 대전(핵전쟁)을 피하기 위해 북한을 포기한 것이다. 이제 북한의 패배는 단지 시간문제가 되었다.

중국에게 북한 포기는 자포자기나 다름없는 것이었다. 스탈린의 배신에도 불구하고 마오쩌둥은 결국 참전을 결심한다. 참전의 목적은 "미국에 대항해 조선을 지키는 것이 가정을 보호하고 나라를 지킨다."는 '항미원조·보가위국(抗美援朝·保家衛國)'이었다. 참전은 '북한 정권'을 살리기 위한 것이 아니라 '북한 지역'이라는 자국의 완충 지대(땅)를 보전하기 위한 것이었다.

압록강을 건너는 중공군 대열

펑더화이(彭德懷)를 사령관으로 한 중국 인민지원군은 1950년 10월 19일 압록강을 건너기 시작했다. 초기에는 3차에 걸쳐 총 60만 명의 대병력이 북한으로 들어왔다. 10월 25일, 중국군이 한국군과 첫 전투를 벌이는 것을 시작으로 6·25는 돌아올 수 없는 강을 건너고 있었다. 이제 6·25는 스탈린이 의도한 시나리오처럼 사실상 미국과 중국이 주체가 된 전쟁이 되었다.

중국군은 전투기와 탱크도 없이 세계 최강인 미군의 화력 앞에 전전긍긍했다. 제공권이 전혀 없었다. 중장비와 후방 지원도 여의치 않았다. 야음(夜陰)을 틈탄 파상적인 공격만 가능했다.

그럼에도 11월 말의 중국군 1차 대공세는 미군의 '크리스마스 전(前) 승리'와 유엔 측의 '북한 수복·통일 계획', 이승만의 '북진 통일 꿈'을 일거에 날려버렸다. 수십만의 중국군이 최후의 진격을 감행한 유엔군에게 큰 타격을 가하자 맥아더는 유엔군에 총퇴각 명령을 내린다. 유엔군은 싸우지도 않고, 저지선을 치지도 않고, 평양→ 38선 → 서울을 연이어 포기했다. 중국군의 대공세는 미군의 역사상 유례가 없는 길고도 혹독한 후퇴를 안겨주었다.

12월 하순, 미 8군사령관 워커 사망 후 리지웨이 장군이 부임하면서 전쟁은 새로운 양상을 띠기 시작한다. 리지웨이는 전쟁에서 최고 지휘관의 능력이 얼마나 중요한지를 증명했다.

그는 기존의 전략을 바꿔 중국군이 가장 전투하기에 불리한 때인 '전투 시작 1주 후'를 골라 집중 공략했다. 중국군의 여의치 않은 군수품이 바닥나고, 열악한 숙식에 따른 병력의 피로감이 최고도에 달할 때를 고른 것이다. 이때를 틈탄 집중적인 공격은 백발백중, 주효했다.

더글라스 맥아더 장군

조지 C. 마셜 장군

매튜 리지웨이 장군

6·25에서 미군의 최고위 지도자들

엄동설한에 치러진 3차 전역에서 중국군은 한계 상황을 맞고 있었다. 미군의 공중 폭격이 극에 달해 보급선이 끊겼다. 혹한에 제대로 먹지도, 입지도 못한 병사들은 전투를 치르지 않았는데도 희생자 수가 날로 늘었다. 리지웨이의 '선더볼트 작전'은 양평의 지평리 전투에서 전세를 확실하게 뒤엎는 결과를 만들어냈다. 중국군의 사상자는 실로 어마어마한 것이었다.

1951년 2월 24일, 급거 귀국해 중국 주재 소련 군사총고문 사하로프를 만난 펑더화이는 소련 공군의 후방 교통선 엄호와 방공 무기 지원을 요청했다. 사하로프는 "소련이 한국전쟁에 개입하는 것은 적당하지 않다."는 말만 되풀이했다. 미국의 공중 폭격과 포화 속에 중국군을 불사르려는 스탈린의 의지는 확고했다.

2월 25일, 펑더화이는 저우언라이(周恩來) 주재 군사위원회 확대회의에서 현지 전장 상황을 보고했다. 3개월 동안 전투 중에 발생한 중국군 사상자가 45,000명, 그 외에 질병·동상·동사 등으로 잃은 병사가 약 4만 명이라고 보고했다. 그는 중국군이 자고 먹고 입는 실정은 물론, 공중 엄호가 없는 가운데 충분하지 않은 고사포는 과거 국공내전 때의 홍군보다 훨씬 못하다고 털어 놓았다.

결국 중국군은 3월 14일, 서울을 포기하고 38선 이북으로 퇴거했다. 마오쩌둥은 무력으로 미군을 완전히 제압할 수 없다는 사실을 깨달았다. 4차 전역이 실패하고 최후의 5차 전역 50일 동안 85,000명의 병력이 더 희생되었다. 완패로 돌아가자 중국 지도부는 휴전을 고려하기 시작한다.

휴전 협상이 시작될 때 전장의 중국군은 총병력 120만, 유엔군은 총 30만이었다. 정전 협상이 타결되기 전 쌍방은 상대방에게 최대한의 피해를 입혀 협상에서 유리한 고지를 점하려고 했다. 잔인하고 끔찍한 막바지 참호 전투를 계속한 것이다. 중국군이 열세를 만회하고자 단행한 4~5월의 춘계 대공세에서는 치명적인 타격을 입고 전투력을 완전히 상실했다.

휴전 협상은 1953년 3월 5일, 스탈린이 뇌출혈로 갑자기 사망하면서 급진전되었다. 교전 양측은 전쟁을 치르면서 한국 문제의 복잡성을 확인했다. 서로 낙동강 선과 압록강 선을 오르내리면서 일방이 승리하는 무력 통일이 가능하지 않다는 사실을 확인하고, 또 확인했다. 양측은 휴전이 가장 현실적이고 효과적인 종전 방식이라는 데 합의한다. 1953년 7월 27일 정전 협정이 체결되었다.

중국군 사상자는 총 100여만 명이었다. 마오쩌둥은 지원군 사령부에서 러시아 통역관으로 일한 자신의 큰아들 마오안잉(毛岸英)을 잃었다. 신중국의 타이완 통일 대업은 6·25로 인해 결정적인 방해를 받았다.

라. 전쟁의 결과·영향으로 본 6·25

전쟁 목적을 달성한 스탈린

전쟁 그 자체만 놓고 볼 때, 6·25는 소련에 보다 많은 이익을 가져다주었다. 소련은 신생 중국을 미국과 죽도록 싸우도록 해 빠르게 성장하는 것을 저지할 수 있었다. 중국은 유엔 등 국제사회에 소련과 한통속인 침략자로 낙인찍혀 미국 등 서방과의 접촉이 차단, '냉전의 전차'에 갇히게 된다. 더욱더 친 소련이 되어 소련에 종속되는 것이 불가피했다.

전쟁 전후 상황

미중의 참전·대결	중국의 고립·냉전
• 미국의 참전, 38선 돌파 ⇒중국의 참전⇒미중전쟁 - 스탈린의 이이제이 • 3년의 혈전/2년의 설전 - 힘 소진, 적대감 강화	• 종전 후 중국은 30년 동안 서방으로부터 고립/저발전 • 교전 양측의 불신과 적대감은 냉전체제 강화

특히 중국은 근 30년 동안 미국이 주도하는 '세계 체제'에서 완전하게 고립된 채 '죽의 장막' 속에서 자력갱생한다. 중국의 개방·개혁은 중국이 미국과 수교한 1979년부터 가능했다. 전쟁으로 촉발된 중국 인민들의 대미 적대감과 혁명 의식은 미·소 관계보다 더 심각한 미·중 관계를 만들었다. 중국을 자국의 종주권 속에 가두고, 미·중 간의 관계 개선을 저지하려는 스탈린의 당초 목표는 1979년까지는 거의 완벽하게 달성된다.

미국에게 6·25는 두개의 얼굴

미국인들에게 6·25는 자괴감을 안겨준 불쾌한 전쟁, 원치 않은 전쟁이었다. 무엇보다 소련이 연출한 게임에 참가할 수밖에 없었기 때문이다. 당시 미 합참의장 브래들리의 말처럼 미국은 "잘못 선정된 장소와 시간에, 잘못 선정된 적과, 잘못된 전쟁에 휘말린 것."이었다.

미국은 6·25에서 약 15만 명의 병력 손실을 입었다. 전사자 36,536명, 부상자 103,284명, 5,718명 등이 포로가 되거나 실종되었다. 항공기도 2,150대를 잃었다. 그러고도 승리하지 못했다.

중국군을 벌벌 떨게 한 명장이었던 미군의 리지웨이 사령관은 한국에 발령받고 온 직후 "인분 냄새가 진동하는 이 나라를 우리가 왜 지켜야 하는지…"라고 말했다. 맥아더 원수가 전쟁 기간 동안 한국에서 단 하룻밤도 보내지 않은 것은 아마 이 때문이었을 것이다. 전쟁 후에도 6·25는 미국인들이 기억하기도 싫은 전쟁이었다. 일반 미국인들에게 한반도는 '저주받은 전쟁을 치른 최악의 장소'였다.

그럼에도 소련의 붕괴를 가져온 대소 봉쇄 전략(NSC-68)을 완성한 후 12주가 채 지나지 않아 터진 6·25는 미국에게 큰 이득을 안겨주었다. 6·25는 미국이 2차 대전 후 잉여 군수품 문제를 해결하고, 침체 일로에 있던 군산복합 산업을 부흥시키는 기회였다.

무엇보다 NSC-68을 구현할 수 있게 되었다. 미국은 6·25에서 미군이 고전하는 위기를 기회로 활용해 공산주의 국가들에 대한 봉쇄의 사슬을 만들었다. 자유 진영의 단결도 도모할 수 있었다.

미국은 또 6·25 발발 이전에 포기하다시피 한 타이완을 방어할 수 있었다. 동아시아와 유럽에서 미국 최고의 동맹이 된 일본과 독일은 전쟁의 군수기지 역할을 하며 경제를 부흥시킬 수 있었다. 전쟁 후, 일본은행 총재 이치마다 히사토(一萬田尙登)는 "우리 재계는 (6·25로부터)구원을 받았다."고 말했다. 또 6·25는 미·일 동맹과 한미동맹, 독일의 재무장과 NATO의 군사 동맹화를 가져왔다. 이 모든 것은 미국의 국익에 부합하는 것이었다.

당시 미국의 세계 전략을 지휘했던 애치슨은 종전 후 프린스턴대학교 세미나에서 "코리아(한국전쟁)가 나타나서 우리를 구해주었다."고 말했다. 1951년 5월부터 주한 미군 제8군사령관이었던 밴플리트 장군도 "6·25는 미국 입장에서 축복이었다."고 말한 바 있다.

6·25가 미국에 가져다 준 결과와 함께 앞서 논의한 6·25 과정에서의 미국의 석연치 않았던 일들은 미국이 6·25를 적극적으로 유인·유도하지는 않았으나 이를 기회로 활용하고자 기다렸다는 추정을 가능케 하는 것이다.

미군의 전쟁사에서 무모한 북진이 가져온 참담한 패배(1951. 1. 4. 후퇴)를 활용하는 미국의 정치도 의심을 할 수 있는 것이었다. 트루먼 대통령은 중국군의 참전과 이에 따른 참혹한 전쟁 상황을 이용해 '국가 비상사태'를 선포했다. 동시에 미국 내에서는 비이성적 반공주의인 메카시 광풍이 폭발, 미국 전역을 초토화시켰다. 어쩌면 미국에게도 6·25는 중국이 참전, 가능한 한 오랫동안 처절하게 진행되어 미국 내는 물론 세계에 큰 충격을 주는 전쟁일 필요가 있었던 것이 아닐까.

1950~1953년 사이 미국의 국방 예산은 연 130억 달러에서 440억 달러로 늘었다. 세계 각 지역에 미군 기지를 건설할 수 있었다. 무엇보다 공산 진영에 대항하는 자유 진영의 단결을 통해 대소 봉쇄망을 완성, 미국은 세계 최강의 패권국으로 우뚝 선다. 6·25의 피해와 비교할 수 없는 엄청난 이익이었다.

워싱턴에 있는 한국전 기념물의 명문(銘文)과 같이 미국은 "알지도 못하는 나라의 만나본 적도 없는 사람들을 지키기 위해" 6·25에 참전한 것이 아니었다. 자국의 국익을 위해 정점을 기다려 총공격한 것('Retreat and Rollback Policy')이었다. 일본의 진주만 기습 때처럼 적의 선제공격이 있어야 의회와 여론을 대결 구도로 돌려놓을 수 있었다.

남북한과 중국은 희생양

북한과 중국은 스탈린의 책략에 동원된 먹이감, 희생양이었다. 6·25는 마오쩌둥에게 많은 것을 잃게 했다. 하지만 스탈린으로부터 독립성을 인정받는 계기가 되었다. 마오쩌둥은 신중국 수립 이후 눈에 가시와도 같았던 만주의 친 소련파이자 동북왕인 가오강(高崗)을 제거할 수 있었다. 중국은 만주를 완전히 회복한 후 1954년에야 헌법을 제정할 수 있었다. 건국 5년 후였다. 북한에 대한 영향력도 배가해 중·북 관계는 특수한 순치·혈맹 관계로 발전한다.

최초에 6·25를 제안한 김일성은 전쟁의 계획과 실행은 물론 휴전 협상 과정에서도 아무런 역할을 할 수 없었다. 전쟁의 시작은 소련과 중국의 승인을 받아야 했다. 군작전과 군수품은 전적으로 양국의 원조에 의지해야만 했다. 중국군 참전 이후 전쟁의 실행은 대부분 중국군 사령관인 펑더화이의 지시에 따랐다. 김일성은 전쟁 중에 펑더화이를 만나는 것조차 어려웠다. 유엔군이 압록강까지 북진한 절대 절명의 순간에 스탈린은 김일성에게 한반도에서 철수할 것을 명령했다.

김일성은 스탈린이 놓은 거대한 장기판에서 하나의 졸(卒)에 불과했다. 김일성에게 6·25는 소련과 중국이라는 보호자들에게 의지하다 지속적으로 굴욕감과 배신감을 안겨준 불신과 분노의 전쟁이었다. 전후 북한의 국시가 된 '자주'와 '주체'는 여기서 비롯된 것이다. 바보 같은 김일성은 민족상잔의 비극을 초래하고, 이후에도 주체를 명분 삼아 북한 주민들을 창살 없는 감옥소에 가두었다.

냉엄한 국제사회에서 남의 나라를 위해 희생하는 나라는 없었다. 그럼에도 한국인들은 일제의 식민 지배와 남북 분단은 물론 6·25에서 '아름다운 나라' 미국을 굳게 믿었다. 당시 이승만 대통령은 전쟁 과정은 물론 전쟁 후에도 미군의 작전 지휘를 받는 것을 영광으로 생

각했다. 6·25 이후 숭미(崇美) 사대주의는 임진왜란 후 조선의 재조지
은(再造之恩)과 소중화(小中華) 사상과도 같은 것이었다.

　무슨 연유인지, 전쟁의 당사자인 한국이 정전협정의 당사자가 되지
못하면서 비무장지대(DMZ) 155마일, 반경 2km의 남쪽 지역은 사실
상 우리 땅이 아니다. 지금도 남북한을 오가는 모든 물자와 인원들은
유엔군(미군)의 허락을 받아야만 한다. 남의 탓만 할 일은 아니지만,
한국인들에게 6·25는 실로 부당하고 억울한 고통이었다.

　당시 6·25와 함께 동아시아와 세계 전략을 주무른 미국의 전략가
이자 국무장관이었던 애치슨은 1971년 10월 12일, 메릴랜드 주(州)
샌디스프링 자택에서 사망했다. 그는 6·25가 마음에 걸린 탓인지 회

고록에 이렇게 썼다. "불행한 한국에 '불안한 침묵'이 퍼졌다. 아직도 계속되고 있다."

4부

1948년
8·15남북 분단

– 미국이 주도,
소련·일본이 협력

1945년 8월 15일에 우리 민족의 해방과 광복은 없었다. 1948년 8월 15일 남북 분단은 미국이 2차 대전 후 세계 패권 기틀을 마련하기 위해 주도한 것이다. 미국은 대일본전에서 자국군 희생을 최소화하고, 전후 일본을 독점하기 위해 소련에게 참전을 요구, 그 대가로 한반도 38선 이북의 지배권을 주었다. 일본은 전후 미·소 간 경쟁 구도 속에서 자국의 생존·발전을 도모하기 위해 한반도 분단을 도모했다.

01

남북 분단의 배경

누가, 왜 한반도를 분할·점령해 분단시켰는가?

그 원인과 관련 그동안 국내외에서는 다양한 이론과 주장이 제기돼 논쟁해 왔다. 이제 8·15 남북 분단 관련 논쟁은 6·25 전쟁 논란과 마찬가지로 무의미해졌다. 수많은 사료들이 발굴되고, 많은 연구 결과들이 분명한 결론을 내주었기 때문이다.

그동안 한반도 분단 원인이 취약한 민족 내부 역량과 분열에 있었다는 내인론이나 수정주의는 설득력이 없어졌다. 왜냐면 일제 식민 통치에서 정치력을 상실한 한민족이 미·소 간의 합의에 의한 한반도 분할·점령과 군정 통치를 극복할 수 있는 힘이 전혀 없었기 때문이다.

남북 분단은 미국이 각종 국제회의에서 주도한 한반도 분할 지배와 세력 균형 원칙에 소련이 협력하고, 일본도 이의 실현에 적극 가담한 결과였다. 일제의 한반도 식민 지배가 미국의 분할 지배로 바뀌는 과정에서 남북이 분단된 것이다.

가. 전후 미·소의 대한반도 인식

남북 분단의 배경을 이해하기 위해서는 당시 힘의 정치

가 지배하는 세계에서 동아시아를 주무른 미국과 소련의 대한반도 인식과 전략을 살펴야 한다.

미국은 제 1, 2차 세계대전 과정에서 자국의 본토에 피를 묻히지 않은 유일한 나라였다. 일본과의 전쟁이 만만치는 않았으나 승리는 시간문제였다. 미국은 자국이 참여한 모든 전쟁에서 적절한 시기에, 적절한 전략을 구사해 군사력 소모를 최소화하면서 승리했다. 유럽에서는 영국·독일·소련 등 경쟁국들이 서로 싸우게 했다. 태평양에서는 욱일승천하던 일본을 격침시켰다. 2차 대전 후 미국은 대서양을 넘어 태평양 지역에서 패권을 거머쥐었다.

1945년 일본 패망 후 동아시아의 전략적 요충인 한반도는 다시 해양 세력과 대륙 세력의 각축장이 되었다. 패망한 일본도 죽지 않고 살아 움직인다. 중국에서는 일본이라는 공동의 적이 사라지자 유보해온 국공 내전을 시작한다. 동아시아에서 일본의 자리는 태평양을 지배한 미국이 메웠다. 반대편에는 러시아가 소련이라는 이름으로 재등장한다.

미·소 양 대국의 존재감은 2차 대전 중에 여실히 드러났다. 연합국 진영 5대 강국이 유엔안보리의 상임이사국 자리를 차지하지만 실세는 두 나라였다. 영·프·중 3국은 2차 대전 종전의 시점에서 압도적인 군사력과 생산력을 가진 미·소의 눈치를 보고 있었다. 전후 한반도를 비롯한 동아시아 문제는 영국이 제외된 채 미국과 소련이 전담하게 된 것이다.

미국의 인식과 전략

남북 분단과 6·25 전쟁은 미국이 세계 패권 전략 차원에서 주도하고 개입한 사건이었다. 미국은 영국의 패권이 몰락하기 시작한 20세기 초부터 자국의 세계적 역할을 강화하고 정당화하기 위해 대전략을 창출한다. 여기에는 3개의 지정학적 이론이 결정적인 영향을 미쳤다. '바다'의 마한과 '육지'의 매킨더, 그리고 '해안'의 스파이크만이 제시한 지정학적 이론과 주장이 그것이다.

"바다를 지배하는 자가 세계를 지배한다."고 말한 마한(1840~1914)은 미국에게 해양 권력의 중요성을 강조했다. 매킨더(1861~1947)는 세계의 심장부를 통제하기 위해 심장 지역과 주변 지역을 잇는 가교를 '단절'시키라고 강조했다. 유라시아 대륙의 "주변부 해안(림랜드)을 통제하라."고 말한 스파이크만(1893~1944)의 지정학적 이론과 견해는 2차 대전 후 동북아의 요충이자 림랜드인 한반도의 분단에 결정적인 영향을 미쳤다. 미국은 전후 소련과 중국의 주변 및 인근 도서 지역을 장악해 두 나라를 완벽하게 봉쇄·포위한다.

1940년대부터 명실상부한 패권 국가가 된 미국은 위와 같은 지정학자들의 이론을 원용해 세계 패권 전략을 치밀하게 구상, 실천해왔다. 한반도 분할·점령과 6·25 개입도 미국의 대전략가들과 국무부·군부 인사들의 지정학적 인식과 전략이 작용한 결과였다.

일본과의 전쟁 또는 전후에 미국이 동아시아에서 추구해온 전략적 목표는 자국이 이 지역에서 패권을 행사할 것이라는 가정에서 출발한다. 이에 따라 미국은 소련에게 대일전 참전 대가로 만주와 한반도 북부 지역을 주어 전쟁을 조기에 종결시키고자 했다. 이는 공산권인 중·소 간의 갈등을 유발시킬 수도 있는 것이었다. 일본을 동맹으로 부흥시켜 동아시아의 지정학적 보루로 활용하는 데 한반도 남부 지역을 적의 활용할 필요도 있었다.

전후 미국의 대한반도 정책의 핵심은 점령에서 독립에 이르는 과도기를 설정하고, 한국의 독립 및 정부 수립과 관련한 여러 정치 군사적 문제들을 자국의 주도하에 해결하는 것이었다. 그 과정에서 소련과의 이해관계 조절, 주도권 설정, 한국의 민족 운동과의 관계 설정은 고려해야 할 중요 변수들이었다.

미국의 한반도 및 한국인에 대한 과소평가는 1905년 미국이 일본에게 조선의 지배를 승인할 때와 같은 것이었다. 프랭클린 루수벨트 대통령의 한국관은 시어도어 루스벨트 대통령의 한국관 그대로였다. 시어도어 루스벨트의 한국관은 조선이 일본의 식민지가 되는 것을 다행으로 생각한 것처럼 부정적이었다.

프랭클린 루스벨트 대통령은 1942년부터 한국의 독립을 염두에 두면서도 일정기간 신탁통치가 불가피하다고 보았다. 이 방안은 장차 태평양 지역에서 미국의 패권과 주도권을 상정한 장치이자 전후 일제의 '식민지'에 대한 새로운 관리 방식으로 고안된 것이었다.

루스벨트는 당시 미국이 지배하는 필리핀의 경험에 비추어볼 때, 한국인들이 자치 능력을 갖기 위해서는 약 20~30년 정도의 신탁통치가 필요하다고 보았다. 또 미국이 한반도 문제 처리 과정에서 한반도에 대한 이해관계가 큰 중국과 소련을 제외시키면 동북아에 긴장이 조성될 것으로 판단했다. 미국은 구한말, 조선의 지배권을 둘러싼 청일전쟁과 러일전쟁 등을 상기해 신중하게 접근한 것이다.

루스벨트의 대한반도 인식과 전략 구상은 미국 국무부나 군부의 정책 건의서에서 구체화되었다. 대체적인 방향은 한반도를 만주와 함께 일본으로부터 분리시키는 것이었다. 초기의 정책 기조는 한반도를 하나의 독자적인 단위로 만들어 전후 미국이 주도할 세계 경제에 편입시키는 것이었다.

1943년 가을, 미 국무부 내에 설치된 '동아시아에 관한 국간위원회(局間委員會)'는 1944년 초에 한반도에 관한 정책을 더 다듬었다. 신탁통치라는 상위 방침을 실현하는 방법으로 군정과 군사적 문제를 검토한 것이다. 당시 국간위원회가 추구한 한반도 정책 방향은 연합군의 '공동 점령과 공동 관리'에 의한 신탁통치였다.

미국은 이때만 해도 한반도의 분할·점령 방안을 적극 고려하지 않았다. 다만, 미국은 일제 치하에 있던 한국인의 대부분이 공산주의 사상에 물들어있다고 판단했다. 한국인들 스스로 민족자결주의에 입각한 독립을 추구할 경우 한반도가 소련의 지배권으로 들어갈 것으로 본 것이다. 이를 저지할 전략이 필요했다.

당시 미국은 한반도를 자국이 독점적으로 지배할 가치가 있는 지역으로 인식하지 않았다. 역사적으로나 문화적으로 한반도에 연고가 전혀 없었던 미국으로서는 전후 지정학적 차원에서 교두보를 확보하기만 해도 이익이었다. 반면, 미국에게 일본은 스파이크만의 제안과 같이 지정학적으로 반드시 독점적으로 지배해야 하는 지역이었다.[26] 이런 인식과 전략은 전후 한반도 문제 처리 과정에서 미국이 계속 유념, 이는 한반도 분할·분단의 단초가 되었다.

소련의 인식과 전략

2차 대전 후 스탈린의 외교 원칙은 전쟁 중에 이루어진 서방과의 동맹 관계의 연장선상에 있었다. 미국 등 서방과 협력 관계를 유지하면서 자국의 안보와 이해관계를 지켜내는 것이 중요했다. 독일과의 힘겨운 싸움에서 승리를 눈앞에 둔 스탈린은 당시 자국에 유리하게 형성된 현상을 파괴하거나 뒤엎는 일을 공포로 여겼다.

극동과 동아시아에서는 일본을 중대한 위협으로 인식했다. 1905년 러일전쟁에서의 패배는 소련 지도층에 뼈아픈 상처로 남아있었다. 소련은 일본이 태평양전쟁에서 항복한다고 해도 몰락하지 않을 것으로 판단했다. 당시 미국 내에서 논의되는 동아시아 전략은 일본을 최우선 지역으로 거론하고 있었기 때문이다.

이에 스탈린은 미국과의 협력 관계를 유지하면서 만주에서의 영향권을 유지하는 것을 중요한 전략으로 삼았다. 이를 통해 전후 일본의 부흥과 재무장이 가져올 수 있는 자국의 안보 위협을 상쇄코자 한 것

---

26 미국의 지정학자인 스파이크만은 일본이 진주만을 공격한 3주 후인 1941년 12월 말, 미국 지리학회 연례회의에서 발표한 "세계 정치에서 미국의 전략"에서 "세계 지리를 잘 살펴보면 이념과 관계없이 전쟁이 끝난 후 미국은 적국인 독일·일본과 손잡고, 러시아·중국에 맞서 나가지 않으면 좋지 않을 것."이라고 역설했다. 또 장래에는 미국이 당시 연합국의 일원이었던 소련과 대적할 것으로 예상했다.

이다.

이처럼 스탈린의 대일본 인식은 소련의 대한반도 정책 결정에 핵심 요인으로 작용한다. 일제 식민지인 한반도가 소련의 극동 지역 안보 전략에서 중요 지역으로 재등장한 것이다.

스탈린은 루스벨트와의 전후 문제 처리 협상에서 1905년 이전의 한반도에 대한 구러시아의 정책과 이익을 추구했다.[27] 일방이 한반도 전체에 대한 통제권을 갖는 것을 차단하는 전통적인 세력 균형 원칙이었다. 미국도 이런 세력 균형을 추구했다. 한반도 분단만이 미·소 양국 간의 세력 균형을 이루는 유일 최선의 방안이었다. 양국의 전략적 이익은 한반도 분단이었던 것이다.

한편, 전후 각종 국제회의에서 소련의 대한반도 인식과 입장은 대체로 3개로 요약할 수 있다. 먼저, '한반도의 부동항을 확보할 수 있다면 좋다. 둘째, 일제의 패망 후 한반도는 좌파 세력이 득세, 친소련 정부를 세우는 일이 용이할 것이다. 셋째, 태평양전쟁을 수행한 미국과 달리 설사 전쟁에 참전한다 해도 욕심을 부릴 수 있는 상황은 아니다.'가 그것이다.

이 같은 인식에 따라 스탈린은 각종 국제 회담에서 한반도 문제와 관련 미국에 어떠한 요구도 하지 않았다. 그는 미국의 한반도 신탁통치 방안과 분할·점령 제의를 그대로 수용했다. 방어적 입장에서 전통적인 세력 균형 원칙을 견지해 자국의 극동 지역 안전을 도모코자 한

---

27 러시아는 1896년 삼국간섭과 아관파천을 통해 조선의 일본 지배를 저지하면서 1905년 러일전쟁에서 일본에게 패배할 때까지 사실상 러시아 공사와 친러파가 조선을 지배했다.

것이다.

소련은 2차 대전에서 가장 큰 희생을 치른 만큼의 큰 지분을 가지고 있었다. 독일과의 전쟁에서 200여만 명의 병력을 희생했다. 극동의 만주와 한반도 점령에서도 12,000여 명의 병력을 손실했다. 2차 대전에서 자국 국민 총 2,400만 명이 희생되었다.

미·소의 한반도(땅)에 대한 인식

1945년 8월 15일 미·소의 한반도 분할·점령에는 일제의 식민지인 한반도(땅)에 대한 미·소의 국제법적 인식이 반영된다. 당시 연합국인 미국과 소련에게 한반도란 일본 제국 영토의 일부였다. 한반도는 일본이 35년 전인 1910년에 합병한 식민지였다. 1941년부터 시작한 태평양전쟁 과정에서 획득한 땅이 아니었다.

이게 2차 대전 후 전후 처리 과정에서 미국과 소련이 조선을 일본과 하나의 나라로 본 이유였다. 일본도 패망할 때까지 한반도를 천왕의 영토(황토)로 간주해 끝까지 포기하지 않으려 했다.

당시 미국은 패망 직전의 일본에 대해서는 호의적이었지만 한국에 대해서는 엄격한 자세로 국제법을 적용했다. 미국과 소련은 한반도에서 주권을 행사할 권리를 가진 상해 임시정부 등의 주체를 인정하지 않았다. 전승국인 자기들만이 전리품이 될 일제의 식민지를 점령·통치할 권한을 가질 수 있게 서로 협력한 것이다.

1945년 8월 10일, 38선이 그어진 시점에 미국과 소련이 인식하고 있는 한반도의 영토 개념은 바로 '일본이 점령하고 있는 코리아'였다.

실제로 미국과 소련은 한반도가 포함된 일본 영토를 '소련 존'과 '미국 통치존'으로 구분해 점령했다.

일본의 항복 이후 연합군과 일본의 대본영(최고사령부)이 공동 명의로 발령한 '일반명령 제1호'의 부속 지도는 연합국의 그런 인식이 반영되었다. 미국과 소련은 한반도를 분할한 것이 아니라 전체 일본을 반분해 점령한 것과 같은 모양새를 취했다. 미국과 일본이 상해 임시정부를 인정하지 않는 이상 한반도는 임자 없는 땅이었다.

당시 미국과 소련에서 한반도를 바라보는 관점은 두 개였다. 일본의 영토라는 관점과 일제에 압박받은 식민지라는 관점이 그것이다. 전자의 관점에서 한반도는 연합군의 '점령' 대상, 후자 관점에서는 '해방'의 대상이 된다. 두 개의 관점은 명확히 이분화된 것이 아니라 중층 구조를 이루면서 미·소 정책 담당자에게 다가갔다.

1943년 카이로선언은 한반도에 대한 중국의 동병상련(同病相憐)의 입장을 반영해 한국을 일제 식민지로부터 '해방', 즉 독립국가 건설이라는 관점에서 바라보았다. 중국이 끼지 못한 1945년 2월의 미·소 얄타밀약에 따른 8월의 한반도 분할·점령은 한민족의 '해방'을 위한 것이 아니었다. 패전국인 일본 영토를 전리품으로 '점령'하는 것이었다.

미군과 소련군의 한반도 점령 시에 한민족은 적국인 일본 군주국의 신민(臣民: 백성)이었다. 적의 신민에게 해방과 광복은 존재할 수 없는 것이었다. 1945년 2월 얄타회담 직전의 일이다. 스테티니스(Edward

Stettinius) 미국 국무장관은 부하 직원에게 '한국이 도대체 어디에 있는 나라냐?'고 물었다. 당시 한국은 지구상에 존재하지 않았다.

나. 연합국들의 모호한 한국 독립 약속

카이로선언, 한반도 분단 예견

미·소의 대한반도 인식과 전략은 전후 처리를 위한 국제회의 과정에서 그대로 드러난다. 미·소의 전략적 이익인 한반도 분단, 즉 전리품 나눠먹기는 정해진 것이었다. 남북 분단은 첫 회의인 이집트의 카이로회담에서 사실상 결정되었다. 그 뒤의 각종 회담 등은 이를 구체화하는 과정일 뿐이었다.

1943년 초 2차 세계대전이 연합국이 승리할 것으로 예상되자 미국은 전쟁 종결 전략을 구상하고 있었다. 미·영·소·중 등 연합국 정상들은 전범국인 독일과 일본 등을 어떻게 처리할 것인가를 논의하기 시작한다. 일본이 강탈한 한국 등 동아시아의 식민지 처리 문제도 포함되었다.

미국 주도로 만들어진 1943년 11월의 '카이로선언'은 한국의 장래를 규정한 최초의 국제 공약이었다. 미·영·중 3국 정상이 카이로에 모인 이유는 3국이 함께 전후 처리 문제를 논의하며 대일본 전쟁 의지를 다지기 위한 것이었다. 소련의 스탈린은 당시 상호 불가침중립조약 체결국인 일본을 자극할 것을 우려해 일본과 전쟁 중인 중국 장제스와 동석하기를 기피, 불참한다.

영국은 다급해진 미얀마 전선에서 인도를 침략하려는 일본을 막기 위해 중국의 도움이 절실했다. 미국도 일본과의 효과적인 전투를 위해 중국이 보다 많은 일본군을 중국 대륙에 묶어놓기를 원했다. 당시 중국 대륙 전장에는 일본군 120여만 명이 있었다. 중국이 처음이자 마지막으로 국제회의에 참석해 발언권을 가질 수 있었던 이유였다. 한국에게는 그나마 다행이었다.

카이로에서 3국이 합의한 사항은 ①일본의 영토를 '1914년' 1차 세계대전 이전의 상태로 축소시키고, ②만주·대만을 중국에 '반환'하며, ③한국은 '적절한 절차'를 거쳐 독립시킨다는 것이었다. 겉으로 보면 모두 중국에 이익이 되는 것이었다.[28]

여기서 한국 조항인 ③항은 다음과 같은 과정을 거쳐 합의가 이루어졌다. 1943년 11월 23일 첫 회담에서 미국의 루스벨트는 먼저 미국과 중국이 한반도, 인도차이나 및 태국의 장래에 대한 상호 이해에 도달하자고 제안했다.

중국의 장제스(蔣介石)는 "일제가 강탈한 영토는 중국에 반환해야 한다. 조선에 자유 독립을 부여하는 것이 좋겠다."고 말했다. 미·중 양국은 1년 전부터 카이로회담 등 전후 처리 문제에 대한 협의를 계속해왔다.

---

28 그러나 카이로선언의 한국 관련 조항인 이 ①항과 ③항은 사실상 한국의 독립을 약속하지 않은 것이었다. 미국과 영국은 1910년 일본에 합병된 한반도는 돌려받을 임자가 없다고 보았다. 그래서 만주·대만과 달리 어느 나라에 반환하지 않고, 적절한 절차, 즉 이후 전승국인 미국과 소련이 전리품으로 나눠 먹기(분할·점령)한 것이었다.

장제스의 제안에 루스벨트는 일단 동의를 표시했다. 장제스는 나아가 중국의 마지막 보호국이었던 조선인들의 독립 운동을 지원하는 입장에서 당시의 상해 임시정부 인정을 요구하며 한국의 즉각적인 독립을 주장했다. 장제스는 한국의 독립운동가들, 특히 윤봉길 의사의 의거를 크게 찬양(壯烈千秋: 장렬한 뜻 천추에 빛나다.)하는 등 한·중 간의 공동 항일 투쟁을 높이 평가했었다.

루스벨트는 장제스의 요구를 향후 중국이 한반도에 영향력을 행사할 의도가 있는 것으로 판단한다. 그의 요구를 수용할 경우 자신이 구상하고 있는 소련군의 대일전 참전과 한반도 신탁통치 구상에 차질을 빚을 수 있었다. 미국에게 상해 임시정부를 승인하는 것은 결코 수용할 수 없는 것이었다.

그럼에도 회담에서는 큰 틀에서 한국 독립이라는 대체적인 합의에 이르렀다. 다음 날, 루스벨트는 그의 보좌관인 홉킨스에게 합의서 초안을 작성케 했다. 홉킨스가 작성한 한국의 독립 관련 문구의 초안은 순수했다. "한국인의 노예 상태에 유의해 '가능한 가장 이른 시기(at the earliest possible moment)'에 한국을 자유롭게 독립시킬 것을 결의한다."는 것이었다. 그동안 우리 국민들이 널리 배우고 익힌 바, 선하고 아름다운 나라 미국의 입장이다.

미국과 영국의 한국 독립 물 타기

2차 대전과 전후 처리 문제에 대한 미국의 전략과 계획은 주도면밀했다. 시기적으로 미국이 세계 패권을 완전하게 장악할 수 있는 기회였기 때문이다. 1943년 3월에 미 국무부가 준비한 비망록은 한국 문제 해결을 위한 3단계 구상을 담고 있었다. ①군사 작전, 점령과 군정 실시, ②신탁통치 또는 감독 기구 구성·운영, ③완전 독립을 추진하는 과정에서 미국이 가장 중요한 역할을 한다는 것이었다.

루스벨트는 자신의 신탁통치 구상을 고려, '가능한 가장 이른 시기에'라고 표현한 홉킨스의 초안 문구를 '적절한 순간에(at the proper moment)'로 수정했다. 한국의 독립 시기가 한 발짝 물러난 순간이었다. 이 순간 한국의 자주독립국가 건설은 사실상 꿈이 되어버린다.

설상가상으로 전 세계에 해가 지지 않을 만큼 많은 식민지를 가진 영국은 일제의 식민지인 한국의 자유 독립을 수용할 수 없었다. 한국 문제 처리 방식이 자국의 다른 식민지 처리에 악영향을 미치기 때문이다.

11월 26일, 최종 선언문을 조율하기 위한 실무 회의는 미국과 중국이 합의한 초안과 영국의 초안을 놓고 토론했다. 영국의 초안에는 한국 조항 자체가 아예 없었다. 영국 카도간 외교부 사무차관은 미국과 중국이 합의한 초안의 "조선이 자유롭게 독립한다."를 "조선이 일본 통치에서 벗어난다."로 수정하자고 주장했다. 영국 측은 "이 수정안이 받아들여지지 않으면 한국 독립 조항을 선언문에서 삭제하자."고 했다. 영국 내각에서 검토하지 않았고, 소련의 의사도 확인되지 않았다는 것이 그 이유였다.

중국 장제스 비서실장인 왕충후이(王寵惠)는 영국의 요구에 강력 반발, 조선이 일본 침략의 첫 번째 희생양이었음을 상기시켰다. 미국 측은 한국의 독립 문제가 소련과는 아무런 관계가 없기 때문에 소련과 협의할 필요가 없다고 수습했다. 결국, 한국의 독립 문제는 영국의 반대에도 불구하고 미국과 중국의 지원으로 일단 살아남게 되었다.

영국이 그대로 넘어갈 리 없었다. 루스벨트가 가필한 '적절한 순간에'라는 문구가 카이로선언 최종 문안에서 '적절한 과정을 거쳐서(in due course)'로 바뀐 것이다. 처칠의 의견이 크게 반영된 것이었다.

'적절한 과정'은 분할·점령·통치(남북 분단) 의미

얼핏 봐서는 '적절한 순간에'와 '적절한 과정을 거쳐서'가 비슷하지만 큰 차이가 있었다. 한국의 독립 방법과 시기에 대한 논의 과정이 길어져 그만큼 가는 길이 불확실해졌다. 1905년 일제의 조선 합병을 적극 도왔던 미국과 영국은 40년 후 또 다시 일제로부터의 한국 해방과 광복, 독립 시기와 방법을 물 타기 해버렸다. 아주 애매모호하게 만들어버린 것이다.

'적절한 과정'은 곧 미국이 구상한 신탁통치를 의미했다. 이 과정은 일제의 패망 이후 한반도의 혼란과 미·소 군정, 분단과 전쟁의 비극을 예견한 것이었다. 한반도는 미국이 상해 임시정부를 인정하지 않아 일제가 패망해도 돌려받을 주인이 없는 지역이었다. 중국이 힘이 있었다면 보호국으로라도 돌려받겠다고 나설 입장이었지만, 당시 중국은 국공 분열로 자기 앞도 가리기 힘들었다.

테헤란 회담, 소련의 대일전 참전 결정

카이로선언 후 3개국 수뇌는 이후 일정으로 잡혀있던 테헤란 회담에서 스탈린의 동의를 받기로 했다. 장제스는 곧바로 중국으로 귀국했다. 루스벨트와 처칠은 스탈린을 만나기 위해 테헤란으로 간다.

1943년 11월 30일, 테헤란에 모인 미·영·소 정상은 중동의 중심지인 이란의 독립과 주권·영토 보전, 3국간 전쟁 협력 의지를 재확인했다. 회담에서 가장 중요한 의제였던 전쟁 협력 방식은 2개였다. 하나는 루스벨트의 요청에 따라 독일이 항복한 후 소련이 극동에서 제2전선을 만들어 태평양전쟁에 참전하는 것이었다. 다른 하나는 스탈린의 요청에 따라 서방연합군이 프랑스 노르망디 해안에 상륙해 유럽의 독소전쟁에서 제2전선을 만들어주는 것이었다.

카이로선언과 관련 루스벨트와 처칠은 스탈린에게 선언문을 보여주고 동의를 얻었다.[29] 루스벨트는 다시 미국의 필리핀 식민 지배를 성공 사례로 거론하며 "현재 한국인들은 독립 능력이 없기 때문에 그들을 30~40년 동안 신탁통치하에 두어야 한다."고 말했다. 스탈린은 한반도 통치 방식에는 별 관심이 없었다. 대일전 참전에 따른 대가로 무엇을 받을 것인가가 더 중요했다.

---

29 이 같은 절차를 거쳐 12월 1일, 카이로선언은 공식 발표된다.

1945년도 2월~8월에 일어난 일들:
분단의 구체화

누가, 왜 한반도를 분단시켰는가? 그 진실을 밝히기 위해서는 1945년 2월
얄타회담부터 한반도 분단이 실행된 8월의 미·소 한반도 분할·점령까지
어떤 일이 벌어졌는지 자세히 살펴야 한다.

가. 태평양전쟁 상황과 미국의 전략

　　1941년부터 시작된 태평양전쟁에서 미국을 중심으로 한
연합국의 군사적인 목표는 분명했다. 해양으로는 일본 본토를 점령하
는 것, 육상으로는 중국 만주의 관동군과 한반도 주둔 일본군을 무
력화하는 것이었다. 당시 중국에서는 항일 전쟁이 한창이었다. 미군
은 일본의 해상 교통로를 차단하면서 일본 본토로 진격하고 있었다.
　그런데 태평양의 섬 과달카날과 이오지마(硫黃島) 등에서 일본군이
보여준 전대미문의 저항은 미군을 전율케 했다. 2월 16일부터 3월 26

일까지 약 40일 간의 이오지마 전투에서 일본군은 2만 933명 병력 중 항복한 자 없이 전원 사망했다. 미군은 전사자 6,821명, 부상자가 2만 1,865명으로 일본군 피해보다 더 많았다. 이런 대규모 희생은 미국의 전쟁사에서 처음 있는 일이었다.

연이어 전개된 오키나와 전투는 더욱 참혹했다. 3개월에 걸친 전투로 승리는 했지만 미군은 또 막대한 인명 손실을 감수했다. 경악을 금치 못했다. 7월 내내 오키나와 일대를 평정하면서 추진한 일본 본토 침공 구상은 신중할 수밖에 없었다.

당시 일본군은 본토에만 370만 명(육군 240만, 해군 130만)이 있었다. 해외까지 합해 총 병력은 90개 사단, 720만 명이었다. 11월 1일로 계획된 일본 본토 점령을 위한 미군의 '올림픽 작전'에는 적어도 미군 100만 명 이상의 사상자가 날 것으로 예상되었다.

이런 전쟁 상황은 전후 처리 문제를 논의하는 국제회의에서 중요한 요인으로 작용했다. 실제로 한반도의 운명을 좌우한 결정적 요인이었다. 미군은 자국군의 희생을 최소화하고, 전쟁을 빨리 끝내기 위해 소련군의 참전이 절실했다. 미국은 소련군이 만주로 진격해 관동군과 일본 대본영과의 병참선을 끊고, 미군이 일본 본토로 상륙할 때 동시에 소련군이 홋카이도로 상륙하는 양동작전을 희망했다.

일본과의 전쟁에서 소련의 참전이 절실했던 루스벨트는 마음이 아주 바빴다. 하루라도 빨리 스탈린을 만나야 했다. 소련군의 대일전 참전에 어떤 선물이 필요한지 거래가 불가피했다. 카이로선언이 한국의 독립을 '적당한 절차를 거쳐서'로 유보해놓은 이상 스탈린과 그 후속 조치를 논의할 필요도 있었다.

나. 얄타밀약, 한반도 분할·점령 결정

　　　　　한반도의 운명을 가른 얄타회담은 미·영·소 3국 정상이 참석한 가운데 1945년 2월 4일부터 11일까지 1주일간 열렸다. 장소는 스탈린의 휴양지인 얄타의 리바디아 궁전이었다. 회담은 장소의 선정부터 의제 합의까지 스탈린(67세)이 주도했다. 루스벨트(63세)는 지중해 인근 지역에서 회담할 것을 희망했으나 스탈린은 소련 영토를 떠나지 않으려 했다.

　전형적인 공산주의 협상 전략의 일환이었다. 건강이 좋지 않은 루스벨트는 긴 여행을 감수한다. 그가 스탈린보다 거래의 수요가 더 많았기 때문이다. 당시 스탈린은 독일과의 전쟁에서 승리를 눈앞에 두고 있었다. 루스벨트는 일본과의 전쟁에서 고전하고 있었다.

　그런 상황에서 소련이 태평양전쟁에 참전할 경우 소련이 미국보다 먼저 일본 본토를 점령할 가능성도 없지 않았다. 당시 소련은 동유럽에서 연합국과의 약속을 지키지 않고 발뺌을 하고 있었다. 믿을 수 없었다. 소련군이 참전해서 만주와 한반도, 일본의 홋카이도를 전부 점령하면 쉽게 물러날 가능성이 없었다. 동유럽에서의 긴장이 극동에서도 일어날 수 있었던 것이다.

　회담에서 루스벨트는 스탈린에게 유화적인 태도를 취한다. 루스벨트는 처칠의 회의적인 태도에도 불구하고 스탈린에게 많은 것을 양보했다. 회담 의제의 대부분은 독일 등 유럽에 관한 것이었다. 3국 정상은 독일의 분할·점령 원칙을 재확인했다. 패전국이나 해방국의 문제는 그 민족 자신이 스스로 결정한다는 '민족자결 원칙'을 적용하기로 합의했다.

미국과 소련의 한반도 농단

미국이 가장 중요하게 여긴 소련의 대일전 참전 문제와 관련 루스벨트는 스탈린에게 독일 항복 후 90일 내에 참전해줄 것을 요청했다. 스탈린은 이에 동의했다. 그러면서 자국민들에게 설명할 수 있는 참전 명분으로 1905년 러일전쟁 후 "일본이 빼앗아간 것을 되찾기를 원한다."고 말했다.

회담 나흘째인 2월 8일, 처칠이 배제된 채 루스벨트와 스탈린은 비밀 회담에서 극동 문제에 관한 비밀 의정서를 채택한다. 여기서 스탈린은 대일전 참전의 대가로 쿠릴 열도와 사할린 남부 영토, 만주에서의 정치 특권, 외몽골의 자치권 등을 받았다.

스탈린은 새로 만들어질 미국 주도의 국제 연합에 가입하고, 독일 항복 이후 3개월 이내에 대일전에 참여하기로 확약했다. 스탈린은 만주 지배권의 원상회복을 위해 중국의 국민당 정부와 동맹·우호조약을 체결한다는 데도 동의했다.

미·소 간의 '대체적인 구두 양해' 사항에는 한반도 신탁통치와 이를 위한 분할·점령 방안이 포함되었다. 만주와 한반도가 미·소 간의 거래에서 미국이 소련의 참전을 유인하는 미끼·희생양으로 사용된 것이다. 한국은 물론 중국과 사전 협의나 양해는 없었다.

미·소 양국 간의 비밀 회담이 끝난 후 영국의 처칠 수상은 이렇게 말한다.

"이 회담은 비밀로 해둡시다. 전 세계의 많은 사람들이 오늘 이 자리에서 우리 맘대로 자기들의 운명을 재단했다는 것을 알게 되면 매우 불쾌해할 테니 말이오."

미국은 1905년 이전에 러시아가 갖고 있던 중국 만주와 한반도 이권을 회복해주는 형태로 소련의 조기 참전을 이끌어냈다. 한반도의 운명이 미·소 얄타밀약에서 결정된 것이다. 루스벨트와 맥아더의 안중에 중국과 한국의 비극은 없었다. 그들에게는 전쟁 막바지에 미군의 희생을 줄이고, 전쟁을 빨리 끝내는 일이 급선무였다.

이 전략은 경쟁국인 소련의 전력도 약화시킬 수 있는 것이었다. 6·25의 단초가 된 바, 만주를 둘러싼 중·소 간의 갈등·대립을 조장하는 이이제이(以夷制夷)이기도 했다. 당시 미국의 전략적 관심은 전쟁 이후 패권을 강화하는 것이었다. 이를 위해서는 일본을 독점해 동아시아의 '가라앉지 않는 불침항모'로 키울 필요가 있었다.

한편, 미·소 간의 얄타밀약에서 한반도 문제와 관련 어떤 합의가 있었는가는 지난 70여 년 동안 의문이었다. 회담 합의문에 한반도와 관련한 명시적인 문구는 없었다.[30] 하지만 1905년 러일전쟁을 종결한 포츠머스 강화조약에는 당시 러시아가 일본에게 내준 한반도 지배권이 포함되어 있다. 미국은 소련이 참전하면 그 대가로 소련이 1905년 이전에 갖고 있었던 만주와 한반도 등에 대한 지배권을 회복해주기로 했다.

분단은 미국의 대한반도 정책에서 비롯

루스벨트는 얄타 비밀 회담에서 '적절한 절차'를 거치는 한국 독립 문제와 관련해 다시 신탁통치 방안을 제의한다. 관리국으로서는 미·중·소 3국을, 기간은 20년 내지 30년을 들었다 스탈린은 루스벨트의 제의에 이견을 제기하지 않은 채 공감을 표했다.

다만, 스탈린은 신탁통치 기간과 외국군 주둔에 대해서 이의를 달았다. "신탁 기간이 짧으면 짧을수록 좋고, 외국군이 신탁 기간 동안 주둔해도 되느냐?"라고 물은 것이다. 그러면서 스탈린은 "우리는 한반도에 신경 쓸 여력이 없다. 적어도 3년 안에 빠지겠다."고 말했다. 루스벨트의 반론은 없었다. 신탁통치에 대한 구체적인 합의는 이루지 못하고, 사실상 3년 동안의 군정 통치에는 합의했다.[31]

사실, 미국은 얄타회담 이전인 1944년부터 한반도 문제에서 자국의 패권을 유지·강화하는 데 있어 군사 전략적인 의미를 고려하기 시

---

30 미국과 소련 간에 한반도 분할·점령 합의가 문서화된 것은 1945년 9월 2일, 연합군과 대본영 명의 '일반명령 제1호'가 처음이다.

31 미국은 1945년 9월 9일 남한 지역을 점령한 이후부터 3년 동안 군정을 실시했다. 소련은 1948년 9월 9일 북한 지역 정부 수립 후 형식상으로는 한반도에서 손을 뗀다. 얄타에서 합의한 바 3년을 그대로 이행한 것이다.

작했다. 주목할 것은 이 무렵 미국 군부의 대한반도 정책이 국무부의 기존 '공동 점령·공동 관리' 정책과 달랐다는 것이다.

군부는 한반도의 몇몇 거점을 우선 점령 지역으로 분류해 조기에 점령할 필요성을 제기했다. 전쟁이 끝나는 시점에서의 군사적 상황이 그 지역의 정치적 장래를 결정하기 때문이었다. 당시 전쟁의 원칙이자 관행이었던 이 '점령주의'를 무시할 수 없었던 것이다.

남북 분단은 미·소의 전략적 이해의 소산

미국 군부가 한반도에서 '지역 분할·점령' 방식을 택한 이유는 국무부가 추구해 온 '공동 점령·공동 관리'에 따른 여러 문제들 때문이었다. 국제 신탁통치를 위해 통일된 중앙 통제 방식을 택할 경우 강력한 육군을 보유한 소련이 군사적으로나 정치적으로 미국보다 유리한 위치에 설 수 있었다.

그런데 당시 군부는 작전상의 이유 등으로 초기 점령 단계에서 미국이 한반도를 단독으로 점령하는 것이 어려울 것으로 판단했다. 일본과의 전쟁을 계속해야 하는 상황에서 한반도에서까지 전쟁할 수 있는 여력이 없었던 것이다.

이 같은 미국 군부의 인식과 판단은 1944년 10월 17일, 미국의 전쟁부 장관인 스팀슨이 모스크바 주재 해리슨 미 대사와 딘 군사사절단장을 불러 소련의 대일전 참전을 의논하던 중에 드러난다. 그는 소련군이 관동군에 대한 작전을 만주에만 한정하면 효과가 없기 때문에 조선 북쪽 여러 항구에 대한 소련 육·해군의 공격이 필요하다고 강조했다.

북한 지역에 대한 소련의 공격 계획은 1945년 2월 8일 얄타회담 시미·소 참모총장 회담에서도 확인한다. 다음 날 제2차 군사 회담에서도 재확인되었다. 소련군의 북한 지역 점령 계획은 얄타회담 때부터 미국이 명시적으로 승인했던 것이다.

여기서 미·소가 문서로 남기지 않은 한반도 문제 관련 얄타밀약의 증거들을 살펴볼 필요가 있다. 미·소 간의 얄타밀약에서 구두 형식의 '대체적인 양해' 사항 가운데 한반도 신탁통치와 소련의 한반도 분할·점령이 포함되었다는 것이 정설이다. 이를 뒷받침하는 증거들이 많이 있다.

우선, 앞서 언급한 회담 직후 처칠의 발언(비밀 엄수)이 있다. 회담 후 미국에 거주하던 이승만도 불만을 제기한다. 1945년 이승만은 미국으로 망명한 소련 고위급 인사로부터 얄타밀약설을 전해 들었다. 그는 미국과 영국을 강력히 비난하며 이의 확인을 요청했다. 미국은 이를 부인했으나 이를 지켜봤던 영국은 적극 부인하지 않았다. 1949년, 이승만 대통령은 무초 주한 미 대사와의 대화에서도 미국이 얄타회담에서 한국을 배반했다고 비난했다.

1990년 이후 공개된 소련의 자료도 얄타회담에서 한반도 분할 문제가 거론되었음을 보여준다. "미국과 소련의 군 참모장들은 실무 회의에서 한반도를 양국이 분할·점령하기로 합의했다. 스탈린이 미국에게 소련도 일본을 점령할 수 있도록 해달라고 요구하자 투르먼이 이를 단호하게 거부했다."는 사실 등이 그것이다.

얄타밀약 2개월 후인 1945년 4월 12일 루스벨트가 타계한 후 그의 보좌관이었던 홉킨스의 소련 방문 시에 스탈린은 루스벨트와 구두로 약속한 한국 "신탁통치를 지키겠다."고 재확인했다. 2차 대전 후 한반도를 포함한 세계의 지도는 얄타에 모인 세 정상들이 그려놓은 경계선에 따라 결정되었다.

가장 결정적인 증거는 얄타회담 5개월 후에 열린 후속 포츠담회담에서 미·소 간에 소련군의 한반도 점령을 위한 군사 작전 계획을 논의한 것이다. 그 자리에서 미·소 양국의 참모총장들은 38선을 남북한 분할선으로 선정했다. 그 선을 경계로 한 양국의 점령 작전을 논의한 것이다.

미국 내에서도 얄타밀약의 부당성이 제기되면서 논란이 있었다. 미 국무부는 설명하지 않을 수 없었다. 1947년 3월, 미국 국무부는 마지못해 얄타 비밀협약 요지를 공개한다.[32] 나아가 1955년, 미국 국무부가 발간한 『얄타 비밀협정』에는 3국 정상 간의 대화 내용이 상세하게 실려있다.

루스벨트와 스탈린의 밀담에 배석했던 당시 소련 주재 미국 대사 해리만은 루스벨트 사망 후 1945년 5월 15일, 미국 내 관계 장관 회

---

32 미 국무부가 발표한 얄타밀약 요지는 "①외몽골의 현상 유지. 즉 몽골인민공화국을 계속 존속시킨다. ②1904년 러일전쟁으로 일본에 빼앗겼던 영토의 회복, 즉 남부 사할린과 그 인접 도서(島嶼)를 다시 찾고, 대련을 국제화해 이 지역에서의 소련의 우월한 이익을 보호한다. 여순항은 소련이 조차하고, 동청철도와 남만철도는 장차 설립될 소련·중국의 합작회사가 관리한다. ③쿠릴열도를 소련에 할양한다."는 것이었다. 한반도 관련 내용은 없었다. 구두 양해 사항이었기 때문이다.

의(해리먼 대사, 미 국무장관, 육군 및 해군 장관 비밀 회동)에서 한반도 신탁통치 문제와 관련해 루스벨트와 스탈린이 "구두로 합의한 부분이 있다."고 말했다.

소련과 합의한 루스벨트의 신탁통치 방안은 한반도와 인접한 중국 또는 소련의 독점적인 한반도 지배를 저지하는 데 우선적인 목적이 있었다. 미국은 처음부터 한반도의 분할·점령, 즉 남북 분단을 상정하고 있었던 것이다. 미국은 이를 공개적으로 추진할 수 없는 실정에서 밀약과 구두양해 등의 방법을 동원했다. 얄타회담에서 합의한 소련의 대일전 참전과 그 대가로서의 신탁통치(사실상의 분할 점령·통치)는 결국 한반도 허리를 자르는 작두가 되었다.

다. 미국의 후회, 얄타 수정 공작

미·소 간의 세력 경쟁 시작

카이로선언 1년여가 지난 1945년 2월 경, 미국과 영국은 당시 소련의 군사적 독주가 정치적 독주로 이어지는 것을 막는 것이 급선무였다. 베를린을 향한 경쟁에서도 소련에 한참 뒤처진 양국은 전후 처리 문제에서 불리한 입장이었다. 2차 대전에서 자국의 영토를 늘린 나라는 소련이 유일한 나라가 될 것으로 예상되었다.

이를 타개하기 위한 미국과 영국의 대책은 두 가지였다. 하나는 협상을 통해 전후 독일 문제를 미·영·소 3국이 공동으로 처리한다는 합의를 이끌어내는 것이었다. 이는 얄타회담에서 성공했다. 다른 하나는 미영 양국이 가공할 군사력을 과시(독일 드레스덴 대공습 등)함으로써 스탈린이 일방적으로 독주하지 못하도록 경고하는 것이었다. 유리한 고지를 차지하기 위한 미영과 소련의 치열한 암투·경쟁이 시작된 것이다.

미·영 양국의 시도는 소련의 전공과 희생에 비춰볼 때 어느 정도 성공적이었다. 그러나 소련은 헝가리를 비롯한 동유럽의 지배권을 장악한다. 극동에서는 러일전쟁으로 잃었던 쿠릴열도와 사할린을 되찾고, 만주와 한반도에서 이권도 되찾게 되었다.

1950. 2. 얄타회담에서 처칠·루스벨트·스탈린

이는 미국의 조바심과 오판 등의 실수로 인한 것이었다. 루스벨트의 좋지 않은 건강도 작용했다. 얄타협약은 미국이 일본의 대항력을 과

대평가해 소련의 참전을 서둘렀고, 루스벨트가 미·소 협력 체제를 구축할 수 있다고 착각한 결과였다. 특히 루스벨트는 스탈린의 냉혹한 세계 전략을 꿰뚫어보지 못했다. 중국의 현실도 바로 보지 못하고 마오쩌둥(중공)의 승리를 예측하지 못했다.

당시 미국과 영국 간의 치열한 패권 경쟁도 영향을 미쳤다. 미국은 2차 대전 및 전후 처리 문제 협의 과정에서 소련의 동구권 블록 형성을 은근히 도와주었다. 반면에 당시 패권국인 영국의 대영제국 해체에는 적극적이었다. 인도적 차원과 민족자결주의 등을 빌미로 영국의 식민지들이 독립할 수 있도록 지원한 것이다. 얄타회담에서는 쇠락한 영국을 제쳐두고 미·소 양국이 동아시아 문제를 결정했다.

결과적으로 얄타밀약은 루스벨트가 스탈린에게 너무 많은 것을 양보한 것이 되었다. 밀약의 내용을 알게 된 장제스와 이승만은 미국 정부에 강력 항의한다. 미국 내에서도 '얄타 콤플렉스'라는 말까지 생겼다. 유럽에서는 미·소 간에 전리품을 둘러싼 영토 분할 경쟁이 시작되었다. 미·소 간에 냉전의 싹이 트기 시작했다.

얄타 수정 공작의 구체화

얄타회담은 제2차 세계대전에서 연합국들이 소련을 실질적인 승리자로 인정한 것이었다. 루스벨트는 이런 얄타협정을 맺은 것을 후회하고 '얄타 수정 공작'을 지시한 후, 회담 2개월 후인 1945년 4월 12일 뇌출혈로 숨진다.

곧바로 대통령직을 승계한 트루먼 대통령은 소련을 믿지 않았다. 소련의 대일전 참전도 달가워하지 않았다. 특히 소련의 대일전 참전 시기가 계속 늦춰지고 있는 상황에서 소련이 열매만 따먹게 할 생각이 없었다. 트루먼은 보수적 성향의 번즈를 국무장관에 임명한 후, 소련의 참전을 저지할 수 있는 방안들을 강구한다.

얄타 수정 공작의 대략적인 내용은 ①소련의 만주와 한반도에 대한 단독 군사행위가 한반도를 독점하는 수단으로 이용되지 않도록 견제하고, ②근본적으로는 소련이 대일전에 참전(8. 9.)하기 전 전쟁을 끝내는 것이었다. 소련이 얄타밀약을 실행할 수 없는 여건을 만드는 것이었다. 소련의 만주와 한반도 지배권은 소련군이 일본의 관동군과 한반도 북부 준둔군을 패퇴시켰을 경우에 받는 대가였다.

라. 포츠담회담, 한반도 분할·점령 작전 논의

얄타 밀약을 무력화하는 미국의 얄타 수정 공작은 1945년 7월의 포츠담회담에서 시도된다. 독일이 항복한 후인 7월 17일, 미·영·소 3국 정상이 패전국 독일의 포츠담에 모였다.[33] 트루먼은 대통령이 된 이후 처음 국제회의에 참석한다. 회담 도중(7. 26.)에 발표한 '포츠담선언'은 독일 항복 후에도 전쟁 의지를 굽히지 않는 일본에게 무조건 항복을 촉구했다. 항복 조건도 제시했다.

일본에 대한 최후통첩을 담은 이 선언에서는 특별히 카이로선언

---

33 이 3인이 회담 이후 영국 처칠, 미국 투르먼, 소련 스탈린(스탈린은 8. 8. 참전과 동시에 서명)이 서명·발표한다.

을 재확인하고, 전후 일본의 영토를 규정한다. 한국의 독립을 약속한 "카이로선언의 요구 조건들이 이행될 것이다. 일본의 주권은 혼슈·홋카이도·규슈·시코쿠와 연합국이 결정하는 부속 도서로 제한된다."가 그것이다.

얄타회담 후 미·소 관계가 예전 같지 않은 상황에서 포츠담선언이 한국의 독립 조항이 들어간 카이로선언을 재확인한 것은 의미가 있었다. 한국의 독립을 보장하기로 한 카이로선언 재확인은 소련의 한반도 단독 지배를 저지하기 위한 것이었다.

포츠담에서의 미·영·소 정상

그럼에도 포츠담회담에서 소련의 대일전 참전에 관한 얄타합의가 재확인되면서 한반도의 분할·분단이 기정사실화된다. 당시 투르먼은 한반도 신탁통치 문제에 대한 루스벨트의 3단계(①점령과 군정, ②임시 행정·신탁통치, ③완전 독립) 정책을 그대로 유지했다. 한국의 지정학적 위치상 미·중·소 3국 중 어느 일방의 한반도 단일 지배는 '심각한 결과를 야기'할 것이기 때문에 국제 신탁통치가 필요하다는 입장도 변함없었다.

한반도 분할·분단의 직접적인 원인이 된 소련군의 대일전 참전 문제는 7월 24일과 26일에 열린 미·소 참모총장회의에서 구체적으로 논의되었다. 미국은 소련의 대일전 참전 날짜를 구체적으로 확인받고자 했다. 소련군 참모총장 안토노프는 날짜를 확인하지 않고, 일본 패망 후 "미군도 한반도 상륙 작전에 참가하느냐?"고 물었다.

미 합참의장 마샬은 "그러한 계획이 없다."고 잘라 말했다. 맥아더는 한반도 점령에 적어도 1개 군단이 필요해 미군의 일본 규슈 상륙작전 종료 이전에는 동참이 어렵다고 판단했다. 당시 투르먼 대통령은 전쟁을 가능한 한 빨리 끝내는 일이 무엇보다 중요했다. 소련의 참전과 후방 교란은 미군의 일본 본토 상륙 작전의 부담을 덜어주고, 일본의 항복을 촉진시킬 수 있는 것이었다.

미군과 소련의 군 수뇌부는 이 회담에서 전후 상호 군사적전 구역의 경계를 결정했다. 38선을 경계로 하는 미·소의 한반도 분할·점령을 재확인한 것이었다. 이는 1945년 8월 17일, 맥아더 사령관이 발령한 「일반명령 제1호(General Order No. 1)」의 가이드라인이 된다.

The principles that underlie General Order No. 1
were ironed out at the Potsdam Conference in July
1945

남북 분할 원칙 합의한 포츠담회담

작전상의 이유로 한반도 점령을 소련에게 일임한 미국은 한편으로 소련의 팽창 야욕을 경계하지 않을 수 없었다. 그래서 미국은 카이로 선언을 재확인하고, 동시에 회담에서 새로운 무기의 사용 가능성을 과시한다.

미국은 포츠담회담 하루 전인 7월 16일, 세계 최초로 원자폭탄 실험에 성공했다. 트루먼은 일본의 무조건 항복을 요구한 포츠담선언 (7.26) 하루 전, 스탈린에게 "미국이 전례 없이 파괴적인 무기를 갖고 있다."고 알려주었다.

미국 내부적으로는 포츠담선언 하루 전인 7월 25일에 향후 8월 3일 이후 적당한 때에 일본에 원자폭탄을 투하한다는 계획을 결정했다.

소련에 알려줌과 동시에 원폭투하 계획을 결정한 것이다. 미국의 원폭 투하 결정은 일본의 조기 항복을 유도하기 위한 것이었다. 그러나 주된 목적은 소련에 대한 경고와 소련의 위축을 겨냥한 것이었다.

소련의 대일전 참전이 예정된 8월 9일 이전에 원폭을 투하해 일본이 항복하면 소련의 참전이 필요 없게 되는 것이었다. 그렇게 되면 극동의 만주와 한반도 등에서 소련의 영향력을 배제할 수 있었다. 세력 경쟁에서도 미국이 소련보다 우위를 점할 수 있게 되는 것이었다.

마. 얄타 수정 공작 실패, 소련군 참전과 38선

미국은 계획대로 포츠담 회담이 끝난 지 4일째인 8월 6일, 한 발의 핵무기를 히로시마에 투하한다. 일본은 항복의 기미를 보이지 않았다. 일본은 소련과 협력한다. 이틀 후 8월 8일, 소련은 일본에 전쟁을 선포하고, 8월 9일부터 '8월의 폭풍 작전'으로 만주와 한반도로 진격했다.

소련군은 블라디보스토크, 하바롭스크, 시베리아와 몽골 등 3개 전선에 걸쳐 병력을 전개했다. 극동함대는 쿠릴열도와 사할린 상륙 작전을 맡았다. 총병력은 90개 사단 150만 명에 중전차 4천 대, 대포 2만 6천 문, 항공기도 5천 대에 달했다. 미국의 얄타 수정 공작이 실패한 것이다. 적절한 참전 시기를 재고 있던 소련이 비좁은 틈을 뚫고 참전했기 때문이다.

소련군이 참전한 날인 8월 9일, 미국은 두 번째 핵무기를 나가사키에 투하한다. 그 다음 날인 8월 10일 아침, 일본은 '무조건 항복'의사를 표명했다. 8월 9일, 한반도로 진격한 소련군은 일본군의 큰 저항 없이 북한 지역을 점령해나가고 있었다.

그때 한반도 주둔 일본군은 본국의 전쟁 사령부인 대본영에 일본군의 작전 배치 변경과 함께 "급거 소련군이 대거 남하 중."이라고 보고한다. 이를 포착·해독한 미군 합동참모부(JPS)는 소련군의 한반도 진입에 따른 문제를 논의하기 시작했다.

38선 획정은 링컨 장군이 주도

38선을 누가, 어떻게 획정했는가는 그동안 분단 연구에서 큰 관심사항이자 쟁점이었다. 이와 관련 미 합동참모부는 1개월 전인 1945년 7월 10일, 전쟁을 종합적으로 지도·관리하는 합동전쟁기획위원회(JWPC)로부터 소련의 참전과 일본의 조기 항복에 대비해 미군이 한반도 남부를 우선 점령하는 것이 바람직하다는 건의를 받고 있었다.

JWPC가 준비한 보고서(JWPC-264/5)는 "한반도 북쪽 지역은 소련의 영토 및 만주와 인접해있고, 미군의 정책이 미·소 연합군의 공동작전을 상정하고 있어, 미군의 점령은 한반도 남쪽에 한정되어야 한다."는 판단을 담고 있었다. 미·소 간의 얄타회담 합의를 반영한 것이었다.

당시 국무부와 달리 국방부는 한반도에서 미국의 점령지가 방대해지는 것을 반대했다. 맥아더는 시종 일본 상륙 작전 때문에 한반도에 신경 쓸 수 없다는 입장이었다. 그는 소련군 참전으로 미군의 희생을 줄일 수 있다면, 한반도를 희생시켜도 전혀 문제될 것 없다고 생각했다. 트루먼은 소련군의 참전을 막기 위해 얄타 수정 공작을 진행 중이었다. 미국 정부 내의 정책 라인 간에 손발이 잘 맞지 않은 상황이 전개된 것이다.

1945년 7월 25일경, 포츠담회담에서는 미·소 양국군의 한반도 점령 방안이 논의되었다. 이때 루스벨트 대통령을 수행한 마샬 합참의장은 7월 24일경 헐 작전국장(중장)과 링컨 전략정책단 단장(준장)에게 한반도 분할·점령 방안을 검토하라고 지시했다.

작전국 전략가들은 서울과 2개의 항구(인천·부산)를 포함하는 서울 바로 북쪽의 북위 38도선을 최선의 방안으로 판단했다. 이들은 소련군의 참전과 세력 확장 가능성도 신중하게 고려했다. 38선 분할·점령 계획은 미국의 치밀한 사전 준비로 구체화되고 있었다.

그로부터 보름 후인 8월 10일, 일본은 포츠담선언("일본은 무조건 항복하라.")을 받아들인다는 의사를 미국에 전달했다. 그 시점에서 미·소 등 연합국의 만주와 한반도 점령 작전 계획은 구체적으로 확인되지 않은 상태였다.

이때 JWPC는 링컨 단장을 중심으로 한반도 분할·점령 계획(안)을 최종 검토했다. 링컨은 사전 검토한 계획에 따라 어느 선에서 소련과 타협해야 할지 한반도 지도를 보면서 재확인했다. 링컨은 38도선을 소련군의 진출 하한선으로 설정했다.

링컨은 실무자들과 함께 38선을 최종 확정하는 회의에서 스파이크만의 림랜드론을 상기시켰다. 스파이크만은 미국이 패권을 잡으려면 "유라시아 대륙의 해안선을 장악하라."고 했다. 이 이론에 따르면 림랜드인 한반도의 남부는 미국이 반드시 장악해야 할 지역이었다.

링컨은 딘 러스크와 찰스 본스틸 대령에게 38도선보다 좋은 경계선이 있는지 30분 이내에 검토해 보고하라고 지시했다. 내셔날 그래픽이 발행한 지도를 본 그들은 상관인 링컨의 판단을 존중, 링컨은 38선 획정을 JWPC에 보고, 상부의 재가를 받는다.

당시 링컨 팀은 미 국무부로부터 "한반도에 미군이 주둔하는 방안을 강구하라."는 지시도 받고 있었다. 미국은 스파이크만이 제안한 패권 전략에 따라 도쿄와 서울, 베를린을 미군 주둔지로 지목했다. 미국의 주한 미군 주둔 구상은 1945년 8월경에 결정되었던 것이다. 한국은 미군이 주둔해야 할 지역이 된 것이다. 미국은 그때부터 전 세계를 제패하는 전략을 하나씩 구현해가고 있었다.

일본은 8월 15일 항복했다. 당시 일본이 강조했던 것은 미국에 대한 항복이 아닌 미·소 연합군에 대한 항복이었다. 연합국은 일본 천왕이 연합군 총사령관인 맥아더에게 복종한다는 것을 전제로 항복을 수락했다. 소련은 미국이 제안한 38선 분할·점령안을 8월 16일에 수용한다.[34] 소련은 이때뿐만 아니라 그 전이나 후에도 한반도 문제에

---

34 따라서 엄밀한 의미에서 1945년 8월 15일은 일본이 항복을 선언한 날이지 한민족이 해방되거나 한반도가 미군과 소련군에 의해 분할·점령된 날은 아니다. 38선이 획정된 날은 미군의 8월 14일 제안을 소련이 수용한 8월 16일이다. 그리고 미국과 소련이 한반도를 분할·점령한 날은 9월 8일 인천으로 상륙한 미군이 9월 9일 조선 주둔

대해 특별한 의견을 제시하고 고집한 적이 없었다.

38선은 1945년 8월 17일, 일본 대본영 및 연합국 최고사령부 지시 '일반명령 1호'로 공식화되었다. 이 명령은 "북위 38도선 이북의 한반도 주둔 일본군은 소련 극동군 최고사령관에게, 38도선 이남의 일본군은 미국 육군부대 총사령관에게 항복할 것"을 명시했다.

서로 다른 38선 획정설의 의미

여기서 38선 획정과 관련한 진실이 과연 무엇인가? 그동안의 의문을 해소할 필요가 있다. 지금까지 알려진 38선 획정설은 대략 3개가 있다. 모두 38선을 획정한 일을 함께했거나, 옆에서 지켜본 미군들이 증언한 것이다.

먼저, 우리에게 가장 잘 알려져 일반화된 사실은 당시 미 국무부 직원이었던 러스크 대령이 그의 회고록 『내가 본대로』(1990)에서 증언한 것이다. 그는 "1945년 8월 10일, 소련군이 한반도에 상륙해 급속히 남하하기 시작하자, 한반도 분할선을 정하도록 지시를 받은 상황에서, 본스틸 대령과 함께 내셔날지오그래픽 지도를 보고, 30분 만에 한반도 반을 가르는 선으로 보이는 38도선을 선택해 제안했다."고 주장했다. 우리에게 가장 많이 알려진 이야기이다.

다른 하나는, 에드워드 로우니 장군이 자신의 회고록인 『운명의 1도』(2014)라는 책에서 관련 회의를 직접 목격했다는 증언이다. 그는

일본군으로부터 항복을 받은 날이다.

마샬 장군의 지시에 따라 링컨이 주재한 한반도의 미·소 분할·점령 작전과 관련된 전략 회의에 참석했다. 그 회의에서 딘 러스크 대령 등 참모진들 대부분은 방어가 용이하고, 횡축이 짧은 39도선을 분계선 으로 주장했다. 그러나 직속상관인 링컨 장군은 "아니야!"라고 반대 하며 지정학자인 스파이크만의 저서『평화의 지리학』을 들먹였다. 그 는 "세계 최고의 문학과 발명품 중 90%가 38도 선 북쪽에서 창조되 고, 세계의 지도자 대부분도 38도 선 북쪽에서 태어났다."며 38도 선 을 강조, 그 선으로 결정되었다는 것이다. 사실 링컨의 이 주장은 타 당하지도 않고 논리적이지도 않은 것이었다. 이미 결정된 선이었거나 마샬 장군과의 사전 교감에 따른 우김으로 볼 수 있다.

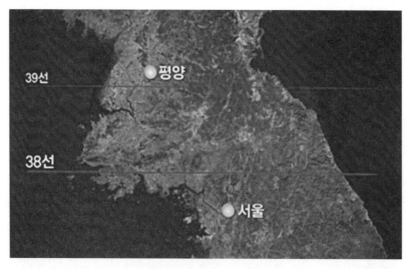

38도 선과 39도 선의 위치 보기

또 다른 것은, 그동안 미 의회 청문회 등에서 마샬 장군을 비롯해 미 국무부와 국방부 고위인사들이 미군이 굳이 38선을 획정한 이유에 대한 질문에 대한 답변이다. 미국 정부는 "당시 대일전에 참전한 소련군이 급거 남하하는 급박한 상황에서, 남북한 지역을 구분해놓은 일본군의 '작전 배치 상태'를 보고, 일본군의 무장 해제를 위한 군사적인 편의를 위해 불가피하게 38선을 획정했다."고 설명해 왔다.

38선 결정이 한 자리에서 이뤄졌을 텐데 위와 같이 여러 개의 엇갈린 증언들이 나오는 것은 이와 관련 공개할 수 없는 비밀이 있었기 때문일 것이다.

필자의 추론이다. 미국은 1943년부터 지금까지 주변국의 이해관계가 복잡한 전략 요충인 한반도는 어느 일국이 단독으로 지배해서는 안 된다고 보았다. 1943년 카이로선언에서 루스벨트는 공동 점령과 공동 관리 방식을 고려한 자신의 신탁통치 구상을 제안했다. 이후 1945년 2월의 미·소 얄타밀약에서는 신탁통치와 한반도 분할에 합의하고, 7월의 포츠담회담 군사 실무 회의에서는 소련과 38선 분할·점령을 위한 군사 작전을 논의했다.

포츠담회담에서 소련군은 한반도 북부 지역에서 상륙 작전을 하는데 반해, 미군은 남부 지역에서 그럴 계획이 없는 것으로 양해가 되었다. 일본이 항복 의사를 밝힌 8월 10일, 미국이 38선을 획정해 이를 8월 14일 소련에 통보하자, 소련은 8월 16일에 그대로 수용한다.

미국은 1945년 8월 15일 일본의 항복 이후에도 한반도 점령을 전혀 서두르지 않았다. 한반도 남부 지역을 일본의 조선총독부와 일본군에게 맡겨둔 채 9월 8일에야 일본군의 협조를 받으며 인천항에 상륙했다. 소련과 이미 합의한 사항이었고, 패망국인 일본과도 협의가 잘 되어 걱정할 일이 전혀 없었기 때문이다.

1945년에 설치된 38선 경계표지, 당시에는 자유 왕래

주목할 일은 미국이 제안하고 소련이 수용한 38선과 이를 담아 연합군과 일본 대본영이 합동으로 발령한 '일반명령 1호' 부속 지도상의 38선이다. 당시 미국과 소련은 한반도를 가른 것이 아니라 일본 땅 전체를 반으로 가른 것이었다. 아래 지도상의 우측 길쭉한 선 안은 미군 점령지이고, 좌측 선 안은 소련군 점령지였다.

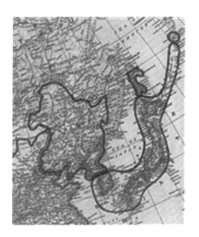

일반명령 제1호 부속 지도 상의 한반도

이 사실을 감추기 위해 당시 위 '일반명령 제1호' 극동 지역 관계 부문 초안 작성 임무를 맡은 딘 러스크 정책과장은 급박한 상황에서 미국이 불가피하게 38선을 그을 수밖에 없었음을 강조한 것이 아니었을까?[35] 미국이라는 국가의 책임을 실무자의 단순한 행위로 희석하기 위한 것일 수 있다. 또 링컨의 부하 직원으로서 상관들의 책임을 덜기 위해 자신이 총대를 멘 것으로도 볼 수 있다.

미·소 간의 얄타밀약에서 한반도와 관련 어떤 논의와 합의가 있었는지에 대해서는 아직도 정확하게 확인되지 않고 있다. 38선도 어떻게 그어졌는지에 대한 정확한 실록이 나오지 않고 있다. 얄타밀약 직후 처칠의 발언과 같이 미국의 제안으로 이루어진 한반도의 38선 분할은 아직도 비밀로 감춰야 할 일인가. 사실, 미국이 멀쩡한 한반도와 한민족을 반으로 가른 자국의 과오와 책임을 스스로 고백할 수는 없었을 것이다.

---

35 당시 딘 러스크는 이후 승승장구, 미 국무부 차관을 거쳐 1961년부터 1969년까지 8년간 존 F. 케네디와 존슨 대통령 아래에서 국무장관을 지냈다.

바. 끝까지 남북 분단을 추구한 일본

남북 분단은 처음부터 미국이 주도했다. 하지만 한 때 얄타밀약의 무력화를 위한 미국의 얄타 수정 공작을 무력화시킨 나라는 바로 일본이었다. 패망 직전, 일본이 한반도의 분단을 위해 치밀한 공작을 전개한 것이 드러난 것이다. 이제 일본도 한반도 분단의 책임에서 벗어날 수 없게 되었다.

만약 일본이 히로시마에 원자폭탄이 떨어진 8월 6일 항복했다면 소련군의 대일전 참전 기회가 없어져 38선도 없었을 것이다. 일본은 8월 9일 두 번째 원폭을 맞고 난 후인 8월 10일에야 항복 의사를 내비쳤다. 8월 15일 일본이 항복을 공식 선언한 날, 소련군은 38선 인근까지 남하했다. 일본이 치밀하게 계산하면서 움직인 것이다.

일본이 추진한 화평 공작

패전이 다가오면서 일본이 가만있을 리 없었다. 임진왜란과 청일전쟁·러일전쟁 과정에서 툭하면 한반도 분할 방안을 제시했던 일본이었다. 일본은 자국의 패전이 예상된 1943년 초부터 '화평 공작(和平工作)'을 통해 유리한 조건의 종전 전략을 모색한다.

태평양전쟁은 1945년 6월 말, 오키나와 혈전에서 미국이 승리하면서 승패가 완전히 갈라지게 되었다. 그 이전까지 일본은 미국 중앙정보국(CIA)의 전신의 전략사무국(OSS) 핵심 요원들과 접촉, 자국의 항복 조건을 흥정했다. 흥정의 대상에는 한반도 운명도 포함되었다.

일본은 국체인 천왕제의 보존과 황토(皇土)라고 생각한 한반도와 타이완의 영구 지배를 요구했다. 일본의 협상 방침에는 "일본이 해외 모든 영토를 포기하되, 식량과 자원 보급원인 조선과 대만을 보유할 경우 소련의 참전 이전에 항복한다."는 것도 들어있었다.

일본의 희망은 연합국이 1945년 7월의 포츠담선언을 통해 '무조건 항복'을 요구하면서 좌절되었다. 동 선언은 일본의 주권 범위인 영토를 구체적으로 규정해 한국과 타이완의 일본 영유를 거부했다. 상황이 자신들의 의도대로 돌아가지 않자 일본은 패망 직전까지 한반도의 영유가 아닌 분할·분단을 위해 기민하게 움직인다.

일본군 작전 배치 전환과 항복 지연

일본군은 먼저 한반도 주둔 일본군의 '작전 배치'를 남북으로 갈라 변경했다. 8월 9일, 소련군이 만주와 한반도로 진격해오자 일본 대본영의 육군중앙부는 미리 준비하고 있던 대소·대미 항전에 대한 방책을 아래와 같이 17방면군에 하달한다.[36]

"… (조선 주둔)17방면군은 8월 10일 06시를 기해 관동군의 전투서열로 들어갈 것… 이 작전을 위해 관동군은 주 작전을 대소련 작전으로 전환해 조선을 본토를 보위함과 같이 작전할 것… 남조선 지역에서는 최소한의 병력으로 미군의 내공에 대비할 것… 소련군이 조선으로 쏟아져 들어오고 있으며, 만약 미국이 공격하면 그들에게 일본 군대 전부

---

36 당시 한반도에 주둔하고 있던 일본군은 제17방면군과 조선군관구군, 관동군 예하의 제3군 등으로 구성되어있었다.

를 항복시킬 것이다…"

이 전문의 의도는 소련에 대한 적대 정책과 미국에 대한 유화 정책을 담고 있다. 소련군이 한반도 북부지역을 점령하고 있는 상황에서 미군이 한반도 남쪽을 빨리 점령하면 적극 협조하겠다는 것이었다. 한반도의 미소 분할·지배를 도모한 것이다. 이에 미군은 남한 지역의 점령이 일본군의 협조로 전투가 없이 가능하다고 판단했다.

한반도 분단은 일본에게 이익이었다. 일본은 미·소 양국과 적극 협력하면서 한반도 분단이 용이하게 적극 도왔다. 일본은 8월 10일 항복 의사를 밝히고도 소련군이 38선 인근까지 남하한 후인 8월 15일에야 항복을 공식 선언했다. 일본군은 소련의 참전과 만주·한반도 북부 지역 점령이 용이하게 작전했다. 저항하기보다 협력적인 자세로 임한 것이다. 소련군의 진군을 막거나 지연시킬 힘이 없어서가 아니었다. 소련군이 가능하면 빨리 한반도를 점령하도록 협조한 것이었다.

일본의 이런 조치들은 전후 자국의 생존과 발전 전략의 일환이었다. 일본은 한반도에서 미국과 소련이 대립하는 냉전 구도 속에서 얻게 될 어부지리(漁父之利)가 자국의 미래를 위해 유리하다고 보았다.

실제로 일본은 전후 동아시아 미·소 냉전 체제에서 미국의 가장 중요한 동맹국이자 미군 기지 국가가 된다. 일본은 미군의 최고사령관 맥아더의 적극적인 지원 하에 자국의 전범 처벌을 최소화할 수 있었다. 무엇보다 천왕제를 유지하며 자신들이 희망하는 국가 체제를 강화할 수 있었다.

그동안 국제사회에서는 패전국 일본은 한반도 분단 책임에서 면제되어왔다. 그러나 일본은 1945년 초부터 '38선 분할안'을 검토하며 한반도 분단에 의도적이고, 구체적으로 개입한 사실이 밝혀졌다.[37] 전후 한반도는 미국·소련뿐만 아니라 일본에게도 농락당했다.

---

37 이는 미국에서 활동하는 역사학자인 고시로 유키코(小代有希子) 교수가 그의 논문 "유라시아의 쇠퇴: 일본의 제2차 세계대전 종전 전략(Eurasian Eclipse: Japan's End Game in World WarII)"(미국 역사학보, 제109호 2회)에 발표한 것으로, 국내에서는 시사저널, 2005년 4월 25일 박성준 기자가 "38선은 일본이 그었다."라는 주제로 보도했다.

1945년 8·15는 미완의 해방

"흙 다시 만져보자 바닷물도 춤을 춘다…."

우리는 매년 8·15를 광복절로 기념해왔다. 1945년 8월 15일에 민족의 해방과 광복이 이루어진 것으로 이해한 것이다. 어떻게 이런 희한한 일이 벌어진 것일까. 역사적 사실이 아닌 희망사항을 기념해온 것인데.

한민족은 일본의 패망과 함께 일제의 압제로부터 자유로울 수 없었다. 나라의 주권을 회복한 광복은 더더욱 아니었다. 해방은 사실상 8월 16일 단 하루, 그것도 조선총독부와 한국인들의 착각이었을 뿐이다.

사실, 2차 대전 후 한국의 해방이나 광복은 당시 국제 정치와 외교에서는 가능한 일이 아니었다. 진실이 될 수도 없었다. 전후 처리를 위한 각종 국제 회의는 한국의 독립 시기를 확실하게 정한 적이 없었다. 일본이 항복한 8월 15일부터 미군의 점령·통치, 즉 미군정이 시작된 9월 9일까지 남한 지역은 미국의 비호 하에 일제의 식민 통치가 지속되었다.

가. 해방의 감격은 일순간

미국과 소련은 이미 6개월 전의 얄타회담에서 한반도를 분할·점령, 군정 통치를 하기로 합의했다. 그렇게 합의한 이상 미국은 남한 지역 점령을 서두를 필요가 없었다. 그럴 수 있는 군사 배치 상황도 아니었다. 그래서 일본이 항복 의사를 밝힌 8월 10일 이전에 검토한 바 있는 38선을 획정해 소련에게 통보했다. 소련의 태도는 사실 이미 합의한 사항을 확인한 것이었다.

8·15 이후 미국이 취할 수 있는 방법은 일제의 식민 통치를 당분간 그대로 연장하는 것이었다. 남한 지역은 항복한 패전국 일본군이 무장을 해제하지 않은 채 식민 통치를 계속했다.

이는 40년 전인 1905년, 미국이 일본에게 조선의 지배를 인정할 때와 같이 한국에 대한 미국의 무지와 무시, 무관심이 반영된 것이었다. 당시 미국의 한국관은 한국에 대한 루스벨트 대통령의 인식 그대로였다. 한국인들은 미개하고, 교육받지 못했으며, 정치적으로 자치할 능력이 전혀 없다고 본 것이다.

미국은 한반도를 일정 기간 동안 연합국이 신탁통치를 한 후 독립시킨다는 구상이었다. 바로 해방시킬 경우 정치·사회적 대혼란으로 인해 소련이 재배하는 한반도가 불가피할 것으로 우려했다.

1945년 6월 작성된 미 국무부 정책보고서와 그해 트루먼 대통령의 특사인 파울리가 한반도를 시찰한 뒤 제출한 특별보고서는 루스벨트의 신탁통치 구상에 힘을 실어주었다. 두 보고서의 요지이다.

"조선의 경제적·정치적 상황은 조선이 전후 공산주의 이념을 수용하는 데 좋은 조건이 될 것이다. 소련의 지원을 받은 사회주의 정권이 대중의 지지를 쉽게 확보할 수 있을 것이다."

이는 2차 대전을 계기로 패권 국가로 우뚝 서기 위한 미국의 세계 전략에 차질을 빚을 수 있는 일이었다. 당시 미국은 일본을 극동의 가라앉지 않는 불침항모로 부흥시키는 데 있어 한국을 반공 초소, 일본 지원 기지로 만들 예정이었다. 미군이 패전국 일본군과 협력하며 한반도 남쪽 지역에 해방군이 아닌 '점령군'으로 들어와 억압적인 방식으로 통치했던 이유이다.

미국의 이 같은 대한반도 인식과 전략은 조선총독부와 조선 주둔 일본군에게 그야말로 천우신조(天佑神助)였다. 돌아가는 상황을 한국인들보다 더 잘 알 수 있었던 조선총독부와 일본군은 패망에 따른 변동 상황에 대비한다. 미군이 2발의 원폭을 투하한 후인 8월 10일, 일본이 항복 의사를 밝히자 총독부와 일본군은 조선인들에 대한 무마 정책과 함께 미군에 대한 접근을 모색하기 시작했다.

8월 14일 밤, 다음 날 일본이 항복한다는 사실을 인지한 조선총독부는 심야 대책회의를 거쳐 조선인 정치범들이 석방되었다. 8월 15일 오전 6시, 총독부의 엔도 정무총감은 국내에서 거의 유일하게 해방 후를 준비해온 여운형을 만나 조선인에 의한 치안 유지를 당부했다. 가장 유력한 인사에게 통치 권한을 이양하고 안전을 보장받아 귀환하려 한 것이다.

그때 엔도는 여운형에게 서울이 소련군에게 점령당한다는 사실을 알려주었다. 당시에 그는 포츠담회담의 결과, 즉 미군이 소련군에게 한반도 점령을 일임한 사실만을 알고 있었기 때문이었을 것이다.

나. 패망국 일본이 통치한 24일

　1945년 8월 15일 정오, 일왕의 항복 방송을 제대로 들은 한국인은 많지 않았다. 경복궁의 조선통독부에는 일장기가 그대로 걸려있었다. 패망한 일본군도 철수 움직임을 보이지 않았다. 그날 서울(경성) 시내는 조용했다. 일본의 항복 소식을 제대로 들은 한국인이 많지 않은 탓이었다.

　16일에 서대문 형무소의 정치범들이 석방되었다. 당일 서울에서는 500여 명이 모여 '조선 독립 만세'를 외치면서 해방에 감격했다. 8월 17일, 경성역(서울역)에는 400~500여 명이 '소련군 입성 환영'이라는 현수막을 들고 있었다. 전국의 주요 도시에서도 대체로 비슷한 양상이었다.

8월 16일 서대문 형무소 정치범 석방

해방 직후, 남한 지역은 여운형이 주도한 건국준비위원회(건준)를 비롯해 송진우를 중심으로 한 보수 우익 계열 인사들과 사회주의 진영의 공산당 등이 해방 조국의 행정권 이양을 기대하고 있었다. 이전부터 해방 정국을 예상하고 준비한 건국준비위원회는 재빨리 건국치안대를 조직, 전국 162개 지부를 두고 치안 활동을 벌이기도 했다.

전국 각지에서는 '독립준비위원회' 혹은 '치안 유지회' 등이 난립해 일부 경찰관청을 접수하기도 했다. 그러나 이런 활동들은 곧 자체의 갈등과 내분으로 정상적 운영이 어려웠다. 치밀하게 준비하지 못한 상황에서 미군이 들어오기 전에 보다 완전한 정부를 만들겠다는 생각이 앞섰다. 곳곳에서 일본군과 마찰을 빚으며 영향력을 발휘할 수 없었다. 지속하지도 못했다.

한편, 미군은 8월 16일, 소련이 미국의 한반도 38선 분할·점령(안)을 수용하자 미국은 8월 18일, 현지 주둔 일본군과 일본 통치 기구는 '공인되지 않는' 현지 세력에게 항복하지 말고, 각자 맡은 임지에서 법과 질서를 준수하도록 명령했다.

이때부터 일본군은 일본의 항복이 곧 조선의 독립을 가져올 것으로 생각하는 것은 연합군의 방침에 어긋나는 경거망동으로 간주했다. 일본군 명의의 8월 20일자 담화는 "(조)선인들은 유언비어에 미혹됨 없이 침착하게 황국신민의 진자(眞姿: 진지한 자세)를 현양하라."면서, 한국인들의 자중을 촉구했다. 한국인들은 여전히 일제 '황국의 신민'이었다.

다. 한국인을 적대시한 '점령군'

그때까지만 해도 한반도를 미국과 소련이 분할·점령한다는 사실을 아는 한반도 내의 일본인이나 한국인은 거의 없었다. 조선총독부는 8월 22일 경, 한국인들은 8월 25일 경에야 제대로 알았다.

이에 따라 총독부는 '건준' 등 한인 단체들이 총독부의 치안 유지에 협조하는 범위를 넘어서는 행동을 중지하라며 실력 행사에 들어간다. 이를 계기로 한국인들의 해방감은 크게 위축되었다. 독립·광복에 대한 기대감도 현저하게 약화되었다.

8월 23일, 조선총독부는 "치안 유지는 제국의 경찰이 담당한다."고 공표했다. 이후 일본군은 16,000명으로 증원된 헌병을 통해 한인들의 독립을 위한 정치 활동을 철저히 통제하기 시작했다. 일본군은 특히 자신들의 안위를 해칠 수 있는 한인 정치 세력의 활동을 좌시하지 않았다. 미군과의 적극적인 협력이 필요했다. 미군도 해방 직후의 폭발성 있는 한국 상황을 일본군이 관리해준다면 누이 좋고, 매부 좋은 일이었다. 미군과 일본군은 상호 적극 협력한다.

8월 30일, 조선군 사령관 코오츠키는 오키나와에 있던 미군 24군단 하지 단장과의 교신에서 조선의 상황을 부정적으로 전했다.

"(자신들은) 미군과 모든 것이 평화적으로 진행되도록 최선을 다하고 있다. 그런데 조선의 상황은 군수품의 상당 부분이 도둑맞았다. 경찰서 습격 등으로 거의 모든 조선인 경찰관이 도망해 무법질서의 상황에서 폭동이 일어나고 있다."

이 같은 일본군의 상황 보고와 희망 사항은 즉각 미군의 삐라 전단에 반영되어 뿌려졌다. 당일 하지는 '일본군은 미군이 그 책임을 인계할 때까지 북위 38도 이남에서의 조선 치안을 유지할 것'과 기존 행정 기관의 존속, '치안 유지와 재산 보호를 위해 필요한 최소한의 무장한 일본군의 존속'을 허가했다. 9월 1일에는 삐라를 통해 미군의 상륙이 가까워졌다는 사실을 알렸다. 동시에 모든 것은 "조선 국민의 행동 여하에 달려있다."며, 미군에 대한 '철저한 복종'을 강조했다.

패전국 일본군은 9월 8일 미군이 진주할 때까지 무장한 채 남한 지역의 치안을 담당했다. 한국의 언론과 여론을 통제하고, 한국인들의 독립 시위를 탄압했다. 하지는 벌써부터 '가장 신뢰할 수 있는 정보원은 일본인'으로 믿었다.

일본군은 하지의 한국에 대한 인식과 정책을 결정하는 데 결정적인 역할을 한다. 미군으로 하여금 한국인에게는 불신하고 적대하는 정책을, 일본군에게는 현상 유지 및 우호 협력 정책을 취하도록 유도한 것이다. 미군과 한국인들과의 교신이나 소통은 없었다. 벌써 일본인은 우방국 국민이 되었고, 한국인들은 미군이 점령할 땅의 주민이었다.

1945. 9. 2. 미주리호 선상 항복 문서 조인식

　9월 2일, 일본은 도쿄 만에 정박 중인 미 전함 미주리호에서 항복 문서에 공식 조인했다. 이날 맥아더는 야전군인인 하지 중장을 남한 군정책임자로 임명한다. 곧이어 '조선인에 대한 포고문'을 통해서는 미군의 남한 지역 '점령'과 '군정 실시'를 분명히 했다. 남한 점령의 목적은 남한 지역 영토와 인민에 대한 군사적 통제라는 것이었다. 9월 7일, 인천 상륙을 하루 앞둔 미군은 전단을 통해 한국인들에게 "사회 안정과 질서를 파괴하는 자 등은 사형을 포함한 엄벌에 처한다."고 경고했다.

라. 8·15는 친일 부역자들만의 해방일

9월 8일, 미군은 일본군의 호위를 받으며 인천항으로 상륙한다. 당시 미군을 환영하기 위해 인천항에 운집한 시민들은 일본군의 총격에 의해 2명의 사망자가 발생하는 등 강제 해산되었다. 인천 시민들이 점령군을 해방군으로 오인한 데서 발생한 사고였다.

미군도 한반도 이남을 점령하러 온 자신들을 환영하는 시민들을 이해하지 못했을 것이다. 일본군에 의한 한국인 총격 사망은 한국인들이 미군 '환영 금지'와 '외출 금지' 포고령을 어겼기 때문이었다. 귀책사유는 사망자에 있었다. 책임질 일이 아니었다.

1945년 9월 9일 서울로 입성한 미군들

9월 9일 오후 4시, 미군은 조선총독부 대회의실에서 아베 총독으로부터 항복 문서를 받았다. 직후 미군과 일본인들이 참여한 가운데

총독부 건물에 일장기가 내려지고 성조기가 올랐다. 그 자리에 한국인과 태극기는 없었다. 이후 미군정은 아래와 같은 내용의 '조선 인민에게 고함'이라는 「맥아더 사령관 포고」를 발표한다.

태평양 방면 미군 육군부대 총사령부 포고 제1호 – 조선 인민에게 고함

태평양 방면 미국 육군부대 총사령관으로서 나는 다음과 같이 포고함.

··· 일본국 정부와 일본 대본영이 조인한 항복 문서에 의해 나의 지휘하에 있는 군대는 금일 북위 38도 이남의 조선 영토를 점령한다. 나에게 부여된 권한에 의해 나는 북위 38도 이남의 조선과 주민에 대해 군사적 관리를 하고자 다음과 같은 점령 조건을 발표한다.

제1조: 북위 38도 이남의 조선 영토와 인민에 대한 통치의 전 권한은 당분간 나에게 있다.

제2조: 정부의 전 공공·명예 직원과 사용인, 공공복지·위생을 포함한 전 공공사업 기관의 유·무급 직원 및 사용인과 중요 사업에 종사하는 모든 사람은 새로운 명령이 있을 때까지 그의 기능과 의무를 실행하고, 모든 기록과 재산을 보존·보호해야 한다.

제3조: 모든 사람은 나의 모든 명령에 복종해야 한다. 점령 부대에 대한 모든 반항 행위 혹은 공공 안녕을 문란케 하는 행위는 엄중 처벌이 있을 것이다.

제4조: 제군의 재산 소유권은 존중한다. 제군은 내가 명령할 때까지 제군의 정당한 업무에 종사하라.

제5조: 군정 기간 동안에는 영어가 공식 언어이다. 영어와 조선어·일본어 원문 간에 해석 혹은 정의에 관해 애매하거나 다를 경우 영어 원문이 적용된다.

제6조: 생략

1945년 9월 9일
태평양방면 미국 육군부대 총사령관
더글러스 맥아더

이 포고문과 함께 조선총독부의 식민 통치는 미군의 군정 통치로 대체되었다. 38선 이북 북한 지역에서는 8월 9일부터 소련군의 점령이 시작돼 8월 24일부터 소련군(사령관 치스차코프)의 군정 통치가 시작된다. 이로써 한반도는 남과 북으로 땅이 갈라졌다. 남북한에 정부가 들어서지 않은 외세의 군정통치 하에서 나라의 영토가 분단된 것은 아니었다.

일본인들과 일본군(1945년 9월 현재, 재조선 일본인 77만여 명 중 군인은 27만여 명)은 미군의 보호를 받으며 안전하고 순조롭게 무사 귀환했다. 그때 일제에 끌려갔던 100만 명이 넘은 한국인 강제 동원 피해자(노무자, 군인, 위안부 등)들은 전선 곳곳에 방치되어있었다. 그들은 일본인들이 본국으로 귀환을 완료한 이후 어렵게 거의 빈손으로 귀환할 수밖에 없었다.

마. 일제 식민 통치가 미군 군정 통치로

힘없는 한국인들은 일제의 항복 후에도 미국과 일본에게 철저히 농락당했다. 조선총독부의 일장기가 내려지고 성조기가 올라간 후 미군에게 가장 신뢰할 수 있는 한국인은 친일파였다. 미국은 식민 통치 구조를 재건해 미군정을 실시했다. 이승만은 비롯한 친일·친미파들은 미국의 지원하에 소련과 북한에 맞서는 '우익'의 이름으로 등장해 단정(단독정부: 분단)을 추진한다.

Photo # 80-G-391464 Japanese flag comes down, Korea, 1945   Photo # 80-G-391465 U.S. flag goes up, Seoul, Korea, 1945

9월 9일 오후 4시 35분, 조선총독부 앞마당 일장기→성조기 교체식

한국은 일제 식민 지배를 벗어나 해방과 광복의 기쁨을 누리지 못한 채, 미국의 지배를 받는 신세로 전락했다. 한반도 내 주요한 정치 세력은 미군정하에서 그 역할을 제대로 할 수 없었다. 미국은 대소 견제와 패권 강화라는 국익 차원에서 일본은 극동의 보루로 키우고, 한국을 이에 종속시킬 필요가 있었다.

이 같은 미군의 한국 점령 정책은 일제의 조선총독부에서 근무한 친일 부역자들에게 해방을 가져다주었다. 해방은 일반 국민들이 아닌 그들에게만 해당되는 것이었다. 미군정 과정에서 권력을 잡게 된 그들은 미군의 점령 통치를 한국이 해방되고 광복이 된 것으로 왜곡했다. 미국과 자신들의 이익을 위한 정책들도 대한민국을 위한 정책으로 착각하게 만들었다.

일제 36년 동안의 내선일체(內鮮一體) 기도는 우리 고유의 민족정신과 국민정신을 잃게 했다. 8·15는 일제의 압제로부터 자유를 되찾은 해방의 날이 아니었다. 나라의 주권 회복을 의미하는 광복은 꿈에 불과했다. 지난 70여 년 동안의 8·15 광복절은 역사적 사실이 아닌 미래의 꿈과 희망을 기념한 것이었다.

1948년 8·15 남북 분단

가. 미·소의 군정 실시

일본 패망 직후 한반도 상황

　　　　미국과 소련에게 한반도 분할·점령은 신탁통치를 위한 '적절한 과정'으로 인식되었다. 얄타회담과 포츠담회담의 합의는 한반도를 연합국의 분할·점령 및 신탁통치 아래 두었다가 그 과정이 성공적으로 마무리 지어졌을 때 완전히 독립시킨다는 것이었다.

　여기에는 미국과 소련이 중요한 역할을 수행하리라는 전제가 깔려 있었다. 소련이 미국에 협력적이었던 이유는 한반도의 운명을 미·소 두 나라가 결정할 것이라는 양해가 있었기 때문이었다.

　그런데 '적절한 과정'을 거쳐야 하는 한국의 독립 국가 건설은 만만치 않은 현실과 마주하게 된다. 우선, 미국과 소련은 공동의 주적이 사라진 가운데 상호 협력하기보다는 자신들의 체제·이념을 강화해나갔다. 서로 다른 전략적 이해관계가 대립하면서 냉전의 기운이 분명해졌다. 불신이 고조되었다.

전후 한국의 정치 지형은 매우 '혁명적인 상황'이었다. 일제 치하의 착취와 억압 속에서 한국인들의 혁명 의식은 크게 고양되어 있었다. 미국은 이런 상황에서 신탁통치로는 사회주의 혁명을 저지할 수 없을 것으로 판단한다. 보다 강력한 군정을 실시하기로 한 것이다. 미국의 일차적인 목표는 한반도 전체에 대한 신탁통치 대신 남한에서만이라도 우선 친미·반공 정부를 수립하는 것이 되었다.

남한 지역의 미군정

1945년 9월 9일, 미군정이 시작된다. 전날 인천항으로 들어 온 미군은 7만 2천 명이었다. 당일 맥아더는 포고문을 통해 조선총독부의 기존 조직과 행정을 유지할 것을 재확인한다. 9월 11일, 하지의 시정 방침과 아놀드 소장의 군정장관 취임 포고문을 통해서는 충칭(重慶)의 임시정부와 인민공화국, 치안대 등 한국인 정치 단체의 존재를 부정했다. 미군정만이 유일한 정부임을 확인한 것이다. 9월 19일 미군은 '재조선(在朝鮮) 미육군사령부 군정청'이라는 기구를 발족해 군정 통치를 시작한다.

미군이 한국 임시정부를 인정하지 않은 것은 한국인들과 재외 독립 운동가들에게는 뼈아픈 일이었다. 미군은 중국의 지원을 받고, 중국과 공동으로 항일 투쟁을 한 임시정부의 중국과의 연계 가능성을 우려했다. 그때부터 한반도에 대한 중국의 영향력을 경계한 것이다.

사실, 한반도는 지리적·역사적·문화적으로 가까운 중국에 경사될 가능성이 크다. 일제에 이어 제국주의 국가인 미국에 대한 한국 내 민족주의자들의 저항 가능성도 작용했다. 이에 따라 미군은 김구 등 해외 한국 민족주의자들과 독립운동 단체들이 각서를 쓰고, 11월 23일 개별적으로 입국하게 했다.

이승만은 예외였다. 반소·반공주의자인 이승만은 미 국무부의 반대에도 불구하고 맥아더의 요청에 따라 1945년 10월 16일, 동경에서 맥아더 사령관과 하지를 면담한 후 맥아더가 내준 전용기를 타고 김포공항으로 귀국한다.

영어를 잘 구사하고, 교육 수준이 높으며, 자유주의 이념을 가진 친미적 인물인 이승만은 벌써부터 미국의 맥아더가 선택한 인물(America's man)이었다. 당시 맥아더는 미국 대통령도 무시할 수 없는 인물이었다. 10월 16일, 이승만은 하지가 주선한 이승만 서울 시민 환영대회에서 5만 한국인들 앞에 등장했다. 이승만은 "뭉치면 살고, 흩어지면 죽는다."고 역설한다.

미군정은 1943년부터 구상해온 한반도 정책을 구현하기 위해 이승만과 미군이 지원해 창당한 한국민주당 등 친미·친일 조선인들과 협력한다. 미군정은 맥아더의 지시에 따라 "조선총독 및 그의 일본인 참모진을 한국의 행정에 활용한다."는 기본 계획을 충실히 실행해나갔다. 사전 연구와 준비가 거의 없었던 미군정은 우선 군과 검찰·경찰 등 치안 조직부터 친일파들이 주도하도록 했다.

미군정이 친일파들을 중심으로 한 남한 통치를 구상한 이유는 한반도 내에서 공산 세력에 대항할 수 있던 유일한 세력이 친일파들이라고 판단했기 때문이다. 미군은 당시 많은 한국인들이 공산주의를 신봉하고 있다고 보았다. 만주와 소련 지역에서 독립운동을 한 대부분 사람들은 소련 및 중국 공산당과 연계될 수 있었다.

한국인들에 대한 미군정의 극히 부정적인 인식도 작용했다. 미군은 대부분의 한국인들이 당리당략 차원에서 분파적으로 행동하고, 무지하며, 행정 경험이 없다고 보았다. 산적한 일들을 잘 해낼 수 있는 관료, 지식인과 전문가들 대부분이 친일파인 현실도 무시할 수 없었다. 미군은 친일파를 기용하지 않으면 남한 지역 행정을 유지할 수 없다고 생각했다.

한편, 스파이크만이 제기한 바와 같이 전후 동아시아 질서를 일본 중심으로 삼고자 했던 미국의 패권 전략으로 봐도 친일파들은 일본과 더불어 미국의 전후 구상을 보다 공고히 해줄 수 있는 세력이었다. 미군정은 "친일파들이 일본인을 위해 훌륭한 일을 수행했다면 우리를 위해서도 그럴 것이다."라고 생각했다. 미국이 데려온 이승만도 "잘 사는 일본을 잘 아는 친일파가 국가를 이끌어 가야 한다."고 믿었다.

이는 미군정하에서 일제의 식민지 사회 구조를 재생시키고, 그 구조의 핵심 인물들을 민족 반역자와 친일파로 채워넣는 결과를 낳는다. 미군정 3년 동안 미군은 친일파들을 앞세워 대구 폭동, 4·3 제주 사건 등의 진압을 통해 공산 세력을 발본색원, 남한 사회를 철저한 반공 집단으로 전환시켰다. 민족과 통일을 표방한 좌익과 중도 세력들은 모두 배제하거나 제거했다.

북한 지역의 소련군정

1945년 8월 24일, 치스타크프 대장이 이끄는 소련군 제25군 20만 병력과 3만 조선인이 평양에 입성한다. 미군의 남한 지역 진주보다 17일 빠른 행보였다. 9월 19일, 김일성(당시 33세)은 소련군 제25군 내 조선인 중심의 '88국제여단'소속 군인들인 조선공작단 60여 명과 함께 소련 군함 뿌가쵸프호를 타고 원산항으로 귀국했다.

소련이 선택한 김일성은 귀국 전, 소련 공산당 중앙위 이념 담당 서기 즈다노프와 대한반도 정책 최고책임자인 스티코프 등과 면담했다. 김일성은 조선에서 소련의 후원하에 협력적인 역할을 맡기로 했다.

김일성의 귀국 다음 날인 9월 20일, 스탈린은 '북한에 공산 정권을 수립하라'는 지령을 내린다. 이에 따라 10월 8일, 북한 지역에 5도 임시인민위원회가, 이틀 후에는 조선공산당 북조선 분국이 창설되어 행정권과 치안을 장악한다.

10월 14일, 소련군은 약 10여만 명의 시민들이 운집한 평양시 군중 대회에서 항일 투쟁의 전설적인 인물로 알려진 김일성을 소개했다. 민족의 신뢰를 받고 있던 조만식도 김일성을 보천보 전투의 영웅으로 소개했다. 김일성에 대한 군중들의 환호와 지지 분위기는 소련이 김일성의 명성을 확인하는 계기가 되었다.

1945년 10월 14일 평양 집회에 등장한 김일성과 소련군들

소련군은 미군과 달리 '군정' 형태의 직접 지배 대신 공산주의 인터내셔날(코민테른: Comintern)의 원칙과 협력 관계를 토대로 북한 지역을 통치해나갔다. 남한과 달리 정치 지형도 단순해서 각 세력들 간의 갈등·대립은 우려할 수준이 아니었다.

소련군은 일사불란하게 정부 조직에 착수할 수 있었다. 10월 28일에는 조만식을 수반으로 하는 5도 행정국이 설치되었다. 점령 초기, 소련군은 공산당을 전면에 부각시키지 않고 민족·민족주의 계열의 인사들을 내세운다는 방침을 갖고 있었다.

12월 17일, 실권자가 된 김일성은 우선 북한 지역의 개혁과 혁명을 바탕으로 전국적인 개혁과 혁명, 즉 통일을 달성한다는 소위 '민주기지론'을 역설했다. 1946년 2월 8일에는 북조선 임시인민위원회가 결성되어 김일성을 위원장으로 하는 강력한 1인 지도 체제의 정부 형태가 갖추어졌다.

이렇게 소련의 북한 지역 군정은 이미 동구권 위성 국가 수립 경험에서 나온 준비된 정치 프로그램에 따라 순조롭게 진행되었다. 군정 책임자도 야전군 출신이 아닌 정치군인 스티코프였다. 이에 따라 북한은 1945년~1946년에 전역에서 결성된 인민위원회에 기반한 연립 정권으로부터, 1947년~1948년에는 소련의 지배를 덜 받는 정권을 거친 후, 1949년에는 중국과 중요한 연계를 갖는 정권으로 발전했다.

소련군 고문단은 이미 북한 최고지도자로 내정된 김일성을 적극 지원하며 토지 개혁과 남녀평등, 친일파·민족 반역자 척결 등을 도왔다. 소련은 이를 통해 소련군과 북한 지역 정치 지도부에 대한 인민들의 지지 기반을 확대해나갔다. 소련은 연해주 지역에 거주하던 많은 조선인들도 귀국시켰다. 이들이 북한의 공공 기관을 장악하도록 조치했다. 북한을 자국과 같은 사회주의 체제로 전환시키고 있었다.

한편, 미국과 소련은 상대방의 이해와 전략적 의도를 보고 자국의 대응 전략을 수립했다. 서로 상대방을 따라 하는 소위 '거울 영상 효과'가 나타나기 시작한다. 각기 자국의 입맛에 맞는 자국에 거주한 인사인 이승만과 김일성을 경쟁하듯이 데려와 각각의 위성정부 수립에 골몰한 것이다. 남북한 지역에서는 서로 김일성과 이승만이 '괴뢰'라고 귀가 아프도록 비난했다.

미·소의 분할·점령과 군정을 통한 분단 고착, 냉전의 최전선 만들기는 한국인들의 새로운 민족 국가 건설 열망과 배치되는 것이었다. 한국인들의 절대 절명의 과제는 이제 외세의 지배를 받지 않고, 민족이 단합해 통일된 자주 독립 국가를 건설하는 것이었다.

전후 한국인들의 정치력은 미미했다. 민족주의 세력이 약화되고 정치적 구심점이 없이 분열돼 조직적인 광복 준비가 어려웠다. 해방이 아닌 미·소의 군정 통치 상황에서 한국인들의 불만과 저항심은 커져 갔다. 대부분 제국주의에 반대하는 공산주의나 사회주의를 선호했다.[38] 그들의 민족과 통일 운동은 미·소 양국의 이익에 반하는 것이었다. 한국인들의 독립 의지와 능력을 발휘할 수 있는 공간은 극히 제한적일 수밖에 없었던 것이다.

나. 미·소 공동위 실패, 좌우 대립·혼란

미군과 소련군의 군정이 진행 중인 가운데 1945년 12월 16일부터 12월 말까지 미·영·소 외상이 모스크바에 모여 한국 독립 문제를 논의한다.[39] 모스크바 3상회의였다. 이 회의에서 소련은 우선 조선 임시정부를 수립할 것을 제안했다. 임시정부 구성에서 좌파 진영이 우세할 것으로 판단했기 때문이다.

소련의 제안은 '선 정부 수립, 후 신탁통치'를 기조로 했다. 이는 자국 주도하에 4강대국 공동 관리를 실현하려 했던 미국의 신탁통치

---

38 1946년 9월 10일, 미군정이 실시한 '미래 한국통치구조에 관한 여론조사' (8,000여 명 응답) 결과 사회주의를 선호한 응답자가 70%, 자본주의 13%, 공산주의 10%로 나타났다.

39 미영소 3국 외상은 미국 대표 번스(Byrnes) 국무장관, 소련 몰로토프, 영국 베빈(Bevin) 외무장관이었다.

방안과는 다른 것이었다. 미국의 입장은 소련에 유리한 임시정부 구성이나 한국인들에 의한 즉시독립 요구 모두 허용할 수 없다는 것이었다. 만약의 경우에도 임시정부 수립은 미국의 통제 하에, 미국의 영향력이 보장될 수 있는 방향에서, 점진적으로 이루어져야 했다.

모스크바 3상회의, 신탁통치 방안의 구체화

그럼에도 3상회의는 미국과 소련의 주장을 반반씩 담아 12월 28일, 영국의 동의로 협정을 체결해 4개항을 발표했다.

① 한국을 독립 국가로 재건설하며, 민주주의적 원칙하에 발전시키고, 일본 통치의 잔재를 청산할 조건들을 조성할 목적으로 민주주의 임시정부(a provisional democratic government)를 수립한다.

② 이를 위해 미군과 소련군 대표로 공동위원회를 구성한다. 공동위원회는 한국의 민주적 제 정당·사회단체와 협의한다.

③ 미·소 공동위원회는 조선의 민주주의 발전과 독립 국가 수립을 지원할 방안을 조선 임시민주정부와 민주주의 단체의 참여하에 작성한다. 공동위원회의 제안은 최고 5년 이내의 4개국 신탁통치 협약을 작성하는 것이다. 공동위원회는 이 협약을 조선 임시민주정부와 협의한 후 미·영·중·소 4국 정부가 참조하도록 제출한다.

④ 2주 안에 미·소 공동위원회를 개최한다.

이 같은 합의는 당시 한반도 상황에서 상대적으로 유리했던 소련의 의사가 더 많이 반영되었다. 조선 임시민주정부 수립, 민주적인 정당·사회단체와 협의, 5년 이내 신탁통치 등이 그것이다.

문제는 4개 항이 미·소 공동위원회를 설치하고 신탁통치 문제를 협의한다는 것 외에 결정된 것이 아무 것도 없었다는 것이다. 막연히 '최고 5년에 걸친 4개국 탁치'가 실시될 것이라고 결정했을 뿐이다. 구체적 실행 방법은 미·소가 주체가 돼 조선인과 영국 및 중국과 협의·결정한다는 것이었다.

양국 간의 견해를 절충한 것이 아니라 나열한 것이었다. 합의를 위한 합의가 제대로 이행될 리 없었다. 당시 미국과 소련의 목적은 서로 자신들의 입맛에 맞는 단일 정부를 수립하는 것이었다. 단지 미·소 양국 모두 카이로선언 등에서 합의한 국제 조약을 먼저 파기할 수 없었기 때문에 명분과 형식을 갖추기 위한 말장난이 필요했을 뿐이었다.

국면 전환, 괴이한 동아일보 오보 사건

아니나 다를까, 문제는 벌써 회의가 진행 중인 때 터진다. 3국 외상회의가 열리고 있던 1945년 12월 27일, 남한 지역의 동아일보는 "미국이 즉시 독립을 주장한 데 반해, 소련이 38도선 이북이라도 점령할 목적으로 신탁통치를 제안했다."고 보도했다.

1945년 12월 27일 동아일보 오보

모스크바 3상회의의 본질적인 목적(제①항)은 통일된 조선 임시정
부 수립이었다. 그런데 동아일보는 이를 쏙 빼고 '신탁통치'만을 강조
한 대형 오보 사건이었다. 오보라기보다 전형적인 국면 전환을 위한
공작이자 조작이었다. 미군정 당국의 방조·묵인 없이 불가능한 일이
었다.

즉각적인 대한 독립을 원했던 한국인들은 놀라움을 금치 못했다.
독립이 아닌 신탁통치라는 형식의 또 다른 외세 개입을 받아들일 수
없었다. 좌우 정치 세력 모두 신탁통치 반대(반탁) 의사를 밝혔다. 특
히 우파 정치 세력과 김구를 비롯한 임시정부 계열은 대대적인 반탁
운동을 벌인다.

이승만과 한민당은 소련이 신탁통치를 주장하고, 사회주의자들이 이를 지지한다며 반탁·반소·반공 운동을 전개한다. 하지만 반탁 의사를 밝혔던 중도파와 좌파 진영은 최종 합의문을 확인한 뒤 입장을 바꾸었다. 보도 기사와 달리 신탁통치를 제안한 쪽은 소련이 아니라 미국이었기 때문이다.

사실, 1943년부터 신탁통치를 구상한 미국은 3상회의에서 4개국이 5년간 신탁통치를 하되, 필요시 협의를 통해 5년을 더 연장할 수 있도록 하자고 제안했다. 소련은 신탁통치 기간을 5년 이내로 하고, 그렇더라도 조선 임시정부와 협의하도록 하자고 수정 제안했다.

한편, 미·소 공동위의 핵심 의제인 임시정부 구성 문제와 관련 미국은 그 구성을 한국인들에게 맡긴다는 전략이었다. 반면, 소련은 미·소 공동위가 제 정당·사회단체들과 협의해 선발토록 하자는 것이었다. 소련은 특히 장기간의 일제 잔재를 청산하기 위해 한국인들로 구성된 임시정부를 통한 신탁통치를 강조했다.

이런 사실을 확인한 후 한국 내 정치 진영은 모스크바 3상회의 결정을 수용할 것인가의 여부를 둘러싸고 찬탁·반탁으로 극명하게 나뉘었다. 찬탁 입장은 통일 임시정부라는 점을 긍정적으로 평가한 좌우 합작론자들(김규식·여운형)과 좌익 공산 진영(박헌영)이 대부분이었다. 반탁은 외세 개입에 반대하는 민족주의 진영(김구)과 통일 임시정부를 공산화의 수단으로 인식한 반공 진영(이승만)이 대표적이었다.

특히 찬탁 진영은 모스크바 3상회의의 본질이 '통일 임시정부'라는 점을 강조하면서 '신탁통치'가 부각되는 것을 최대한 막으려 했다. 그러나 이미 여론전에서 '찬탁은 곧 공산주의·외세 동조'라는 이미지가 씌워진 상태라 역부족이었다. 반탁 진영의 교묘한 프레임 조작이었다. 이에 따라 그때까지 한반도에 공존했던 다양한 사상적 스펙트럼은 미국과 소련 두 세력의 핵심 이데올로기를 씨알로 해 두 세력으로 재편되는 과정을 밟게 되었다.

탁치 정국이 정치 구도 전환: 민족과 반민족 → 좌우 대립

모스크바 3상회의를 기점으로 한국 내 좌우 양 진영의 갈등·대립은 돌이킬 수 없는 방향으로 전개된다. 우익 세력은 반탁 운동을 반공·반소 운동으로 이어가며 좌익을 배제해나갔다. 이에 맞서 좌익 세력은 우익 정치 집단 일반을 친일·친미 집단, 극우 파시스트 집단으로 매도했다.

1945년 12월 30일 발생한 한민당 당수 송진우 암살 사건을 전후로 국내 정치 상황은 이전의 민족과 반민족 대립 구도에서 좌우의 대립 구도로 전환되었다. 당시 송진우는 미국이 주창하는 신탁통치를 수용해야 미국을 적으로 돌리지 않고, 공산당이 어부지리를 얻지 못할 것으로 생각했다.

사실과 현실을 인정한 합리적인 생각도 반탁 운동이 휩쓸고 있는 상황에서는 제거 대상일 뿐이었다. 선혀 이싱직지 않은 정국이었다. 정해진 단정수립 시나리오만 있었다. 이후 정국은 친일 청산과 민족주의 운동을 통한 한민족의 통일 독립 국가 건설이 아닌 반공·반소 등 이념의 문제, 즉 분단 구도가 자리 잡게 된다.

혼란스런 국내 정치 상황은 미군정에게도 곤혹스런 것이었다. 좌익은 물론 우익도 반탁 입장이었다. 미군정은 갈수록 지지를 잃어가고 있었다. 이때 미국은 한국 정치에서 극우파와 극좌파를 배제하고 온건한 중도 세력인 여운형과 김규식 중심의 좌우 합작 운동을 간접 지원한다.

여운형·김규식은 운동의 목표를 남한의 좌우 합작과 뒤이은 남북 합작, 즉 전 민족적 통일 전선의 결성에 의한 통일 정부 수립에 두었다. 중간파가 내놓은 좌우 합작 원칙은 좌우의 극단적인 대립과 비교되는 개혁과 단일 정부 수립을 위한 것이었다.

미군정의 목표는 '비공산주의자가 지배하는 정부의 수립', 즉 남한 사회를 공산주의에 대항하는 반공 세력으로 만드는 것이었다. 미군정은 한때 통일 정부 수립이 불가능해 남한만의 정부를 수립할 수밖에 없을 때에는 중간파 중심의 정부가 극우파 중심의 정부보다 자국에 유리할 것으로 판단했다.

중간파가 민족 통일 전선 형성을 통해 독자적인 길을 걷거나 친소 세력이 되는 것을 방지하고, 이들을 미국의 정치적 구상과 활동 계획 속에 묶어두려는 것이었다. 미군정의 중간파 구성은 한반도에서 미국의 이해관계를 관철시킬 수 있는 보다 안정적인 정부를 수립하기 위한 것이었다. 또 미군정의 지지 기반을 확보하면서 대중을 장악하기 위한 것이었다.

그러나 좌우 양극이 극단적인 대립에 빠졌을 때 중간파가 할 수 있는 공간의 거의 없었다. 한국 내 공산주의와 민주주의 세력의 전개는 날이 갈수록 대립의 형태로 전개되었다. 이로 인해 민족 지도자 중 좌우 합작이나 통일을 추구한 어느 누구도 주도적인 위치를 확보할 수 없었다. 갈등을 조정하려는 세력은 점령국의 이데올로기와 정치 체제를 따르는 세력으로부터 외면당했다.

단일 정부 수립, 대소 봉쇄의 구체화

이런 상황 속에서 1946년 1월에 미·소 공동위가 구성되고, 3월에 개최된 제1차 공동위회의는 별 성과 없이 종료되었다. 1947년 5월에 개최된 제2차 회의에서도 양측은 주로 '정당·사회단체 참여·협의'의 대상 문제를 둘러싼 양측의 비타협적인 태도로 일관했다. 소련은 미군정의 지지 기반인 신탁통치를 반대하는 단체들을 제외하자고 주장했다. 미국은 많은 좌익 단체들이 비민주적이라며 이들을 제외하자고 주장했다.

미·소 공동위 회의는 1947년 7월 최종 결렬되었다. 미·소 양국은 자신들이 구상한 임시정부 수립 구상을 회담에서 조화시킬 수 없었다. 미·소 공동위에 대한 미국의 기본 정책은 한반도에 들어설 임시정부는 자국의 영향권하의 자유민주주의 정부여야 한다는 것이었다. 소련 또한 자국에 이익을 가져다줄 사회주의 위성 국가를 만드는 것이었다. 미·소 양국은 자국에 적대적인 한반도를 용인할 수 없었다. 처음부터 통일된 독립 국가 건설은 미국과 소련의 이익에 반하는 것이었다.

결과적으로 모스크바 3상회의 결정은 찬탁·반탁, 나아가 좌파·우파라는 이분법적 논리에 따라 민족 내부를 분열시키는 결과를 초래했다. 3상회의 이전 한반도에서 미국의 대소련 정책은 견제의 영역에 머물러있었다. 1945년 말 이후 탁치 정국을 거치면서는 반소·반공의 뚜렷한 정치적 표상을 가지게 된다. 미국은 자유민주주의 정치 이념과 철학을 기준으로 국내적으로나 국제적으로 좌우 대립 구도를 주도했다.

　이때부터 남북 관계는 38도선 철폐를 통한 남북 통합·통일의 문제에서 전 한반도 차원에서 양측 간의 정치적·이념적 대립 관계로 변화했다. 국내 정치 세력 간의 대립구도 또한 민족·반민족 구도에서 좌·우 대립 구도로 전환된다. 이제 남은 것은 두 세력이 각자의 길로 가는 것이었다.

　사실, 미국과 소련은 공히 오래전부터 한 국가가 한반도 전체를 지배해서는 안 되는 것으로 인식해왔다. 미국에게도 신탁통치는 명분에 불과했다. 미국은 소련과 한반도 분할·통치를 염두에 두고 있었다. 이를 간파한 이승만은 1946년 6월 3일 정읍에서 남한만의 단독 정부 구상을 주장했다. 그런 점에서 모스크바 3상회의 결과는 이행될 수 없는 것이었다. 당위적 위선이 낳은 일종의 요식 행위(show)에 불과했던 것이다.

　미·소 공동위가 실패하자 미국은 남한에서 손을 떼는 길을 모색하기 시작한다. 1946년 미국을 방문한 이승만은 미·소 공동위 협상이 성공 가능성이 없는 만큼 남한 지역만의 단독 정부를 구성해야 한다고 주장했다. 1947년 미국의 군부는 미국이 한반도 문제에 개입하는 것을 자제할 것을 촉구했다. 한국 문제의 유엔 이관과 함께 남한만의 단일 정부 수립이 최선이라고 본 것이다. 현지의 미군정 또한 남한만의 정부 수립과 미국의 군사·경제 원조 제공을 최선의 대안으로 제시했다.

미국의 대한국 정책 담당자들은 1차적인 목표로 남한 단정 수립, 그 처리 절차로서 한국 문제의 유엔 이관을 당연한 것으로 받아들였다. 그러면서도 미국은 낙담하고 폭발 직전에 있는 한국 국민들에게 자국이 한국 독립을 위해 노력을 하고 있다는 점을 증명해야 했다. 또 미국 및 세계 여론에 대해 국제 공약, 특히 모스크바 3상회의 결정과 유엔 헌장에 따라 행동한다는 것을 보여주려고 했다.

이 같은 미국의 신속한 단일 정부 수립 정책은 조지 케넌이 제기한 대소 봉쇄 전략과 연계되어 있었다. 1947년 1월, 국무장관으로 부임한 마샬은 중국의 국공 내전에서 마오쩌둥의 공산당의 승리가 예상되자 1월 27일, 애치슨에게 새로운 정책을 지시한다. "남한 단독 정부를 수립하고, 남한 경제를 일본과 연결시키는 문제와 38선을 중심으로 공산 세력을 봉쇄하는 방안을 강구하라."는 것이 _그것이었다. 남한 지역의 단정이 미국의 대소 봉쇄 전략의 일환인 일본의 부흥과 연계되기 시작한 것이다.

한 달 후 3월, 마샬은 반공주의자 케넌을 미국의 패권 전략을 담당하는 국무부 전략기획국 국장으로 임명했다. 1947년 3월 11일 미국이 천명한 '트루먼 독트린'은 캐넌의 논리에 입각한 것이었다. 미국은 소련의 위협에 저항하는 자유 진영(당시 그리스·터키)의 국민들을 지원하는 방식으로 소련에 지속적이고도 강력히 대응키로 한다. 경제적으로는 마샬플랜을 가동하고, 군사적으로는 NATO를 결성해나갔다.

미국의 대소 전략이 변화하면서 남한만의 단독 정부 수립이 가속화되었다. 남한은 대소 봉쇄 전략을 구사하는 과정에서 반공 투쟁의 전진 기지, 자본주의와 민주주의의 진열장이 될 운명이었다. 남한은 당시 중국의 공산화가 불가피한 상황에서 미국에게 동아시아 지역의 중심이 될 일본의 경제 발전 배후지, 안보의 전초선 역할을 부여받는다.

다. 남북한 단독 정부 수립, 분단

미·소 공동위에서 보듯 미·소 양국이 한반도에서 경쟁·대립하며 통일 정부를 수립하는 일은 타협할 수 없는 일이었다. 국내에서도 좌우 합작 운동을 주도한 핵심 인물인 여운형이 1947년 7월 19일 암살당하면서 이 운동 또한 중심을 잃고 12월에 해체된다.

미·소 공동위 움직임과 별도로 미국은 1947년 3월의 트루먼 독트린을 기점으로 남북한에 별도의 정부가 수립되어야 한다는 입장으로 바뀐다. 미국의 입장이 변하면서 한국의 정국은 급격히 이승만 중심의 단정 수립으로 흘러갔다. 이승만을 비롯한 극우 세력들은 좌우 대립을 적극적으로 활용해 좌파들을 모두 제거했다. 이승만이 추구했던 대한민국은 미국식 자유주의에 입각한 남한만의 단정이었다.

미국은 제2차 미·소 공동위가 결렬된 후 위신을 잃지 않고 한반도에서 철수할 수 있는 방법으로 한국 문제의 유엔으로의 이관을 결정했다. 남한 단독 정부 수립을 위한 정당성 확보 차원에서 유엔을 활용키로 한 것이다. 소련은 이에 반대하며, 두 나라 군대가 동시에 철수해 한국인 스스로 문제를 해결하도록 하자고 제안했다. 미국은 당연히 거부한다.

미국은 여전히 자국이 적극 개입하지 않으면 한반도 전체가 소련의 위성국이 될 것으로 확신했다. 당시 미국 CIA는 전략적 요충인 한반도를 소련이 지배할 경우 자국이 중국과 일본에서 추구하는 정치적 목표가 위험해진다고 보았다. 한국이 무너지면 일본이, 일본이 무너지면 하와이 등 태평양 지역에서의 미국의 안보 구상이 위협받을 수 있다고 판단한 것이다.

1947년 10월 17일, 미국은 한반도 문제를 UN총회에 상정했다. 1947년 11월, 유엔총회는 미국이 제안한 '유엔 감시하 남북 총선거를 통한 통일 정부 수립 방안'을 다수결로 결정했다. 이에 따라 유엔 한국임시위원단이 한국에 파견되었으나 소련은 이들의 이북 방문을 거부한다.

유엔의 결정에 실망한 김구와 김규식 등이 추진한 통일 독립을 위한 남북한 정치지도자회의(1948. 4. 19.~4. 30. 평양)는 공동 성명에도 불구하고 별 의미가 없었다. 당시 미국의 정책에 반하는 이상주의가 성공할 수는 없었다. 미국은 "선거가 가능한 지역에서만이라도 총선거를 실시한다."는 유엔 소총회의 결의를 빌려 38도선 이남에서 단독 선거를 실시했다.

1948년 5월 10일 실시한 총선에서 이승만의 한국독립촉성중앙위원회와 한민당이 승리한다. 1948년 8월 15일, 미군정 3년 만에 대한민국 정부가 수립되었다. 제헌 국회가 헌법을 제정해 7월 29일 이승만이 대한민국 초대 대통령으로 취임했다.

미·소 군정 3년 동안 한반도에는 독립된 국가가 존재하지 않았다. 1948년 8월 15일, 남한에는 미국식 자유주의와 자본주의를 근간으로 삼는 대한민국 정부가 수립되었다. 9월 9일, 북한에는 소련의 지원 이래 김일성을 수반으로 하는 조선민주주의인민공화국이 수립된다. 한반도는 미국과 소련이 지배하는 사실상의 대리 통치자들의 위성 정부로 양분되었다.

8·15 정부 수립 행사시의 이승만, 총사령관 더글라스 맥아더와 존 하지

누가, 왜? 한반도를 분단시켰나

그동안 우리가 배워 알고 있는 남북 분단의 1차적인 원인은 일제의 식민 통치였다. 직접적인 원인은 한반도를 둘러싼 강대국 정치, 즉 소련의 팽창 정책과 미국의 불가피한 대응이라는 것이었다.

사실, 남북 분단에도 여러 원인들과 작은 사건들이 중층적이고 복합적으로 작용했다. 역사에서 가정은 부질없는 짓이지만 만약에 아래와 같은 일들이 일어나지 않았다면 한반도가 분단될 리 없었을 것이다.

만약에…

①한반도가 일제 식민지가 아니었다면,

②한국 임시정부가 국제사회의 승인을 받아 연합군의
　일원으로 참여했다면,

③미국이 태평양전쟁에 소련의 참전을 요청하지 않았다면,

④소련의 참전 이전에 일본이 항복했다면,

⑤미국의 38선 획정과 미소의 남북한 분할·점령이 없었다면,
　남북 분단은 없었을 것을…

이외에도 분단의 원인과 관련한 다양한 가정·가설이 가능하다. 그러나 크고 작은 수많은 원인들을 모두 규명할 수는 없다. 이 책의 서두에서 제시한 바와 같이, 분단을 가져온 직접적이고 결정적 원인이 된 사건의 '주체(who)'와 그가 의도한 '목적(why)'을 밝히면 그 원인을 파악할 수 있다.

가. 우리의 상식, 미국의 설명

그동안 미국은 남북 분단의 단초가 된 자국의 38선 획정은 하루 전 (8.10)에 한반도 주둔 일본군이 대본영에 보낸 전문에 따른 결과라고 설명해왔다. 대일전에 참전한 소련군이 급거 남하하는 급박한 상황에서, 당시 남북한 지역을 구분해 놓은 일본군의 '작전 배치 상태'를 보고, 일본군의 무장 해제를 위한 군사적인 편의에 따라 38선을 획정했다는 것이다.

미국의 설명은 남북 분단과 관련 그동안 우리가 배우고 익힌 일반 상식과 대동소이한 것이다. 그동안 한국인들은 대체로 "미국은 한국인들의 노예 상태에 유의, 가능한 한 빠른 시기에 한국이 독립되어야 한다고 생각했다. 그런데 전후 처리 과정에서 연합국인 소련은 급거 남하, 한반도 전체를 공산화하려 했다. 급박한 상황에서 미국은 소련의 팽창을 저지하기 위해 38선을 획정했다. 그렇지 않았으면 지금 남한은 공산화되었을 것이다. 미국의 38선 분할은 우연이었고, 불가피한 것이었다."고 배웠다.

이런 미국의 설명과 한국인들의 상식이 과연 역사적 사실에 부합하는 진실일까? 이에 대한 답은, ①소련이 당시 팽창 전략을 갖고 있었는가? 특히 38선이 그어진 시간에 소련군이 한반도 전체를 공산화하기 위해 급거 남하 중이었는가? ②미국은 애초부터 한반도 분단을 초래할 정책을 추진하지 않았고, 정말 1945년 8월 10일 경 황급히 북위 38도 분할선을 획정했는가를 살펴보면 쉽게 나온다.

1945년 당시 한반도 문제는 미·소가 수차례의 회의를 통해 합의한 사항들을 이행하는 방식으로 다뤄지고 있었다. 미국과 소련은 얄타 밀약에서 사실상 한반도 분할·점령에 합의했다. 영국은 지는 해였다. 전쟁에 기여한 것이 없어 끼지도 못했다. 중국은 국공 분열 상태에서 내전이 임박한 상황이었다. 한반도에서 군사 작전을 할 수 있는 나라, 즉 한반도 분할·점령·통치는 미·소만이 가능한 상황이었다. 미국과 소련은 이 사실을 잘 알고 있었다.

미국이 주도, 소련·일본이 협력한 분단

미국과 소련의 강대국 정치가 한반도를 분단시켰다는 데 대해 이견이 없다. 당시 힘의 정치가 지배하는 약육강식의 국제 관계에서 한반도 분단의 주체는 바로 힘있는 나라의 국익이었다.

한국 문제를 논의한 각종 국제회의에서도 이를 확인할 수 있다. 1943년 카이로선언 합의 과정에서 당시 지는 해였던 영국은 중국이 제기한 한국의 즉각적인 독립을 극구 반대하다 명분과 수에서 밀렸다. 그래도 영국은 한국의 독립 국가 건설을 미궁으로 빠뜨릴 수 있는 힘은 있었다.

1945년도에 이르자 태평양전쟁에 군사력을 동원한 미국과 소련만이 연합국으로서 전리품을 챙길 수 있었다. 물론 전쟁을 통해 힘이 더 커진 미국이 주도하고, 미국의 요청으로 참전국이 된 소련이 미국에 협력하며 전리품을 챙기는 모습이었다.

요컨대, 한반도의 분단은 미국이 주도적으로 각종 대안들을 제시하고, 소련이 동의하면서 이루어졌다. 양국의 대한반도 인식과 이해는 대동소이했다. 양국 모두 동아시아의 전략적 요충인 한반도는 어느 한 나라가 독식해서는 안 된다고 보았다. 또 어떤 식으로든 한반도에 대한 영향력을 갖고자 했다.

카이로에서 합의한 '적절한 과정'이라는 신탁통치는 미·소의 이런 인식과 전략이 반영된 사실상의 한반도 분단 방안이었다. 카이로 이후 각종 국제회의는 분단을 어떻게 구체화해나갈 것인가를 논의하는 자리였다. 결국, 미·소가 합의한 한반도 분할·통치 방안에 따라 미국이 38선을 긋고, 소련은 그대로 수용했다. 사전에 합의가 없었다면 노회한 스탈린의 소련은 분명히 한마디라도 하고 받았을 것이다.

그렇다고 미·소 양국의 역할과 책임이 동등한 것은 아니다. 우리가 배운 바와 같이 소련의 팽창을 미국이 방어하는 과정에서 불가피하게 분단이 된 것은 아니었다. 강자의 논리, 이념의 잣대가 재단한 역사의 왜곡이다. 한반도 분단은 주로 미국이 주도권을 가지고 진행한 결과였다. 어느 나라가 보다 직접적이고 결정적인 역할을 했는지 한 발 더 들어가 보자.

나. 소련의 역할과 책임

어떤 사람, 또 어떤 나라든 힘이 커지면 생각이 달라진다. 20세기 초까지 힘이 센 강대국들은 전쟁을 통해 영토를 확장하고, 식민지를 건설했다. 1905년 한반도에서 시작한 러일전쟁은 러시아와 일본의 동아시아 패권 게임이었다. 소련도 한반도를 포함 극동에서 패권을 잡으려고 시도한 것이다. 그런 소련은 2차 대전에서 독일과의 전쟁에서 승리해 가장 많은 희생의 대가로 가장 큰 전과를 올린다.

1945년 5월 9일, 독소전쟁에서 최종 승리한 소련은 중동부 유럽을 장악하고 독일마저 차지할 수 있었으나 욕심을 부릴 수 없었다. 당시 소련으로서는 수세적 입장에서 세력 균형을 통해 자국의 생존과 안전을 확보하는 것이 급선무였다.

실제로 소련은 1944년 가을, 미·영·소 3국 협상에서 미국과 영국의 독일 분할·지배 제의는 물론, 수도 베를린의 동서 분할·지배에도 동의했다. 동독 지역에 위치한 서베를린이 장차 골칫거리가 될 수 있다는 것을 모를 리 없었다.

소련은 한반도 문제에서도 유사한 태도를 보였다. 극동에 부동항이 없었던 소련은 블라디보스토크와 만주의 여순(旅順)을 잇는 한반도 항구인 부산이나 인천, 제주도에 관심이 있었다. 전후 한반도 전 지역을 장악할 의도가 있었고, 한때 미국이 그 기회를 제공하기도 했다. 그러나 소련은 한반도 전체를 자국이 지배할 수 없다는 사실과 미·소 합의 존중 필요성 등을 고려해 38선 이남으로 내려오지 않았다. 미국의 38선 제안을 묵묵히 수용했다.

동독 지역 깊숙이 소재 한 동·서 베를린

소련의 이 같은 태도는 나름대로 사정과 약점이 있었기 때문이다. 하나는 전후에 미국과 영국 등 서방이 패전국인 독일·일본과 힘을 합쳐 자국을 공격할 수 있다는 두려움이었다. 전통적으로 대표적 대륙 국가인 소련은 미·영·일 등 해양 세력에게 공동의 적이었다. 먼저 합의를 파기하며 팽창을 추구하는 행위는 해양 세력의 총공격 빌미가 될 수 있었다.

다른 이유는 전쟁 배상금이었다. 1942년 6월부터 2년여 동안의 독일과의 전쟁에서 소련은 인구 2,400만 명을 잃었다. 경제는 6년 전의 상태로 되돌아가 완전 파탄 상태가 되었다. 생존과 재건을 위해 독일로부터 배상금을 받아내는 것이 중요했다. 전후 처리 협상에서 스탈린은 자국의 안보와 전후 배상금만 보장된다면 다른 모든 것은 양보할 수 있다는 입장이었다. 소련은 만주와 북한 지역 점령 후 일본이 건설한 쓸 만한 시설들은 거의 모두 전리품으로 뜯어갔다.

서방 세계에서는 소련을 종주국으로 하는 공산주의가 세계 곳곳으로 뻗어나가는 것처럼 보였다. 1946년 3월 5일, 윈스턴 처칠은 풀턴의 한 대학 연설에서 "'철의 장막'은 유럽대륙을 가로질러 남하했다."며 냉전의 시작과 소련의 세력 확장을 경고했다.

1년 후 1947년, 미국은 '트루먼 독트린'을 통해 공산 국가들과의 냉전을 선포하고, 자본주의 국가들의 단결을 호소한다. 냉전의 기운은 1945년 초부터 싹텄지만 본격화된 시기는 1946년 영국과 1947년 미국이 냉전을 선포한 때부터이다. 그 이전인 1945년의 남북 분단 과정에서 소련의 각종 대응은 서방측의 조치에 대한 대응 차원에서 소극적으로 이루어진 것이었다.

다. 미국의 역할과 책임

전후 처리 과정에서 일본을 독점하려는 미국의 의지는 확고했다. 미국에게 한반도의 전략적 가치는 일본에 비할 바가 아니었다. 미국은 홋카이도 북부 등 일본 영토에 대한 소련의 점령 요구 등을 용납하지 않았다. 전범국인 일본 대신 한반도를 분단시켰다.

미국은 1905년 조선을 일본의 식민지로 인정하고 자국의 필리핀 지배를 보장받은 것과 같이, 1945년에는 일본 전체에 대한 지배권을 갖기 위해 만주와 한반도를 희생양으로 삼았다. 그게 미국에게는 이익이었다.

분단을 가져온 미군의 38선 획정은 단순한 군사적 조치가 아니었다. 한반도의 분단을 선호한 미국과 소련, 일본의 정치적 야합의 산물이었다. 1945년 8월 이전, 미국과 소련은 서로의 군대가 밟는 땅에 상대방의 체제가 들어선다는 이른바 '점령주의'를 실행해왔다. 카이로선언에서부터 한반도에는 민족자결주의보다 점령주의가 적용될 예정이었다.

결국, 미군이 작전상의 이유로 소련군에게 한반도 점령을 허락한 것은 분단을 상정하지 않으면 할 수 없는 일이었다. 점령주의 원칙에 따르면 소련군이 한반도에 진주하는 순간 한반도는 분단되는 것이었다.

한반도 분할·분단은 당시 가장 힘이 센 나라인 미국이 주도했다. 미국의 오판과 전략적 이해관계가 중요한 요인으로 작용했다. 당시 미국의 대한반도 정책의 핵심은 2차 세계대전에서 확보한 패권을 강화하는 데 도움이 되게 하는 것이었다. 그것은 한반도에 미군이 주둔하는 강력한 반공 기지를 건설하는 것이었다.

카이로에서 합의한 '적절한 과정'은 당초부터 한반도에 통일된 독립 국가를 건설하는 것이 아니었다. 미군정 3년 동안의 미국의 관심도 통일 정부 수립보다는 한국 내에 자국의 지지 기반을 조성하면서 확고한 반공 세력을 부식하는 일이었다.

미국의 전략

- **중소의 독점적 한반도 지배 저지**
  - 미국은 자국의 단독 지배가 어렵다고 인식
- **미군 희생 축소 및 전쟁 조기 종결**
  - 소련의 참전 유인, 중소 갈등 · 대립 조장
- **일본(가라앉지 않는 불침항모)의 독점 지배**
- **극동의 반공기지(한국) 구축**
  - 주한미군 주둔(전방초소), 일본 경제지원

당시 마샬 국무장관의 고백(1948년 2월)과 같이 미국은 실현 가능성이 없는 정책(신탁통치)을 고수해왔다. 남한 만의 단일 정부 수립과 대소련 봉쇄 전략이 확고해지자 미국은 한국 문세의 유엔 이관이라는 편법을 동원해 모스크바 3상회의 결정을 파기했다.

남북 분단은 사실상 2차 대전과 전후 처리를 주도한 미국에 의한, 미국의, 미국을 위한 것이었다고 해도 과언이 아니다. 좀 더 넓게 보면 해양 세력(미·영·일)에 의한 일제의 식민 지배와 해양 세력(미·일) 간의 태평양전쟁, 전후 처리 과정에서 해양 세력(미·영·일)의 협력에 의한 분단이었다고 볼 수 있다. 물론 소련의 책임이 없지 않았으나 소련의 역할은 소극적으로 미국과의 합의를 이행하는 선을 넘지 않았다.

일본의 경우 남북 분단의 원인(遠因)인 식민 지배와 태평양전쟁 유발의 책임이 있다. 미·소의 한반도 분할·점령에 일본의 '화평 공작'이 주효했다는 점도 간과할 수 없다. 항복 선언이 늦어지던 시기에 일본은 미·소간의 세력 균형과 어부지리를 염두에 두고 소련을 한반도에 끌어들이기 위해 사력을 다했다. 남북 분단 과정에 의도적이고 구체적으로 개입한 일본의 책임을 묻지 않을 수 없는 것이다. 다시 써야할 남북 분단의 역사이다.

라. 우리 민족의 책임

미·소의 한반도 분할·점령 통치와 남북 분단은 강대국 정치의 산물이다. 강대국들의 지정학적 코드의 일치, 즉 그들의 세력 확장과 균형의 결과였다. 한민족은 자신의 운명이 결정되는 국제회의에 참여할 수 없었다. 돌아가는 상황을 알지도 못해 속수무책이었다. 그런 측면에서 1945년 8월 15일까지의 책임은 전적으로 미국과 소련·일본에 있다고 할 것이다.

그럼에도 8·15 이후 미·소 군정 3년과 정부 수립 과정에서 민족 지도자들의 무능과 분열의 책임은 묻지 않을 수 없다. 갑작스런 힘의 공백 상태에서 각기 다른 이념과 방법으로 건국하려는 애국지사들의 열정과 갈등·대립은 사실 「오케이목장의 결투」를 방불케 했다.

국민들로부터 존경을 받는 김구나 여운형 등의 인사들도 독립 국가 건설이라는 열망이 앞섰다. 다소 성급하고 이상적이었다. 시대감각과 전략적 지혜도 부족했다. 다양한 정치 세력 간의 갈등과 대립을 대화와 타협, 통합으로 풀기보다 외세와 결탁해 자신이 주도권을 장악하는 데 골몰했다.

그런 상황에서 사실 원만한 과정을 거친 민족자결을 기대하기는 어려웠다. 당시 민족 지도자의 한 분(여운형)이 남긴 말과 같이 "(우리 같은) 지도자층이 얼쩡거리지 않았더라면, 조선 민중은 민족 단합과 조선의 통일을 벌써 성공시켰을 것이다."

38선 국토 분단과 남북한 정부의 수립은 한반도의 산하를 갈랐을 뿐만 아니라 국가와 민족을 갈라놓고, 전쟁을 불러왔다. 카이로선언 대로라면 한반도는 아직 통일된 독립 국가 건설을 위한 '적절한 과정(in due course)'에 있다고 볼 수 있다. 미·소의 38선 분할·점령 이후 독립 국가 건설이 아닌 남북 분단으로 귀결되었고, 6·25 전쟁 후 지금까지 분단을 유지하고 있기 때문이다.

한반도는 아직 미완의 해방·광복 상태에 있다. 남북한이 통일되면 그때서야 비로소 카이로선언이 적시한 '적절한 과정(남북한 지역 분할·점령, 분단 등)'이 마무리될 것이다. 그래서 한반도 평화와 통일이 곧 민족의 해방과 광복을 완성하는 일이다.

5부

8·15, 6·25, 5·18은 말한다

01

공인된 역사는 무신사

- 왜곡된 5·18, 6·25, 8·15 역사

    역사가 중요한 이유는 역사가 우리의 뿌리이고, 지식의 보고이며, 현재를 보는 거울이기 때문이다. 모든 사람은 그의 역사로 만들어진다. 한 국가의 역사는 그 나라의 정체성과 사고방식은 물론, 행동 양식을 결정한다. 과거의 사건들은 우리 사회에 영향을 미치며, 여전히 현실 속에 있다.

  우리가 역사를 얘기하는 이유는 과거를 알고, 현재를 음미하며, 미래를 준비하자는 것이다. 여기서의 과거는 두말할 것 없이 거짓 없는 역사를 말한다. 그런데 앞서 논의한 8·15 해방과 남북 분단, 6·25 전쟁과 5·18 등 한국 현대사에서 큰 사건들의 진실은 우리가 배운 상식과 전혀 다른 것이었다.

  그야말로 자고무신사(自古無信史)였다. 왜곡·거짓으로 가득 차있었다. 하나의 사건에서 부분적인 사실을 마치 전부인 것처럼 부풀려, 일부를 전체로 왜곡하는 오류가 지배하고 있었다. 불과 40년 전의 일인

5·18의 경우 자신들이 한 일을 북한군의 소행으로 둘러대고 있다. 하물며 1940년~1950년대 야만의 시대에 일어난 일들은 어떠했겠는가?

'공인된 역사'와 필자가 밝힌 역사가 다른 이유는 무엇일까? 필자의 주장은 하나의 역사 해석에 불과하다. 그렇더라도 독자들에게는 이렇게 전혀 다른 역사의 해석, 이야기가 있다는 것 자체가 놀라운 일일 것이다. 자고로 강자인 정부가 쓴 공인된 역사는 믿을 게 아니라는 관점에서는 지극히 정상이지만.

그동안 각종 역사책들이 서술해온 8·15 해방과 남북 분단, 6·25와 5·18의 역사는 대부분 거짓이거나 왜곡된 것이다. 앞서 논의한 3개의 사건 이외에 그동안 정부가 발표했던 큰 사건들 대부분이 그렇다고 보는 것이 맞다[40]. 과거에 우리가 늘 보았던 정국 돌파용 각종 북풍들이 그것이다.

한국에서 북한 관련 사건의 대부분이 사실과 다를 수밖에 없는 이유가 있다. 일반적인 정상 국가는 국민들이 자국의 역사를 읽을 때 '자고무신사'라는 원칙 하나만 고려해도 될 것이다. 시대 상황을 막론하고 강자는 자기의 입맛에 맞게 역사를 편집한다는 사실을 고려하면 말이다.

---

40 모두 ①정부가 북한의 소행으로 발표했다. ②희생자가 많아 큰 파장을 일으키며 불리한 정치적 국면을 유리하게 전환할 수 있는 북풍이었다. ③아직까지 사건의 진상이 제대로 규명되지 않아 논란이 끊이지 않는다. ④무엇보다 정부가 사건에 대한 일반의 합리적인 의심조차 금기시했다. 핵심 정보를 감추거나 조작했다.

한국의 경우는 조금 다르다. 세계에서 유일한 분단국가이다. 적인 북한은 철천지원수이다. 북한·남북관계 등 모든 한반도 문제는 동맹인 미국과 긴밀하게 협의해서 결정해야 한다. 세계에서 하나밖에 없는 특수한 나라가 한국인 것이다.

그래서 북한과 관련된 한국 현대사는 ①일반적인 강자의 논리와 함께 ②북한을 주적으로 하는 반공 이념, 나아가 ③강고한 한미동맹하에서 동맹과 진영 논리가 강하게 작용해왔다.

특히 한국보다 더 큰 강자인 미국은 해방과 남북 분단, 6·25 전쟁 과정에서 자국의 잘못이나 책임이 역사에 기록되는 것을 허락하지 않았다. 그 원인을 찾으려는 노력과 논의도 금지했다. 한국의 역사에서 한국과 미국을 비난하는 서술이나 표현은 적을 이롭게 하는 찬양·고무 행위로 간주될 수 있었다.

이 때문에 관련 역사는 당위적인 위선이 지배할 수밖에 없었다. 언제나 선(善)이어야 하는 한국 정부와 미국의 책임을 최소화하는 방향에서 사실을 왜곡하거나 조작한 것이다. 그만큼 적국인 소련이나 중국, 북한의 책임을 부풀리거나 그들에게 전가시켰다.

북한과 관련된 한국 현대사의 진실은 위와 같이 3중의 장막 속에 숨어있다. 깊숙이 감추어진 진실을 찾기 위해서는 묻고 되묻고, 들추고 또 들춰봐야 한다. 그렇지 않으면 국민들은 8·15와 5·18과 같이 반복되는 거짓을 진실로 믿고 기념하게 된다. 그만큼 고통의 시간은 늘어가고, 좌절의 역사가 반복될 수 있다.

역사 수정은 어렵다

　　역사의 대부분이 왜곡·편집되어있다면 역사가 진실을 밝혀주고, 잘못을 심판할 것이라는 믿음은 슬픈 믿음이 아닐 수 없다. 역사에서 진실과 정의를 찾을 수 없다면 그 나라와 사회는 어떻게 될까? 왜곡과 조작, 거짓으로 가득 찬 역사에서 무엇을 배우고 깨우쳐, 미래의 비전과 희망을 이야기할 수 있다는 말인가. 우리는 1인 지배와 유일사상, 혁명의 역사만이 존재하는 북한의 비참한 현실에서 거짓 역사가 초래하는 결과를 보고 있다.

　다행히 지식정보화 시대에 새로운 역사적 사실들과 진실들이 속속 밝혀지고 있다. 시대적 상황도 과거와 다르다. 강자라도 함부로 역사를 왜곡·조작할 수 없다. 깨어난 국민들은 역사의 적폐청산도 요구한다. 필자의 이 작업도 이렇게 변화한 시대에서 가능한 일이있다.

역사 수정이 어려운 이유

그런데도 기존의 공인된 역사의 교정이나 수정은 쉽지 않다. 왜 그럴까. 사실, 지난 시기의 모든 정권은 나름대로 잘못된 역사의 청산을 추구했다. 반민특위, 진실·화해위원회, 과거사조사위원회 등을 설치해 역사 바로 세우기를 시도한 것이다.

소리만 요란했다. 역사를 자기 입맛에 맞게 편집해서 쓴 강자들의 후예들은 역사 바로 세우기를 '역사의 부정', '역사와의 전쟁'이라고 강변하며 격렬하게 저항했다. 은폐된 진실이 밝혀져야 과거와의 진정한 화해가 가능했지만 큰 사건들의 핵심적인 원인은 쉽게 밝혀지지 않았다.

그래서 남북 분단과 전쟁, 5·18 등 북한과 관련되거나, 되었다고 주장하는 사건들의 진실 찾기는 손조차 대지 못했다. 정부가 나서서 한국 현대사를 규정하고 있는 근본 구조이자 뿌리들을 감히 건드리지 못한 것이다. 자기 부정이 쉽지 않았고, 예상되는 얼마간의 혼란을 감당하기 싫었던 탓일 것이다.

지금도 우리 사회에 고착된 냉전 의식과 진영 사고는 북한과 관련 그 어떤 역사적 사실도 무용지물로 만든다. 분단 이후 자기와 생각이 다른 사람에게 색깔을 입히고 증오와 혐오의 돌을 던지는 적폐는 여전하다. 북한·통일과 관련해 사실과 객관성, 소통을 존중하는 합리적인 담론 구조를 찾기도 어렵다. 극단적인 분열과 정치적 대립, 저항이 존재한다.

비교적 자유로운 학문적 차원의 연구에서도 한계가 있다. 대부분의 지식인·연구자들은 물질적 동기만큼이나 이념과 제도에 휘둘린다. 자신의 이익뿐만 아니라 의무도 고려해 움직인다. 새로운 사료들이 발굴되면 그 사건과 관련한 새로운 주장·학설이 나올법한데 물밑 논의만 무성할 뿐 공론화되지 않는다.

새로운 사료들을 토대로 한 본격적인 토론이나 비판도 찾아볼 수 없다. 설사 토론과 공론화가 된 경우에도 새로운 사료에 입각한 이론과 주장이 하나의 학설이 되고 진실이 되려면 기득권을 가진 학자들의 인정을 받아야 한다. 역사 인문학에서 새로운 학설이 아무리 진실에 가깝더라도 정설이 되기까지는 참으로 오랜 시간이 걸린다.

남북 관계에서 체제·이념과 관련된 역사의 논의가 위험하다는 일반의 인식도 역사의 진실 찾기와 발전을 가로막는 요인이다. 그동안 역사적 사실에 대한 새로운 해석과 이론의 형성은 가치 편향적인 주류 보수 학계와 기득권 세력, 친일·친미 성향의 지배 세력에 의해 이념적 공격의 대상이 되었다. 한국의 현대사에서 정치적인 사형 선고를 받은 사람들은 정권에 반대한 사람보다 북한·통일 문제에 소신을 가진 사람들이 많았다.

진실을 말하는 용기가 희망

5·18은 물론 한반도 평화·통일 문제에서 진실을 찾는 사람들과 이를 왜곡하려는 사람들 간의 갈등·대립은 끝이 없다. 이런 실정에서 남북 분단과 전쟁의 역사에서 진실과 정의를 추구하려면 용기가 필요

하다. 북한군이 침투해 주도했다는 5·18도 마찬가지이다.

과거 중세 시대의 우주 패러다임인 '천동설'이 '지동설'로 변한 것과 같다고 할까. 한반도 문제에서도 지동설을 주장한 코페르니쿠스와 갈릴레오와 같이 진실과 진리를 추구하는 용기 있는 학자나 전문가들이 나오지 않으면 우리 국민들은 여전히 '지구는 움직이지 않는 것'으로 믿을 것이다.

솔직하게 진실을 말하기, 진실을 위한 용기가 필요하다. 옳은 것을 옳다 말하고, 아닌 것을 아니라고 말하는 푸코의 '파레시아(parrhesia)'를 생각하자. 북한이라는 적과 대치하고 있는 분단 상황에서도 한반도 문제를 바로 아는 게 병이 아니라, 힘이 되는 사회가 정상적인 사회이기 때문이다. 거짓·왜곡된 역사에서는 바른 현실은 물론 희망찬 미래도 보이지 않을 것이다.

03

역사의 진실이 필요한 이유

가. 역사 바로 세우기

돌이켜보면, 일제의 식민 지배와 남북 분단·전쟁은 주변 강대국들이 저지른 한반도 농단이었다. 무력하고 무지한 한국인들의 사대 의존과 분열이 초래한 몽매(夢寐)의 결과이기도 했다. 한국인들은 자신의 운명이 강대국의 정치에 농락당하는 줄도 모른 채 엄청난 희생을 치렀다.

6·25 후 남북한 간의 불신과 적대감은 60년이 넘게 지속되었다. 남과 북의 정권은 상호 적대 관계를 자신들의 이익과 독재를 강화하는 데 이용하며 의존했다. 역사의 왜곡은 물론 국민들을 속이는 기만과 혹세무민(惑世誣民)도 많았다. 주변국들은 남북 간의 갈등·대립과 남남 분열을 자국의 전략적 이익을 도모하는 데 적극 활용했다.

지금 한반도가 분단된 채 신 냉전의 고도에 홀로 남아있는 이유는 무엇인가. 한·미·일과 북·중·러는 여전히 한반도 문제에서 대립적이다. 남북 분단·전쟁 당시의 강대국들의 대한반도 정책은 지금도 유효하다.

1945년 8·15 분단을 주도하고 도모했던 미국과 일본은 한반도가 평화·통일로 나아가는 것을 극구 반대하고 있다. 트럼프 미국 대통령은 문재인 대통령에게 "(한국이) 왜 통일을 해야 하느냐?"고 물었다. 우리 정부의 남북관계 개선 노력을 "(미국의) 승인 없이 한국이 할 수 있는 일은 아무것도 없다."고 단언한다. 일본의 아베 정부는 한국을 흔들어 무너뜨리려는 야욕을 숨기지 않는다.

더 큰 문제는 사대 의존을 통해 기득권을 유지·강화해온 국내 일부 세력들은 지금도 한반도가 평화·통일로 나아가는 것을 결사반대한다는 것이다. 국망과 종속 뒤에 숨어 이득을 키워온 그들은 지금도 식민과 종속, 전쟁을 바라는 것처럼 보인다. 아주 거리낌이 없다. 노골적으로 매국을 애국으로 미화한다.

우리 사회에 일제의 잔재와 숭미 사대 의식이 온존하고 있는 탓이다. 5·18, 6·25, 8·15의 역사를 바로 세워야 나라가 바로 선다. 역사에서 보이지 않았던 것, 누군가에 의해 감추어졌던 것을 밖으로 드러내야 참되고 정의로운 역사가 가능할 것이다. 잘못된 과거를 성찰하고 공유할 때 우리 사회는 보다 밝은 미래를 향해 갈 수 있다.

나. 좌절의 역사 반복 예방

"다시는 그날의 아픈 역사를 반복하지 말자."

우리가 경술국치, 8·15, 6·25, 5·18의 날을 맞으며 늘 다짐하는 말이다. 역사를 잘 알아야 하는 이유 중 하나는 역사가 그 패턴을 반복하기 때문이다. 자랑스러운 역사의 반복이면 얼마나 좋을까 만은, 안타깝게도 우리 역사에서는 어이없는 악순환의 반복이었다. 그렇게 빨간 등을 켜고 소리쳐 외쳐도 별 소용이 없었다.

일제 식민 지배와 8·15, 6·25는 역사의 왜곡과 같이 반복된 우리 민족의 고통과 좌절이었다. 큰 틀에서 보면 같은 요인들이 작용한 역사의 반복이었다. 모두 ①동아시아 국제 질서의 변혁기에 대륙·해양 세력 간 세력 경쟁의 와중에서 발생했다. 여기에 ②한국인들의 사대 의존과 무능, 분열이 비극을 자초했다. ③한국의 곁에는 항상 '영토에 욕심이 없고 아름다운 나라'인 미국이 있었다.

1592년에 발발한 임진왜란과 그로부터 360여 년 후인 1950년에 발발한 6·25의 전개 양상도 비슷했다. 일본의 야심, 전선의 이동 상황, 외국군인 명과 왜(倭), 중국·미국의 참전과 전시작전통제권 이양, 휴전 회담의 진행, 양측의 전략 등이 그대로였다.

국내에서 반복되는 군의 탈법적 정치 개입도 한국정치의 불행이다. 일제가 그들의 식민 지배와 한국인들의 태평양전쟁 강제 동원을 식민지 근대화, 자발적 참여 등으로 왜곡·미화해 적법 행위로 만들고, 배상이 아닌 보상 차원에서 한국에 위로·축하금을 준 것은 5·18의 경우와 똑같은 것이다.

역사는 그대로 반복되지 않을 뿐, 그 패턴을 반복한다. 큰 줄기로 보면 오묘하게도 일정한 주기와 패턴을 갖고 비슷한 유형의 사건들이 과거와 현대를 오가며 이어지고 있다. 역사의 반복에서 중요한 것은 되풀이되는 사건의 내용이 아니다. 반복을 불가피하게 만드는 어떤 형태나 구조, 의식이 있다.

과거의 역사에서 한민족의 고통과 좌절은 자체의 사대 의존과 무능이 크게 작용했다. 무엇보다 힘이 없었다. 국제 정세 변화에 둔감했으며, 주인·주권 의식이 희박했다. 2,000년 동안은 중국과 조공책봉 관계, 40년 동안은 일본의 식민 지배, 남북 분단·전쟁 이후 60여 년 동안 한국은 미국과 종속적인 비대칭 동맹 관계에 있다. 강대국 지배의 형식·방식만 변했을 뿐 대동소이하다. 종주국이 중국과 일본에서 미국으로 바뀌었을 뿐이다.

깨어있는 국민들의 주권·주인 의식이 불행한 역사의 반복을 예방할 수 있는 가장 큰 힘일 것이다. 참된 역사는 국민들이 비판적 안목을 가지고 사건과 현상들을 성찰할 수 있게 한다. 정치 선전과 왜곡의 이면을 보고, 사실과 잘못된 정보를 구분할 수 있는 민주 시민을 만든다. 이런 국민들이 고통과 좌절의 역사를 반성하고 경계한다면, 불행한 역사는 반복되지 않을 것이다.

분명한 것은 8·15를 민족의 해방과 광복을 이룬 광복절로 계속 기념하는 한 미완의 해방·광복을 완성할 수 없다. 6·25를 소련과 중국, 북한이 공모한 김일성의 적화통일 전쟁으로 아는 한 제2의 6·25를 피할 수 없을 것이다. 진상 규명도 없이 5·18을 민주화 운동으로 기념하는 한 5·18은 또다시 반복된다. 역사와 현실에 무지몽매한 국민들은 저질의 독재자와 강대국 정치에 지배당할 수밖에 없다.

다. 남남·남북 갈등 해소의 전제

남남 갈등과 남북 갈등·대립은 모두 역사의 소산이다

우리 사회의 지속되는 갈등과 분열·대립의 가장 큰 원인은 100여 년 전에 역사의 단추를 잘못 끼운 탓이다. 일제 강점기 일본은 조선인의 신민화를 통해 한민족의 혼과 정체성을 빼앗았다. 시종 우리 민족을 분할·지배했다. 일제의 마지막 조선총독 아베 노부유키(阿部信芥)가 1945년 9월 조선을 떠나면서 한 말이 있다.

"조선이 옛 영광을 되찾으려면 100년은 더 걸릴 것이다. 일본은 조선에게 총보다 더 무서운 식민사관을 심었기 때문이다."

이 망설은 지금도 적중하고 있다. 아직 25년이나 남아있다. 아래 사진과 같이 전국의 큰 산에는 지금도 1940년대 초 일제의 송진 채취로 인해 아물지 않은 상처가 신음으로 남아있다. 우리 사회의 분열·대립의 기저에는 일제의 식민 지배와 친일의 잔재가 도사리고 있는 것처럼.

박달재·성주산 등에 남아 있는 일제의 송진 수탈 흔적들[41]

일제로부터 벗어난 후 민족적 참회와 반성이 없었다. 민족정기를 확
립하지 못했다. 1945년 미군정 이후 친일 세력들이 친미·일 세력이
되어 한국 사회를 지배하면서 친일잔재를 청산하지 못한 것이다. 우
리 고유의 국민정신을 되찾지 못함으로써 정체성의 혼란 속에 과거의
분열과 사대가 온존하고 있다.

이후 남북 분단은 "한국을 대륙으로부터 단절된 섬으로 만들었다.
분단은 우리의 사고까지 분단시켰다. 많은 금기들이 자유로운 사고를
막았다. 안보를 내세운 군부 독재의 명분이 되었고, 국민을 편 가르는
이념 갈등과 색깔론 정치, 지역주의 정치의 빌미가 되었으며, 특권과

---

41 충북 제천의 박달재 자연휴양림에는 1,500그루의 소나무에 상흔이 남아있었다.

부정부패의 온상이 되었다."

6·25 전쟁은 우리 민족의 분단을 고착시켰다. 남북 간의 불신과 적대감은 우리 사회에 뿌리 깊은 냉전 의식을 고착시켰다. 반공과 동맹을 최고의 가치로 여기는 왜곡된 한국식 유사 자유민주주의는 그 실체가 '국가주의'였다.

수십 년 동안의 독재 정권에서 국가주의의 반공 이념은 시민의 자유로운 생각과 표현 자체를 억압·통제하는 통치약이었다. 권위주의 정권은 자신들이 독재국가를 자유민주주의국가 운운했다. 안보 제일주의에서 반공은 곧 자유민주였다. 반공 여부가 곧 충성스러운 국가관의 기준이었다. 또 자유민주주의는 자유(미국) 진영을 의미하기도 했다. 시민의 자유와 민주적 가치가 구현되는 공간을 의미하지 않던 것이다.

특히 반공 이념은 한 때 민족과 평화·통일이라는 단어를 불온시 했다. 냉전 시대의 반공·국가주의는 민족 대 반민족, 좌와 우, 민주 대 반민주, 보수와 진보 세력 간의 분열을 낳았다. 이분법적인 분단의 논리와 이념·진영의 논리가 우리 사회를 지배하면서 지금과 같은 편 가르기와 반목·대결이 일상화된 것이다.

그 과정에서 우리 국민들이 올바른 민주주의를 경험할 수 없었다. 민주 시민으로서의 자질과 역량, 소양의 배양은 물론 갈등을 평화롭게 해소하는 기회를 갖지 못했다. 우리 국민들이 근·현대인으로서의 체계적인 경험과 능력을 함양하지 못한 것도 남남 갈등의 큰 원인이다.

그렇다면 우리가 어떻게 해야 남남·남북 간의 갈등·대립을 슬기롭게 해소할 수 있을까. 상식과 역사에서 찾을 수 있다. 우리가 누구인지를 바로 안다면, 아울러 누가, 왜? 우리 사회와 민족을 갈라놓고 싸우게 했는지를 정확하게 안다면 답을 찾을 수 있을 것이다. 능히 서로 싸우지 않고 평화롭게 잘 사는 한국과 한반도를 만들어 나갈 수 있다.

싸우고 헤어진 남녀나 친구, 국가 관계에서 서로의 관계를 정상화하려면 반드시 짚고 넘어가야 할 일이 있다. 그것은 과거를 솔직하게 얘기하고, 상호 이해를 통해 앙금을 해소하는 것이다. 잘못한 역사를 청산하지 않고 진정한 관계의 복원과 미래로 나아갈 수 있을까? 우리 사회의 갈등 해소도 역사를 바로 세워 청산하는 과정에서 서로에 대한 이해·화해를 통해 갈등·대립을 최소화할 수 있을 것이다.

남북 관계에서도 외세에 의한 한민족 비극의 진실을 서로 나누며 화해할 수 있을 때 진정한 한반도의 봄을 열수 있을 것이다. 한반도 평화·통일의 미래는 분단·전쟁의 역사를 정확히 이해하고 성찰하는 것에서부터 시작되어야 한다는 것이다.

아직도 냉전의 기운과 진영의 논리가 작동하고 있는 한반도 내외 정세에서 쉽지 않은 일임이 분명하다. 하지만 역사와 진실의 복원을 위한 우리의 결의와 노력은 지속되어야 한다. 왜곡되고 은폐된 역사에도 불구하고 좋은 게 좋다는 식으로 적당히 얼버무리거나 용서하고, 타협한다면 이 땅에 평화와 정의는 요원할 수밖에 없다.

역사는 그 진실이 온전히 규명되지 않고, 책임의 소재가 확실히 가려지지 않는 한 소모적인 역사 전쟁은 끝나지 않을 것이다. 잘못된 역사를 바로잡지 않고 잊으면 역사가 보복한다. 감추어지고 비뚤어진 진실을 찾아 새로운 역사를 써야 하는 이유이다.

8·15, 6·25, 5·18의 교훈

8·15 분단과 6·25 전쟁의 역사는 현재를 보는 거울, 미래 평화·통일의 길을 제시하는 이정표이다. 8·15와 6·25 등이 우리에게 주는 교훈과 현재적 의미는 다음과 같이 정리할 수 있을 것이다.

가. 한반도 문제의 성격

19세기 말부터 20세기 중반(1894~1953)까지 60년 동안 한반도에서는 청일·러일 전쟁과 일제의 식민 지배, 남북 분단과 6·25 전쟁이 있었다. 반만년의 한반도 역사에서 이렇게 짧은 시간 동안에 그렇게 모진 고통과 좌절을 겪은 때는 없었다.

역사의 변동 과정에서 지정학적 요충인 한반도에 대한 주변 강대국들의 이해관계는 대립될 수밖에 없었다. 그들은 조선을 전쟁터로 활용하거나 거래를 위한 희생양으로 이용했다.

한반도 지정학의 중요성과 함께 그 치명성이 더해진 계기는 해양세력인 일제가 한반도를 병탄하면서부터다. 그 과정에서 한반도는 청일전쟁과 러일전쟁의 전쟁터가 되었다. 2차 대전 후 미국과 소련을 중심으로 한 해양·대륙 세력으로 분단된 한반도는 6·25전쟁으로 다시 양 세력의 전쟁터가 되었다. 이후 남북한은 양 진영의 최전선이 되어 오늘에 이르고 있다.

일제 식민 지배 후 남북 분단과 전쟁, 이후 지속된 분단과 냉전의 한반도 상황은 우리로 하여금 한반도 문제의 성격이 무엇인지 되묻게 한다. 흔히 한반도 문제는 국내 문제이자 국제 문제라고들 말한다. 전통 시대뿐만 아니라 근·현대사에서 한반도의 운명은 한민족이 아닌 주변 강대국들이 결정했다. 김대중·노무현 정부의 한반도 평화 구축 노력과 마찬가지로 2018년에 시작한 문재인 정부의 한반도 대전환의 꿈 또한 넘기 어려운 벽을 만나고 있다. 한반도 평화는 남북한의 합의·의지만으로 이룰 수 없는 것이 엄연한 현실이다.

미국과 중국 등 한반도 지정학에 큰 이해관계를 가지고 있는 주변국과 국제사회의 협력이 필수적이다. 한반도 문제는 남북 간의 체제·이념의 문제가 아니라 미국과 중국 등 주변 강대국과 연계된 민족 문제이기 때문이다.

한반도 문제에서 미국과 중국 변수가 중요한 이유는 아직 동아시아 지역에서 옅으나마 냉전과 진영의 논리, 또 힘의 논리가 작동하고 있기 때문이다. 특히 경쟁관계에 있는 미국과 중국은 남북관계가 자국의 대한반도 영향력에 부정적인 방향으로 가는 것을 용인하지 않는다.

이로 인해 한반도 문제에서 남북한 당사자 능력은 제한될 수밖에 없다. 남북한 관계가 단절되어 구심력을 잃으면 원심력이 강하게 작동하면서 한반도는 주변 강대국의 이해관계가 지배하게 된다.

한반도의 '지정학적 저주'라는 비관과 한반도 문제의 구조결정론, 즉, 미·중 관계 등 강대국 결정론은 바람직하지 않다. 이제 한국은 강대국에게 일방적으로 당하지 않는, 또 주변국들이 함부로 흔들 수 없는 나라가 되었다. 2020년 3월 현재, 한국은 수출과 제조, 군사 분야에서 세계 6위의 강국이다. 문화·체육 분야에서도 내로라하는 나라이다. 100년의 한국사에서 다시 3번째 맞는 역사의 대격변기에 남남 통합을 이루고, 남북한이 손을 잡는다면 못할 일도 없을 것이다. 이를 위해 주어진 상황에서 한반도의 지정학을 최대한 활용할 수 있는 한국의 대전략은 없는 것일까?

지리는 불변이어도, 정치가 생명이듯 지리의 정치학도 변할 수 있다. 그동안의 한반도 지정학은 우리 민족 모두에게 고통과 좌절을 가져다준 것이었다. 힘이 없어서다. 그러나 세계적인 경제·문화·체육·군사 강국이 된 한국은 이제 고유의 지정학적 길을 찾아갈 수 있는 힘있는 나라이다.

지금과 같은 지정학적 구도 속에서 우리가 추구하는 한국의 꿈을 이루기는 어렵다. 흔들림이나 치우침이 없어야 담대하게 평화통일의 길로 나갈 수 있다. 냉철한 지피지기(知彼知己)를 통해 꿈을 실현할 수 있는 길을 찾아가야 한다.

최근 우리 한국인들만 우리 한국을 잘 모르고 있다는 말이 부쩍

많아지고 있다. 세계에서 가장 효율적인 코로나19 방역 체계는 한국인의 우수성이 빈말이 아님을 입증한다. 역사적인 문명을 꽃피운 고대 그리스와 로마는 한반도와 유사한 반도이자 지중해 중심국이었다.

나. 세력 균형의 중요성

역사적으로 한반도는 동아시아 열강들의 중요한 전략적 이익이 걸린 요충 지역이었다. 그로 인해 한반도의 역사는 항상 강대국들의 힘의 팽창, 힘이 충돌하는 대결장의 역사였다. 대륙 세력과 해양 세력 중 어느 한 진영이 압도적으로 힘의 우위에 서면 한반도는 그 강대국에 복속되었다. 대륙·해양 세력의 힘이 충돌할 때 한반도는 전장이 되었다.

반면에 양 세력의 힘이 균형을 이룰 때는 분할론이 제기되거나 분단되었다. 전세가 팽팽해 일국이 한반도 전체를 지배할 수 없거나 전쟁이 악화되어 양측 모두에게 부담이 될 때, 일방 또는 제3국에 의해 분할론이 제기된 것이다.[42] 지난 75년 동안의 한반도 분단은 동아시아에서 세력 균형을 의미한다.

주목되는 사실은 아래 그림에서 보는 바, 수차례의 분할론들은 시대를 막론하고 한반도(특히 북부 지역)에 대한 중국의 전략적 이해를

---

42 1592년~1593년 임진왜란과 1894년 청일전쟁, 1896년 러일 대결 및 1900년~1903년 러일전쟁 직전, 그리고 1943년~1953년 태평양전쟁 및 6·25 전쟁 후 남북한 분할론은 총 9회나 제기되었다.

반영하거나 고려해 주로 북위 39도선과 38도선 사이에서 움직였다는 것이다.[43] 대륙 세력이 강할 때는 38도선 또는 37도선까지 내려가는 경우가 있었다. 반대로 해양 세력이 강할 때는 39도선 또는 청천강 선까지 올라가는 경우도 있었다.

한반도 분할(론) · 분단
- 역사상 8회의 분할(론) 제기 -

① 648년 당은 신라에게 고구려 평정 시 평양 이남 토지 할양 약속
② 1592년 임진왜란 시 일본은 명에게 평양 이남의 자국 귀속 제의
③ 1593년 일본은 명에게 강화조건으로 조선 4도 할양 요구
④ 1894년 청일전쟁 시 영국은 한반도 공동 점령 제시, 일본 거부
⑤ 1945년 해방 후 미국은 중국을 의식, 소련에 공동 점령 · 통치 제의
⑥ 1953년 정전협상에서 양측 대치선을 경계로 2차 분할 · 분단(현재)
· 다른 2개 분할론은 러일전쟁과 태평양전쟁 시 일본이 제기

**분할 선들은 중국의 전략적 이해를 고려,
39도선과 38도선 사이에서 움직임**

8·15 분단과 6·25 전쟁은 한반도에서 세력균형의 중요성을 재확인한 사건이었다. 주변국들에게 한반도는 어느 일방이 독점적인 영향력을 구축하면 안 되는 지정학적 요충이었다. 남북분단 과정에서 미국과 소련은 공히 상대방이 한반도를 지배하는 것을 용인하지 않았다. 38선은 미국과 소련의 지정학 코드의 산물이었다.

---

43 한은 고조선의 영토에 4개의 군을 설치했다. 낙랑군은 400년 동안 한반도 허리부에 존속했다. 이후 중국의 역대 왕조들은 낙랑군이 오랫동안 대동강 일대의 평양에 존속한 것을 두고 이 지역을 경계로 대동강 이북에 대한 역사적 연고권을 주장하는 근거로 이용했다. 전략적 측면에서도 중국은 대동강을 요동 방어의 최전선 기지로 인식했다. 결국 전통 시대부터 한반도 분할선은 39도 선과 38도선 사이에서 움직이고 있었다.

6·25전쟁에서 교전 양측은 서로 남쪽의 낙동강과 북쪽의 압록강까지 밀고 가 한때 무력통일을 꿈꾸기도 했으나 이는 가능한 일이 아님을 확인했다. 미군의 무모한 북진은 미군의 역사에서 가장 치욕적인 후퇴와 많은 사상자를 낳았다. 중국군의 38선 이남으로의 남진 또한 짧은 기간에 참혹한 사상자를 내고 휴전의 길로 간다. 승자 없는 종전으로 지금까지 분단을 유지하고 있다.

이는 한반도에서 한미·북중 간 또는 해양·대륙 세력 간의 힘의 균형이 유지되고 있다는 증거이다. 그런 만큼 한반도의 평화·통일은 주변 강대국들의 역내 세력 균형에 큰 변화를 가져올 지각 변동이 된다. 때문에 현재의 미국과 중국은 과거의 분단 과정에서 미국과 소련이 그랬듯이, 상대방이 지배하는 한반도를 용인할 수 없다는 입장을 견지하고 있다.

실제로 중국은 한반도에 대한 깊고 끈질긴 역사적 인식과 전략적 이해에 따라 '북한의 안정을 곧 자국의 안전'으로 동일시하고 있다. 미·중 간의 경쟁이 심화되면서 미국도 이에 질세라 '한국 수호가 곧 미국 수호', '한국은 동아시아의 평화·안정을 위한 주춧돌(Conerstone)'임을 공언하고 있다.

분단 시대를 사는 한국인들에게 평화·통일은 당위이자 기회이다. 희망이자 비전이기도 하다. 동시에 통일은 냉엄한 현실의 문제이다. 분단의 역사와 현재의 한반도 내외 상황은 통일이 먼 미래에나 올 수 있는 이상임을 말해주고 있다. 독일처럼 통일이 갑자기 올 수 없는 구조라는 것이다.

통일이 아닌 평화라는 말이 더 설득력이 있다. 평화 없이 이룰 수 있는 것은 아무것도 없다. 분단이라는 현상을 변경하려거든 현상을 인정하고, 대화하고 타협할 일이다. 지난 시기와 같이 북한의 붕괴를 전제로 공세적으로 통일을 외치면서 온 국민이 준비한다고 통일이 오는 것은 아니다.

적대적인 분단 상황에서 강자인 남한이 통일을 공세적으로 외치면 외칠수록 약자인 북한은 긴장하고, 결사반대하며, 사활을 걸고 대책을 강구하게 된다. 북한이 모든 것을 걸고 핵·미사일을 개발해 온 이유가 여기에 있다. 당장의 현실성이 없는 통일을 외치면 외칠수록 그만큼 통일이 멀어진다는 것이다.

남북 간의 평화 공존과 공동 번영이 유일 최선의 통일 방안이다. 이제 우리국민들은 30년의 경험을 통해 어떤 정책이 옳고 그른지 잘 알고 있다. 지난 정부에서 무성했던 통일도둑론과 통일대박론·준비론이 가져온 결과는 사실 누구나 예상할 수 있었다. 남북 관계의 완전한 단절과 긴장 고조, 북한의 핵능력 고도화를 추구하지 않으면 추진할 수 없는 대북정책이었다.

다. 영원한 우방도, 적도 없다

구한말 이후 한반도 내외에서 일어난 큰 사건들을 보면서 새삼스럽게 확인된 상식은 국제 관계에서 영원한 우방도, 적도 없다는 것이다.

예를 들어보자. 1905년 미국은 러시아를 견제하고, 서태평양의 요충인 필리핀을 안전하게 지배하기 위해 일본과 카츠라·태프트 밀약을 체결한다. 이 밀약에서 일본의 조선 지배권을 보장한 미국은 1941년에 일본과 전쟁한다. 1945년에는 소련과 연합해 대일전에서 승리한다. 당시 소련의 대일전 참전은 일본과의 불가침중립조약을 파기한 것이었다.

2차 대전 후 미국은 곧바로 적이었던 일본과 협력, 미일 양국은 서로 세계 최고의 우방이 된다. 태평양전쟁과 남북 분단 과정에서 협력한 미국과 소련은 5년 후 6·25 전쟁에서 적으로 싸웠다.

6·25 전쟁은 소련이 같은 공산 국가인 중국을 제압하기 위해 기획한 것이었다. 소련은 미국이 6·25 전쟁에 쉽게 참전할 수 있도록 카펫을 깔아주었다. 자국이 지원한 북한군이 승리하면 안 되는 전쟁이었다. 중국군의 희생도 최대한 커지도록 조장했다.

6·25 전쟁에서 싸운 미국과 중국은 1979년부터 소련을 겨냥한 암묵적인 전략동맹이 되어 10여 년 후 소련을 붕괴시킨다. 미국과 중국은 공동의 적인 소련이 쇠락하자 협력하며 경쟁하다 이제 패권 경쟁 중이다.

돌이켜보면, 한반도의 식민 지배와 남북 분단, 6·25 전쟁 과정에서 미국은 늘 조선 또는 한국의 곁에 있었다. 구한 말 조선의 고종은 미국이 조선을 지켜주고 조선의 이익을 실현시켜 줄 것이라고 굳게 믿었다. 2차 대전 후에도 한국인들은 즉각적인 해방과 독립, 광복을 믿어

의심치 않았다. 미국은 조선을 지켜줄 '영토에 관심이 없는, 아름다운 나라'였기 때문이다.

조선과 한국을 위한 미국은 없었다. 오직 자국의 국익만을 위하는 미국이 있었을 뿐이다. 국가와 국가 간의 관계를 규정짓는 유일한 척도는 '국익'뿐이다. 국제사회에서 오늘의 적이 내일의 맹방이 될 수도, 오늘의 맹방이 내일의 적이 될 수 있다. 한국인들이 철석같이 믿는 바와 달리 영원한 동맹이나 맹방은 없다는 것이다. 한미동맹은 언제든지 무너질 수 있고, 주한 미군도 철수할 수 있다.

한편, 남북 분단과 6·25 전쟁은 우리에게 국력이 얼마나 중요한 것인가를 뼈저리게 느끼게 했다. 남북 분단 시 상해 임시정부는 국제사회의 인정을 받지 못했다. 자국의 운명을 결정하는 과정을 그저 바라볼 수밖에 없었다. 6·25 전쟁에서 한국군 또한 작전권 없이 온갖 수모와 고통, 갑절의 희생을 감내해야 했다. 전쟁 중에 미군은 제 역할을 못하는 한국군 제3군단을 해체해버렸다. 믿을 건 동맹이 아니다. 오직 자신의 힘·능력뿐이다.

무정부 상태인 국제사회에서는 국력과 국익이 곧 정의이다. 정상적인 모든 국가는 이 정의를 위해 분투한다. 우리의 정의는 무엇인가? 우리가 추구하는 남북 간의 평화·번영·통일도 힘없고 능력을 갖추지 못할 때 기회는커녕 찾아오는 기회도 살릴 수 없을 것이다.

우리의 독자적인 힘도 중요하지만 더 큰 힘은 남북한이 힘을 합해 이루는 한반도의 정치력과 구심력, 즉 민족자결 능력이다. 이 능력을 갖출 때 주변국들은 한민족의 의사를 존중하고 한반도 평화·통일에 협력할 것이다.

라. 전쟁하기 딱 좋은 한반도

한반도는 그 지정학적 성격으로 인해 고대에서 현대에 이르기까지 중국 대륙과 요동의 세력, 일본으로부터 총 912회에 걸쳐 침략을 당하거나 전쟁을 치렀다. 한반도 내외가 주변국 간의 전쟁터가 된 사례는 16세기 임진왜란과 구한말 청일전쟁과 러일전쟁, 1950년 6·25 전쟁이다.

중국의 몰락과 동아시아 질서의 해체를 가져온 청일전쟁의 도화선은 한반도였다. 전쟁터도 한반도였다. 19세기 말부터 20세기 초·중반까지 중국·일본·러시아·미국 간의 동아시아 주도권 경쟁은 불행하게도 한반도를 중심으로, 조선에서 시작해 조선에서 끝났다. 한반도가 주변 강대국들이 서로 싸우기 좋은 적당한 크기·위치·지형을 갖고 있기 때문이었다.

6·25 전쟁을 전후해 미국과 중국, 소련은 서로 한판 싸워야 할 상황에서 가장 적절한 장소로 한반도를 지목했다. 전쟁을 기획한 소련의 스탈린은 자국군을 참전시키지도 않은 채, 미국과 중국이 한반도에서 죽도록 싸우게 한 자신의 전략적 목적을 거의 완벽하게 달성할 수 있었다.

미국에게 6·25 전쟁은 당시 미 합참의장 브래들리가 말한 것처럼, 한국은 미국이 "공산주의에 대항하는 의지를 분명하게 보여줄 수 있는 가장 적합한 장소"였다. 애치슨 국무장관도 NSC-68이라는 미국의 패권 전략을 실현하는 데 있어 한방이 필요한데, "미국의 개입에는 타이완보다 코리아가 더 적당하다."고 판단했다.

중국 또한 국공 내전에서 적인 국민당군을 지원한 미국과의 한판 승부를 벌여야 한다면, 그 장소는 한반도가 최적이라고 보았다. 중국에게 한반도는 그 위치와 지형상 가장 편리한 교통, 물자·인력 지원, 정치 동원 등이 용이한 지역이었다. 베트남이나 타이완보다 한반도가 모든 면에서 유리했다.

이처럼 구한말 이후 한반도는 주변국들이 자국의 영토에 피 한 방울 묻히지 않고, 싸워야 할 적과 한판 승부를 벌이기에 딱 좋은 땅이었다.

지금으로부터 70년 전, 스탈린은 신생 중국을 제어하고, 미국의 동진(東進)을 저지하기 위해 김일성의 남침을 활용, 미·중 전쟁을 유도했다. 지금 미국은 패권 경쟁국으로 부상한 중국의 서진(西進)을 저지하기 위해 모든 수단을 강구 중이다. 한반도는 종전 아닌 정전 상태에서 냉전의 기운이 가시지 않은 곳이다. 북핵 문제가 있는 한반도는 미·중 패권 전쟁의 정점에서 제2의 6·25 전쟁이 발발할 가능성이 있다.

현재의 내외 상황을 두고 볼 때, 한반도는 평화보다 전쟁 가능성이 훨씬 큰 지역이다. 1950년 6·25의 진실을 제대로 기억하지 않고, 경계하지 않으면 전쟁이 반복될 수 있다. 당시 남북한은 미국과 소련의 상상을 뛰어 넘는 대전략을 전혀 알아채지 못한 채 속수무책으로 당했다. 또 다시 주변 강대국들의 농단에 의한 고통과 좌절을 우리의 역사로 쓸 수는 없지 않는가.

지난 100여 년 동안 한반도는 외세에 의한 식민 지배와 분단·분열, 전쟁 등 시련과 고난으로 점철돼왔다. 역사는 우리에게 전쟁 걱정 없이 평화롭게 잘 사는 한반도가 국익이자 비전이라고 말한다. 한반도 평화·번영과 통일은 대한민국이 새로운 100년을 위해 결코 포기할 수 없는 전략적 핵심 이익이다.

이를 수호하고 실현하는 길은 우리 고유의 지정학적 길을 모색하는 데 있다. 지난 100년 동안 우리의 일상이었던 주변 강대국의 지배·종속으로부터 벗어나는 '코렉시티(Korexit: Korea exit)'가 그것이다. 역사가 이동하고 있는 미·중 패권 경쟁 시대에 한국은 역사상 가장 강한 나라이다. 역사를 통해 깨어있는 국민들의 단합·지혜는 위기를 기회로 만들 것이다.

참고문헌

1. 역사와 진실

김선욱, 『정치와 진리』, 책세상, 2009.

김택현·이진일 외, 『역사의 비교, 차이의 비교』, 선인, 2008.

미셸 푸코, 『진실과 담론』, 동녘, 2017.

박건웅, "과학, 객관적인 학문인가", 한국심리학협회, 『2004 추계학술논문집』, 2004. 10.

북한대학원대학교, 『북한연구방법론』, 2010년 제1학기 강의자료집, 2010.

손영호, 『역사의 이해』, 학지사, 1999.

앤노튼 지음·오문석 옮김, 『정치, 문화, 인간을 움직이는 95개 테제』, 앨피, 2010.

윤평중, "사실과 합리성의 관점에서 본 촛불", 『철학과 현실』통권 79호, 철학문화연구소, 2008. 12.

_____, "진실의 정치와 삶의 정치", 『철학연구』제79집, 2007.

E. H. 카 지음·지교철 옮김, 『역사란 무엇인가?』, 아름다운날, 2009.

조성달, "이데올로기— 그 과학성과 비과학성의 문제", 『정신문화연구』, 1986. 가을호.

파스칼 보나파스 지음·정상필 옮김, 『지정학에 관한 모든 것』, 레디셋고, 2016.

피터 보울러, 이완 리스 모로스 지음·김봉국·홍성욱 책임 편역, 『현대과학의 풍경, 1, 2』, 궁리, 2008.

콜린 플린트 지음·한국지정학연구회 옮김, 『지정학이란 무엇인가』, 길, 2009.

헥터 맥도널드 지음·이지연 옮김, 『만들어진 진실』, 흐름출판, 2018.

2. 8.15 해방·남북 분단

강만길, 『분단고통과 통일전망의 역사』, 창비, 2018.

김계동, 『한반도 분단, 누구의 책임인가?』, 명인문화사, 2012.

김기조, "한국전쟁의 근인이 된 열강에 의한 한반도 분할과정", 『군사』(42), 2001. 4.

김기협, 『해방일기 9, 해방된 자 누구였던가』, 너머북스, 2014.

김용옥, 『우린 너무 몰랐다』, 통나무, 2019.

박정신, 『뒤틀린 해방체제 그 너머』, 동연, 2019.

에드워드. L. 로우니 지음·정수영 옮김, 『회고록: 운명의 1도』, 후아이엠, 2014.

오코노기 마사오 지음·류상영외 6인 옮김, 『한반도 분단의 기원』, 나남, 2019.

이완범, 『한반도 분할의 역사─ 임진왜란에서 6·25전쟁까지』, 한국학중앙연구원
　　　출판부, 2013.

정용욱, 『해방의 공간 점령의 시간』, 푸른역사, 2018.

조지 프리드먼 지음·홍지수 옮김, 『다가오는 유럽의 위기와 지정학』, 김앤김북
　　　스, 2020.

청와대, "문재인 대통령 8·15광복절 기념사", 홈페이지, 2019.

3. 6·25 전쟁

가토 요코 지음·윤현명.이승혁 옮김, 『그럼에도 일본은 전쟁을 선택했다』, 서해
　　　문집, 2018.

기광서, "해방 전 소련의 대한반도 정책 구상과 조선 정치 세력에 대한 입장",
　　　『슬라브연구』, 제30권 4호, 2014.

김계동, 『한국전쟁 불가피한 선택이었나』, 명인문화사, 2014.

김동길, "한국전쟁 초기 중국군 조기파병을 둘러싼 스탈린, 마오쩌둥, 김일성의
　　　동상이몽", 『한국과 국제정치』, 제30권 제2호, 2014. 여름.

김보미, "한국전쟁 시기 북중 갈등과 소련의 역할", 『현대북한연구』, 2013년 16권 2호.

김연수, 『임진왜란 비겁한 승리』, 앨피, 2013.

김영호 외 12인, 『6·25전쟁의 재인식』, 기파랑, 2010.

김옥준, "한국전쟁 휴전의 모색과 중국의 전략─ 서방측 휴전제의에서 휴전회담
　　　개막전까지를 중심으로─", 『대한정치학회보』, 2014년 5월.

　　　, "중국의 한국전 참전에 대한 전략적 고려: 북한의 남침 개시부터 지원
　　　요청까지를 중심으로", 『국제정치연구』, 제16집 1호, 2013.

김창진, 『우리에게 6·25전쟁이란?』, 진영사, 2018.

남시욱, 『6·25전쟁과 미국』, 청미디어, 2015.

데이비드 헬버스탬 지음·장윤미.이은진 옮김, 『The COLDEST WINTER- 한국
전쟁의 감추어진 역사』, 사람, 2009.

문대근, 『한반도 통일과 중국』, 늘픔플러스, 2009.

　　, 『중국의 대북정책』, 늘픔플러스, 2013.

　　, "책으로 본 6.26전쟁", 민주평통 『통일시대』, 2015년 7월호.

박명림, 『한국전쟁의 발발과 기원 Ⅰ, Ⅱ』, 나남출판, 1996.

　　, 『한국 1950 전쟁과 평화』, 나남출판, 2002.

브루스 커밍스·김자동 옮김, 『한국전쟁의 기원』, 일월서각, 1986.

세르게이 콘차로프. 존 루이스. 쉘리타이·성균관대학교 한국현대사연구반 옮김,
　　　　『흔들리는 동맹, 스탈린과 마오쩌둥, 그리고 한국전쟁』, 일조각, 2011.

沈志華 저·최만원 역, 『마오쩌둥, 스탈린과 조선전쟁』, 선인, 2010.

신욱희, "중국의 한국전쟁 참전: 중국 대북정책의 역사적 형성과 지속", 『한국과
국제정치』, 제30권 제2호, 2014. 여름.

앨프리드 맥코이 지음·홍지영 옮김, 『대전환』, 사계절, 2019.

역사학연구소, 『강좌 한국근현대사』, 풀빛, 1995.

역사학회, 『전쟁과 동북아의 국제질서』, 일조각, 2006.

王樹增 지음·나진희.황선용 옮김, 『한국전쟁, 한국전쟁에 대해 중국이 말하지
　　　　않았던 것들』, 글항아리, 2013.

월간 조선, "세계사의 결정적 순간들 ①딘 애치슨 회고록", 2006. 1. 13.

이세기, 『6·25 전쟁과 중국 – 스탈린의 마오쩌둥 제압 전략』, 나남출판, 2015.

이완범, "중국인민지원군의 한국전쟁 참전 결정과정", 박두복, 『한국전쟁과 중
　　　　국』, 백산서당, 2001.

　　, 『한국전쟁 국제전적 조망』, 백산서당, 2000.

이종군 편저, 『6·25전쟁 1129일』, 우정문고, 2013.

이재훈, "1949~50년 중국인민해방군 내 조선인 부대의 '입북'에 대한 북·중·소
　　　　3국의 입장", 『국제정치논총』, 제45집 3호, 2005.

이정곤, 『중공군의 6·25전쟁』, 해성기획, 2011.

이형근, 『군번 1번의 외길 인생』, 중앙일보사, 1993.

이희진, 『6·25 미스터리, 한국전쟁 풀리지 않는 5대 의혹』, 가람기획, 2010.

정길현, 『미국의 6·25 전쟁사』, 북코리아, 2015.

조갑제, "30여 년 전 이세기 논문의 추론이 적중하다", 『월간 조선』, 2013년 6월호.

　　, "체코 대통령에게 보낸 스탈린의 놀라운 편지 발견!" 『월간 조선』, 2012
　　　　년 8월호.

　　　　　, 『트루먼과 스탈린의 한반도 게임 비사』, 조갑제닷컴, ·2013.
　　　　　, 『트루먼과 스탈린의 한반도 게임 비사』, 조갑제닷컴, 2013.
한반도비전포럼, 『한반도의 새로운 패러다임을 찾아서』, 결과보고서, 2010.
한반도평화포럼, 『통일은 과정이다』, 서해문집, 2015.
황동하, "스탈린과 한국전쟁 발발- 중·소관계를 중심으로-"『서양사론』, 제79호
　　　　0호, 2003.
中國解放軍畫報社, 노동환 외 번역, 『그들이 본 한국전쟁 1』, 논밭, 2005.
洪學智 지음·홍인표 옮김, 『회고록: 중국이 본 한국전쟁』, 한국학술정보, 2008.
楚 云, 『朝鮮戰爭內幕全公開』, 時事出版社, 2005.
李 庄, 『朝鮮戰地日記』, 宁夏人民出版社, 2006.
胡海波, 『朝鮮戰爭備忘錄』, 黃河事出版社, 2009.
張澤石, 『我的朝鮮戰爭』, 時事出版社, 2000.
楊冠群, 『熱戰中的冷戰板門店停戰談判』, 世界知識出版社, 2008.

4. 5·18 사건

강현아, "5·18항쟁의 성격·주체- 연구사적 측면에서", 전남대학교 5· 18연구
　　　　소. 『민주주의와 인권』 4(2), 2004.
계엄사, "광주 사태의 전모", 1980.
국가안전기획부, "광주 사태 상황일지 및 피해상황", 1985.
국방부, "광주 사태의 실상", 1985.
　　　　, "12·12, 5·17, 5·18 조사결과보고서", 2007.광주광역시, 『광주민중항쟁
　　　　사』, 2001.
광주일보 특별취재반, "실록 5·18광주민중항쟁사" 1~101회 연재, 1996.
김형석, 『광주, 그날의 진실 : 다시 쓰는 5·18』, 나남, 2018.
노영기, "5·18항쟁 초기 군부의 대응: 학생시위의 시민항쟁으로의 전환 배경과
　　　　관련하여", 『한국문화』 62, 2013.
대법원, "선고96도3376 전원합의체 판결문", 1997.
서울지방검찰청·국방부검찰부, "5·18관련 사건 수사 결과", 1995.
송용만, 『5·18 광주민주화 운동, 북한군 개입설의 음모』, 하움, 2019.
송호기, "5·18의 주체와 성격에 관한 담론의 변화", 『황해문화』 67, 2010.
안종철, 『5·18 때 북한군이 광주에 왔다고? 』, 아시아문화커뮤니티, 2016.

5·18광주의거청년동지회, 『5·18 광주민중항쟁 증언록1』, 1987.

5·18기념재단, 『2011년 5·18민주화운동 구술자료수집 연구용역 결과보고서(I), (
　　　II)』, 2011.

재향군인회, 『12. 12. 5·18 실록』, 1997.

전남대출판부, 『5·18항쟁 증언자료집』, 2002.

전두환, 『전두환 회고록 1』, 자작나무숲, 2017.

지만원, 『5·18분석 최종보고서』, 시스템, 2014.

지만원 시스템클럽, "북한군 개입 사실을 증명한 11개 존재들", 2019.

청와대, "문재인 대통령 5·18 39주년 기념사", 홈페이지, 2019.

최유정, 『새벽 기관차 박관현 평전』, 사계절, 2012.

5. 전체 공통

각종 언론매체 보도자료, 블로그·카페 등 인터넷 검색자료 등.

5·18 / 6·25 / 8·15

진실을 말하다

펴 낸 날 2020년 4월 3일
2쇄 발행일 2020년 5월 8일

지 은 이 문대근
펴 낸 이 이기성
편집팀장 이윤숙
기획편집 정은지, 윤가영
표지디자인 정은지
책임마케팅 강보현, 류상만
펴 낸 곳 도서출판 생각나눔
출판등록 제 2018-000288호
주   소 서울 잔다리로7안길 22, 태성빌딩 3층
전   화 02-325-5100
팩   스 02-325-5101
홈페이지 www.생각나눔.kr
이 메 일 bookmain@think-book.com

• 책값은 표지 뒷면에 표기되어 있습니다.
  ISBN 979-11-7048-070-9 (03300)

• 이 도서의 국립중앙도서관 출판 시 도서목록(CIP)은 서지정보유통지원시스템 홈페이지
  (http://seoji.nl.go.kr)와 국가자료공동목록시스템(http://www.nl.go.kr/kolisnet)에서
  이용하실 수 있습니다(CIP제어번호: CIP2020012372).